돈 버는 최강 랜딩페이지
제작, 운용 시크릿 가이드

# 돈 버는 최강 랜딩페이지 제작, 운용 시크릿 가이드

P.D.L 3가지 패턴으로 떠나는 고객을 사로잡아라

초판 1쇄   2021년  8월  31일


**지은이** 나카오 유타카(中尾 豊)
**옮긴이** 안동현
**발행인** 최홍석

**발행처** (주)프리렉
**출판신고** 2000년 3월 7일   제 13-634호
**주소** 경기도 부천시 원미구 길주로 77번길 19 세진프라자 201호
**전화** 032-326-7282(代)   팩스 032-326-5866
**URL** www.freelec.co.kr

**편집** 강신원, 고대광
**표지디자인** 황인옥
**본문디자인** 박경옥

**ISBN** 978-89-6540-311-1

# 돈 버는 최강 랜딩 페이지 제작, 운용 시크릿 가이드

나카오 유타카 지음 | 안동현 옮김

P.D.L 3가지 패턴으로
떠나는
고객을 사로잡아라

프리렉

　　이 책에서 소개할 'PDL 모델' 각각의 샘플 랜딩페이지를 준비했습니다. 이 샘플 랜딩페이지를 참고하면서 책을 읽는다면 구체적인 모습을 머릿속에 떠올릴 수 있어 내용을 더 쉽게 이해할 수 있으므로 참고하기 바랍니다.

| P 모델 랜딩 페이지 샘플 | 웹 마케팅 고민을 단시간에 해결! 90곳이 넘는 회사의 매출 증가를 이룬 웹 마케팅 프로가 제공하는 세컨드 오피니언 서비스!<br>🔗 sample1.freelec.kr |  |
|---|---|---|
| D 모델 랜딩 페이지 샘플 | 그린 해먹으로 나만의 럭셔리한 시간을!<br>🔗 sample2.freelec.kr | |
| L 모델 랜딩 페이지 샘플 | PROPO 법률사무소<br>🔗 sample3.freelec.kr | |

※ 이 랜딩페이지는 가상으로 제작한 것으로, 실제 단체, 상품 등과는 아무런 관계가 없습니다.

\* 이 책에 등장하는 회사명, 제품명 등은 각 사의 상호, 상표 또는 등록 상표입니다.

\* 이 책에서 소개하는 애플리케이션, 서비스의 내용, 가격 표시는 2020 년 9월 29일 시점입니다.

\* 이러한 정보는 예고 없이 변경될 수 있으므로 미리 양해를 구합니다.

"아무리 광고를 해도 좀처럼 효과가 나오지 않는데,

어떻게 하면 좋을까요?"

"수많은 페이지를 만들고 그때그때 업데이트하는데도

매출은 늘지 않아요. 도대체 왜일까요?"

"홈페이지나 인터넷 쇼핑몰 접속자는 많은데

좀처럼 주문은 늘지 않아요…."

각종 문의와 외부 강의에서 질의응답, 그밖에 다양한 곳에서 이러한 상담 의뢰나 질문을 받곤 합니다. 실제 이런 분의 페이지를 살펴보면 공통점이 있습니다.

바로 '자기가 말하고 싶은 것만 말한다.'라는 점입니다. 상품이나 서비스 자체는 모두 매우 재미있고 매력적입니다. 원하는 사람, 이를 찾는 사람에게 그러한 내용이 '전달되기만' 한다면 즉시 팔리고 남을 것도 많습니다. 그럼에도, 매출이 늘지 않고 반응도 없습니다. 가장 큰 이유는 처음부터 끝까지 판매자(제공하는 쪽) 시점에서 말하고 싶은 것을 말할 뿐이기 때문입니다. 비즈니스 규모를 늘리고자 홈페이지나 인터넷 쇼핑몰을 활용하는 이상, 자사의 상품이나 서비스를 적극적으로 홍보하고자 하는 마음은 이해합니다. 실제 비즈니스에서 그런 마음이나 열의는 무척 중요하니까요. 그러나 처지를 바꿔 사용자의 마음으로 냉정하게 생각해보세요. 아직 검토 단계임에도 무작정 들이미는 바람에 거부 반응이 생기거나 반대로 진지하게 구매를 검토하는데도 원하는 정보가 없어

그러한 홈페이지나 쇼핑몰을 떠난 경험은 없었나요?


"사용자가 알고 싶은 것을 전한다."


간단해 보이지만 이것만 철저히 지키면 여러분의 홈페이지나 쇼핑
몰의 매출은 반드시 오릅니다.

그렇다면 사용자가 알고 싶은 것이란 도대체 무엇일까요? 그리고
그 내용은 어떻게 전달하면 좋을까요?

필자는 웹 컨설팅에 10년 이상 종사하며 항상 현장에서 여러 고객
을 지원하고, 수많은 홈페이지와 인터넷 쇼핑몰 개선 작업을 수행했습
니다. 그리고 그런 과정을 통해 깨달은 것이 '매출이 오르는 랜딩페이지
3 패턴'입니다.

사용자가 상품을 구매할 때 알고자 하는 내용, 그리고 사용자의 상
황에 맞게 전달하는 방법에는 크게 세 가지가 있습니다. 그리고 이 패턴
을 기억해두고 매출이 오르는 랜딩페이지를 만든다면 지금까지 늘지 않
아 고민이었던 매출은 분명히 오를 것입니다.

매출이 오르는 랜딩페이지는 단 한 페이지임에도 마케팅의 핵심이
녹아 있습니다. 사용자의 심리를 분석하고 이를 토대로 얼마나 합리적
이고 효율적인 매출을 이룰 수 있는가를 고민한 다음, 이를 구조화된 형
태로 완성한 것이 바로 랜딩페이지입니다. 지레짐작 마케팅이라 하면
어렵고 이해할 수 없는 것이라며 멀리하는 분이 있을지도 모르겠습니

다. 하지만 마음 놓으시기 바랍니다. 이 책에서는 지금까지 랜딩페이지를 전혀 몰랐던 분이든 지금 랜딩페이지를 만드는 분이든, 모두 바로 적용할 수 있도록 알기 쉽게 설명합니다. 가능한 한 간단하게 내용을 설명함과 동시에 바로 써먹을 수 있도록 샘플 페이지를 통해 해당 내용을 직접 확인하며 배울 수 있도록 구성했습니다. ※ 본문에 나오는 QR 코드를 이용하면 샘플 페이지에 접속할 수 있습니다.

자, 이제부터 여러분도 '매출이 오르는 랜딩페이지 3 패턴'을 빠르게 이해하고 이를 통해 여러분의 비즈니스를 가속해봅시다!


주식회사 PROPO 대표이사

나카오 유타카(中尾 豊)

# 차 례

## 1장   랜딩페이지(LP)가 여러분의 비즈니스를 가속한다    13

## 2장   문제 해결형 P 모델 랜딩페이지    47

# 1장

## 랜딩페이지(LP)가 여러분의 비즈니스를 가속한다

★ ★ ★

당신의 비즈니스를 가속하는 랜딩페이지

# 01 랜딩페이지(LP)가 비즈니스를 가속하는 이유

## @ 인터넷 비즈니스의 장점과 특징

인터넷 비즈니스란 구글이나 네이버 등의 검색 엔진이나 블로그, 유튜브, 트위터, 인스타그램, 페이스북 등 SNS(소셜 네트워크 서비스)를 이용해서 자사의 상품이나 서비스를 판매하는 방법입니다.

사용자는 구글이나 네이버 등으로 검색해서 정보를 얻거나 지마켓이나 쿠팡과 같은 인터넷 쇼핑몰에서 원하는 것을 찾아 구매합니다. 최근에는 검색 엔진뿐 아니라 트위터나 인스타그램을 이용해 상품을 찾기도 합니다.

또한 경제활동 형태로 BtoB(기업 간 거래)나 BtoC(기업과 소비자 간 거래)뿐 아니라 옥션이나 지마켓과 같은 CtoC(소비자 간 거래)도 일반화되어 인터넷을 이용한 비즈니스 기회는 더욱더 늘어나고 있습니다.

● 인터넷으로 원하는 상품 찾기

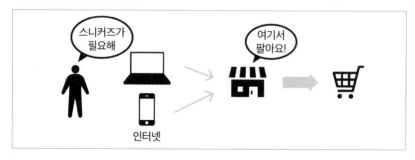

인터넷 사용자는 인터넷 쇼핑몰, 검색 엔진, SNS, 앱 등을 이용하여 자신이 원하는 물건을 검색하고 찾습니다. 이처럼 다양한 방법으로 상품이나 서비스를 구매하고 이용하는 것은 이제 흔한 광경입니다.

그러면 왜 이렇게까지 인터넷을 이용한 비즈니스가 발전하게 되었을까요?

그 이유로는 다음과 같은 네 가지를 들 수 있습니다.

### ① 시간과 거리가 줄어듦

인터넷 비즈니스의 가장 큰 특징은 거래 당사자(회사) 사이의 시간과 거리에 제약이 사라졌다는 점입니다. 예를 들어 서울에 사는 사용자가 구글에서 검색한 맛있는 여수산 생굴을 새벽 1시에도 주문할 수 있습니다.

이뿐만 아니라 제주도에 사는 사람이 인스타그램 라이브로 상품을 소개하고 TV 홈쇼핑처럼 전국에 있는 자신의 팔로워에게 이를 홍보할 수도 있습니다. 이처럼 인터넷에서는 시간과 거리가 사라지므로 지금까지 판촉 활동이 불가능했던 지역이나 시간대라도 소비자에게 직접 PR이 가능해졌습니다.

### ② 다양한 정보를 미리 입수하여 유사 체험이 가능

음식점이나 미용실 등의 매장형 비즈니스의 경우 인터넷이 없던 시절에는 실제 매장에 가보지 않는 한 어떤 요리, 어떤 미용 서비스가 있는지 알 수 없었습니다.

그러나 인터넷의 발전에 따라 자신이 먹고 싶은 요리가 있는지, 희망하는 헤어스타일이 가능한지를 미리 알아볼 수 있을 뿐 아니라 그 매장을 이용한 사람의 평가를 참고할 수도 있습니다.

구글 검색 결과에 나온 가게 리뷰, SNS 평가, 맛집 평가 사이트, 블로그 등을 이용해 미리 정보를 입수하면 마치 그 가게에 가본 듯한 유사 체험이 가능합니다. 그리고 제삼자의 평가를 참고로 해당 가게를 이용할지 판단할 수 있습니다.

③ 적은 비용과 노력으로 즉시 비즈니스 시작

일반적으로 비즈니스를 시작할 때는 회사 사무실이나 매장을 준비하는 것이 상식처럼 여겨집니다. 이때는 초기 투자 외에도 월세와 같은 고정비가 필요하므로 초기 적자가 크고 투자 위험을 안은 채 비즈니스를 시작해야 합니다.

그러나 인터넷을 이용하면 토지나 사무실이 필요 없고 홈페이지나 인터넷 쇼핑몰을 준비하기만 하면 그날부터 비즈니스를 시작할 수 있습니다.

게다가 몇 년 전과는 달리 비쌌던 홈페이지나 쇼핑몰 제작비가 크게 줄고 무료로 만들 수 있는 도구도 많아져서 디자인이나 코딩을 못하는 사람도 홈페이지나 쇼핑몰을 몇 시간 만에 만들 수 있게 되었습니다.

④ 고객 정보 확보, 적은 비용으로도 여러 번의 홍보 기회가 있음

고객과 직접 의사소통이 가능한 인터넷 비즈니스(일부 쇼핑몰 제외)는 한 번의 구매로 끝나지 않고 고객에게 여러 번의 홍보가 가능합니다.

이전부터 이어져 온 TV 홈쇼핑이 바로 이에 해당하는데, 구매 이력이 있는 고객 정보(메일 주소, 주소, 상품으로 유추할 수 있는 취미, 기호 등)가 있다면 메일이나 전화를 이용해서 신상품을 안내하거나 재구매를 권유할 수 있습니다. 최근에는 카카오톡 등을 이용해 사용자를 대상으로 간단하게 이벤트나 세일 안내를 보내는 가게나 기업도 늘었습니다.

기존 방법(DM, 전화)은 발송 비용, 통신 비용, 인건비 등이 필요했지

만, 인터넷을 사용하면 메일이나 앱을 통해 한 번에 보낼 수 있으므로 고객에게 다가가는 비용을 획기적으로 줄일 수 있습니다.

또한, 새로운 고객을 얻는 비용보다 기존 고객에게 한 번 더 상품을 홍보하는 비용이 훨씬 저렴하므로, 인터넷 비즈니스를 활용하면 이익률이 높은 비즈니스가 가능합니다.

이처럼 인터넷의 특징을 최대한 활용하면 자본이나 인력에 제한이 있는 개인 사업자나 중소, 영세 기업이라도 비즈니스를 크게 발전시킬 수 있다는 장점이 있습니다.

● 적은 비용으로 많은 사람에게 제품 홍보

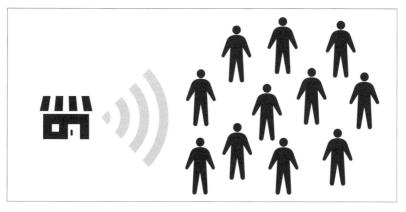

인터넷을 활용하면 적은 자본으로 많은 매출과 이익을 만들 수 있습니다. 회사뿐 아니라 개인이라도 편하게 도전할 수 있는, 진입 장벽 낮은 비즈니스 모델입니다.

## @ 인터넷 비즈니스로 매출을 올리는 방법

인터넷 비즈니스를 시작하려면 홈페이지나 쇼핑몰을 준비하는 것이 일반적입니다. 그 외에도 SNS(블로그, 페이스북, 트위터, 인스타그램 등)나 유튜브 등을 활용해서 정보를 제공하고 자사 상품이나 서비스를 홍보하는 방법도 널리 이용합니다.

### ① 홈페이지의 특징

홈페이지는 기업이나 사업체의 공식 정보 제공 방법으로, 기업 활동 정보나 주주를 위한 정보를 제공할 목적으로 이용합니다. 또한, 전문성을 요하는 업계에서는 기술이나 개발, 그 밖에도 사용자의 문제를 해결하거나 정보 가치가 높은 콘텐츠를 제공하는 등 기업 가치를 높이고 소비자의 신뢰를 얻는 플랫폼으로 활용합니다.

홈페이지에는 기업 이념, 서비스 내용, 가격표, 자주 하는 질문, 회사 위치 정보 등을 싣고 이에 더해 최신 정보 안내나 블로그를 게시해 정보 제공 플랫폼으로도 활용합니다.

### ② 인터넷 쇼핑몰의 특징

인터넷 쇼핑몰은 기업이나 가게에서 주로 판매를 목적으로 인터넷상의 판매 채널로 마련한 것입니다. 상품 페이지 안에 살 물건을 담는 카트 기능이 있으므로 마음에 드는 상품이 있다면 카트에 담아 바로 결제(카드 결제, 전자 화폐 등)할 수 있습니다.

홈페이지와 쇼핑몰의 가장 큰 차이는 카트 기능이지만, 그렇다고 해서 둘 사이에 기준이나 규칙이 있는 것은 아닙니다. 쇼핑몰 안에 기업 이념이나 회사 위치 등을 싣는 곳도 많습니다.

지마켓 등과 같은 인터넷 쇼핑몰에서는 수백만 명이 넘는 사용자(회원)를 대상으로 쇼핑몰을 시작하게 되므로 처음부터 잠재 고객이 많은 곳에 개점(인기 백화점이나 상점가에 가게를 마련)하는 것과 마찬가지 효과가 있어 수많은 사업주가 인터넷을 통해 쇼핑몰을 시작합니다(개점 비용이 필요한 곳도 있습니다).

최근에는 카페24나 고도몰 등 디자인이나 코딩을 모르는 사람이라도 무료로 간단하게 인터넷 쇼핑몰을 만들 수 있는 서비스도 있으므로 누구라도 가볍게 쇼핑몰을 시작할 수 있어 전자상거래(EC)가 더욱 번성하게 되었습니다.

### ③ 블로그, SNS, 유튜브의 특징

블로그는 원래 사용자가 자신의 일기를 기록하듯 사용하던 것이었으나 어느새인가 불특정다수 사용자와의 의사소통 도구로 널리 쓰이게 되었습니다.

페이스북이나 트위터, 인스타그램 등의 SNS도 원래 의사소통 도구였으나 사용자가 늘어남에 따라 SNS를 비즈니스용으로 활용하는 사람도 늘었습니다. SNS에서는 개인끼리의 교류, 사람과의 연결이 주목적이므로 서로의 '인품'을 파악한 상태에서 판매자의 매력을 활용해 판매할 수 있습니다.

따라서 네이버 블로그와 같은 무료 블로그 서비스를 이용해서 상품 판매와 서비스 제공을 안내하며 비즈니스를 하는 개인사업자도 많고 블로그 독자 수가 늘어남에 따라 사업을 크게 확장하는 사람도 많습니다.

마찬가지로 유튜브 역시 채널 구독자 수를 늘리면서 자사 제품을 판매하는 사람도 늘어났습니다. 문장이나 사진만으로 설명하는 것보다 동영상은 역동적이며 실제 모습도 확인할 수 있어 호소력이 높습니다. 유튜브는 이처럼 상품이나 서비스의 매력을 더 현실감 있게 전달할 수 있으므로 사실적인 정보를 원하는 사용자로부터 높은 평가를 얻고 있습니다.

덧붙여 이같은 방법으로 비즈니스를 하더라도 상품 판매용 홈페이지나 쇼핑몰을 따로 준비하기도 합니다. 이처럼 각각의 특징을 살리면서 여러 가지 방법을 함께 사용해 잠재 고객을 모을 수 있다는 점이 인터넷 비즈니스의 매력입니다.

● 무료로 효과적인 정보를 제공할 수 있다는 것이 장점

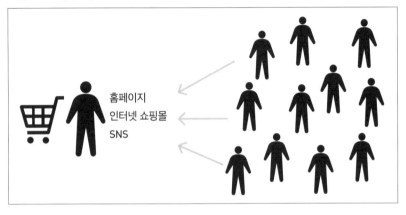

홈페이지
인터넷 쇼핑몰
SNS

무료 인터넷 쇼핑몰, 모바일 앱, 계정만 있으면 사용할 수 있는 SNS 등을 잘 활용한다면 정보 제공은 물론, 상품과 서비스 판매가 간단해집니다. 이와 함께 언제 어디서든 인터넷 사용자를 고객으로 모을 수 있습니다.

## @ 더 간단하게 매출을 올릴 수 있는 랜딩페이지

인터넷을 활용해 비즈니스를 할 때는 상품이나 서비스에 흥미가 있는 사람에게 보여줄 페이지가 필요합니다. 물건이라면 상품의 자세한 정보, 예를 들어 상품의 크기나 무게, 소재, 가격 등이며, 서비스라면 어떤 내용인지, 어디서 서비스를 받을 수 있는지, 요금 체계는 어떤지 등을 자세히 설명하는 페이지가 이에 해당합니다. 이를 홈페이지나 인터넷 쇼핑몰, 블로그 등에 마련하고 해당 페이지의 URL을 SNS나 유튜브 등으로 알리고 홍보합니다.

그러나 홈페이지나 인터넷 쇼핑몰, 블로그 등의 상세 설명 페이지는 전역 메뉴, 사이드 메뉴라 불리는 다른 페이지로 이동할 수 있는 링크가 함께 있으므로 좀처럼 해당 내용에만 집중하기 어렵습니다. 또한, SNS나 유튜브 등에서 URL을 공유한다고 해도 클릭하지 않거나 도중에 다른 곳으로 가버릴 때도 잦습니다. 이래서는 좀처럼 매출이 오르지 않습니다.

그렇다면 어떻게 해야 좋을까요? 해답은 바로 상품 페이지를 보는 방문자가 해당 설명에 집중하도록 해서 당장에라도 사고 싶은 생각이 들도록 하는 전달 방법을 쓰는 것입니다.

그리고 이러한 전달 방법에 가장 알맞은 것이 랜딩페이지(Landing Page)입니다. 랜딩은 원래 '도착하다, 착륙하다'라는 뜻이지만 넓은 의미로는 '처음으로 방문하는 페이지'를 랜딩페이지(이하 LP)라 합니다.

## ⓐ 매출이 오르도록 구성한 랜딩페이지

그러면 LP를 어떻게 구성하면 상품이 잘 팔리도록 할 수 있을까요?

LP 디자인에 대한 의견은 다양합니다만, 그중에서 세로로 긴 레이아웃으로 하나의 상품을 홍보하는 효과는 매우 강력하고 방문자의 마음을 움직여 구매까지 유도하는 위력은 만만치 않습니다. 최근 몇 년 동안 세로로 긴 레이아웃으로 홍보하는 스타일이 다른 인터넷 쇼핑몰이나 기업 홈페이지에도 도입되었습니다.

실제로 필자가 이런 방식으로 제작한(또는 컨설팅한) LP에서 매출이 오른 경우가 있었습니다.

- 신규 사업을 제안하고자 만든 LP로 2억 원을 수주한 제조업체
- 주문이 0이었던 현미 판매 쇼핑몰이 LP 제작 후 213건의 주문으로 재고 소진
- HP에서는 1건의 문의도 없었던 조경회사가 2,000만 원의 조경 공사 수주
- 인허가 사무 관련 문의를 받는 LP를 제작하고 3억 원의 매출 달성
- 참가비가 160만 원인 고액 프랜차이즈 창업 설명회 정원을 하루 만에 채운 LP
- 웨딩 사업 판매에 LP를 활용하여 2개월 만에 4,000만 원 매출 상승
- 식당에서 개발한 새로운 조미료 판매용 LP를 제작하고 연간 200개 이상 판매
- 탈모 클리닉의 신규 고객 유치를 위한 LP 덕분에 전년 대비 146% 회원 증가
- 사진 스튜디오의 아동 사진 신규 고객 수가 전년의 배로 증가
- 자격 취득 전문 학원에서 자료 요청 수를 늘리고자 LP를 만들었더니 전년의 3배로 증가

이처럼 일반적인 페이지 레이아웃으로는 지지부진했던 것이라도 LP를 활용하면 매출이나 새로운 상품의 판매를 늘릴 수 있습니다.

필자는 인터넷 비즈니스 현장에서 이렇게까지 LP가 널리 보급된 것은 다음과 같은 이유 때문이라 생각합니다.

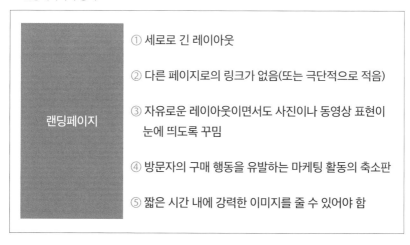

① 세로로 긴 레이아웃

② 다른 페이지로의 링크가 없음(또는 극단적으로 적음)

③ 자유로운 레이아웃이면서도 사진이나 동영상 표현이 눈에 띄도록 꾸밈

④ 방문자의 구매 행동을 유발하는 마케팅 활동의 축소판

⑤ 짧은 시간 내에 강력한 이미지를 줄 수 있어야 함

좁은 의미의 LP 구성 내용입니다. 방문자에게 구매나 이용을 유도하는 내용으로, 많은 기업이나 사업주가 이러한 스타일을 채용합니다.

① 세로로 긴 레이아웃

일반적인 페이지 구성이나 내용으로는 상품의 장점이나 매력을 충분히 전달하기 어렵습니다. LP에서는 상품의 잠재력이나 매력을 충분히 전달하고자 정보량을 늘일 필요가 있으므로 필연적으로 페이지가 길어집니다.

② 다른 페이지로의 링크가 없음(또는 극단적으로 적음)

전역 메뉴나 사이드 메뉴 등 상품 페이지에 불필요한 링크를 생략하여 다른 페이지로의 이동을 막는 효과가 있어야 합니다. 페이지에 집중할 수 있는 레이아웃으로 집중력을 유지할 수 있도록 합니다.

③ 자유로운 레이아웃이면서도 사진이나 동영상 표현이 눈에 띄도록 꾸밈

일반적인 페이지에서는 표현이 어려운 매력적이고 풍부한 연출이 LP에서는 가능합니다. 기업이나 가게의 전자상거래가 확산함에 따라 경쟁이 치열한 시장에서는 선택지도 늘어나므로, 간단히 비교 검토가 끝나는 환경에서 단순 상품 설명 페이지로는 방문자에게 호소하기 어렵습니다. 그러나 LP는 풍부한 연출(그래픽 문자, 동영상, 동적 페이지 등)로 흥미를 끌어 구매까지 이어지도록 합니다.

④ 방문자의 구매 행동을 유발하는 마케팅 활동의 축소판

LP는 매출을 올리려면 어떻게 홍보해야 효과가 있는가를 철저하게 고민한 구성과 내용으로 이루어집니다. 마치 TV 홈쇼핑에서 연예인이나 쇼핑 호스트처럼 처음 방문한 사람도 흥미를 갖고 점점 사고 싶도록 상품을 소개하고 구매욕을 자극하여, 페이지 내의 상품이나 서비스의 판매량을 늘립니다. 단순히 설명을 길게 하거나 화려하게 디자인하는 것이 아니라 방문자의 구매 행동을 촉진하는 마케팅의 축소판이 바로 LP입니다.

⑤ 짧은 시간 내에 강력한 이미지를 줄 수 있어야 함

스마트폰의 보급에 따라 언제 어디서나 인터넷에 접속할 수 있게 되었습니다. 지금은 조금이라도 여유 시간이 생기면 스마트폰을 꺼내들고 검색이나 게임, 앱, SNS 등을 즐깁니다. 구글은 이러한 행동으로 넘어가는 순간을 '마이크로 모먼츠'라 정의하고 현대 마케팅 활동에서 빼놓을 수 없는 개념이라 설명합니다.

"모바일 보급에 따라 생활 중 '뭔가 하고 싶다.'라고 생각하는 순간 바로 눈앞에 있는 기기를 검색하여 구매 행동을 일으키게 됩니다. 이 행동이 일어나는 순간인 Micro-Moments(마이크로 모먼츠)를 정확히 '판단'하여 생활 중 필요한 정보를 '전달'하고 그 효과를 올바르게 '측정'하면 모바일이 만들어 내는 가치를 최대화할 수 있습니다."

🔗 참고 자료
https://www.thinkwithgoogle.com/intl/ko-kr/
consumer-insights/consumer-trends/korea-micro-
moments-2016/

아침에 일어나자마자 SNS를 보거나 통근·통학 지하철에서 뉴스를 읽거나 음악을 듣고, 휴식 시간이나 잠자리에 들기 전 스마트폰으로 유튜브를 보는 등 우리의 행동은 마이크로 모먼츠의 연속입니다.

달리 이야기하면 허락된 짧은 시간(마음대로 소비할 수 있는 시간) 동안 콘텐츠를 보거나(보지 않거나), 정보 검색 등의 결정을 연속해서 수행한다고 할 수 있습니다.

관심이 가는 내용을 발견하면 눌러보고 마음에 들지 않으면 바로 다른 페이지로 이동하는 행동을 무의식적으로 행하는 사용자에 대해, 비즈니스를 하는 우리는 그들에게 허락된 짧은 시간 동안 얼마만큼 그들의 마음을 사로잡아 흥미를 갖도록 할 것인가를 고민해야 합니다.

LP의 스타일은 스마트폰으로도 쉽게 볼 수 있는 디자인으로, 눈길을 끄는 연출이 가능합니다. 게다가 세로 스크롤 설계는 한 손으로도 조작할 수 있는 스마트폰과 잘 어울리므로, 스크롤을 하면 할수록 그들의 허락된 짧은 시간을 점점 더 이쪽에서 소비하게 되므로 더욱 강한 인상을 줄 수 있습니다.

운영 중인 인터넷 비즈니스가 지지부진하여 고민 중인 분이거나 지금부터 시작하려는 분이라면 이러한 LP를 활용하여 주문 수를 늘리고 사업을 키워가기 바랍니다. 이 책에서는 이러한 매출 증대 LP 만들고자 알기 쉽게 설명합니다.

● 허락된 짧은 시간을 계속 쓰게 만드는 매출 증대 LP

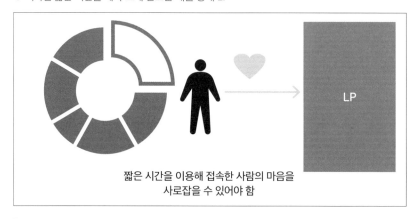

**짧은 시간을 이용해 접속한 사람의 마음을
사로잡을 수 있어야 함**

바쁜 시간을 쪼개 접속한 사람에게 호소할 수 있는 시간은 그야말로 잠시뿐입니다. 이런 짧은 시간에 강한 인상과 흥미를 느끼도록 하는 것이 바로 LP 스타일입니다.

# 02 LP를 만들 때 명심할 점

## @ LP는 누구라도 간단히 만들 수 있다

이전에는 웹 디자인이나 코딩 지식이 부족한 사람은 디자인이 뛰어나고 풍부한 정보 제공을 요구하는 LP를 만들기가 어려웠습니다. PC뿐 아니라 스마트폰으로도 보기 쉽도록 하는 최적화 과정도 필요했으므로 홈페이지 제작회사에 LP를 의뢰하는 것이 일반적이었습니다.

게다가 사용할 사진 촬영, 글귀 등을 직접 준비한다고 해도 전문 제작회사에 의뢰한다면 상당히 큰 비용이 듭니다(LP 분량이나 디자인, 동적 프로그래밍 등에 따라 달라짐).

그러나 최근에는 초보자라도 디자인이 뛰어난 LP를 무료로 만들 수 있는 Wix와 같은 서비스 덕분에 웹 디자인이나 코딩 지식이 없어도 누구든지 만들 수 있게 되었습니다.

● 간단하게 LP를 만들 수 있는 제작툴들

🔗 홈페이지 제작 서비스 Wix  https://ko.wix.com/

Wix(윅스)는 세계 190개국 1억 6,000천만 이상의 사용자를 가진 홈페이지 제작 도구입니다. wix ADI라는
자동 제작 도구를 이용하면 간단한 질문에 답하는 것만으로도 최적의 콘텐츠를 생성하여 몇 분 안에 무료로
웹 사이트를 만들 수 있습니다.

무료로 이용할 수 있는 Wix는 LP용 카테고리도 제공하는 웹 서비
스입니다(유료인 프리미엄 메뉴도 있음). 다루기도 쉽고 비싼 제작 소프트
웨어도 필요 없으므로 언제 어디서든 간단하게 LP를 만들 수 있습니다.
또한, 상품이나 서비스에 꼭 맞는 다양한 디자인 템플릿을 제공합니다.

🔗 홈페이지 제작 서비스 모두!  https://www.modoo.at/

네이버 모두!(https://www.modoo.at/), jimbo(https://www.jimdo.com/)와 같은 무료 홈페이지 제작 도구를
이용해도 간단히 LP를 만들 수 있어서 LP를 이용하는 사업이 빠르게 늘고 있습니다.

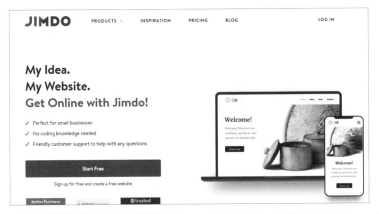

🔗 홈페이지 제작 서비스 Jimdo   https://www.jimdo.com/

2007년 독일에서 탄생한 Jimdo(짐도)는 프로그래밍 지식이 없어도 누구든지 전문가급의 홈페이지를 원하는 대로 만들 수 있습니다. 예를 들어 블록을 나누는 것만으로도 간단히 LP 레이아웃을 만들 수 있습니다.

음식점 대상, 강연회 참가자 모집, 사교 모임 등 다양한 디자인 템플릿이 준비되어 있으므로 자신이 홍보하고자 하는 업종과 업태에 알맞은 것을 고르기만 해도 짧은 시간 내에 LP를 만들어 공개할 수 있습니다.

이처럼 편리한 도구 덕분에 텍스트나 자료만 있다면 누구든지 브라우저로 간단하고 빠르게 LP를 만들 수 있습니다. 게다가 여러 개의 LP를 동시에 공개할 수 있으므로(2개 이상이라면 유료인 곳도 있음) 상품마다 또는 업종별로 LP를 만들어 신속한 홍보 활동을 수행할 수 있다는 것도 사업에 큰 도움이 됩니다.

## @ 매출이 오르는 LP를 만들려면

다양한 무료 LP 제작 도구는 기능이나 디자인이 뛰어나고 누구든지 짧은 시간 안에 배포할 수 있을 수준으로, 이전에는 생각조차 못할 만큼 내용이 충실합니다.

이후에도 수많은 기능이나 디자인 템플릿 업데이트가 기대되므로 지금까지 LP에 도전해보지 못했던 분, 경제적 사정이 넉넉하지 못했던 분, 빠르게 만들고자 하는 분에게는 최적의 도구입니다.

물론 이것만으로도 충분한 효과를 기대할 수 있지만, 필자는 이들 LP를 이용할 때 다음 두 가지 요소를 덧붙일 것을 추천합니다.

① 상품을 원하게 되는 논리 전개 구축
② 사용자의 감정에 다가가는 표현

무료 도구의 템플릿도 충분히 뛰어나지만, 이것만으로는 LP에서 가장 중요한, 즉 상품을 원하게 되는 논리 전개가 부족합니다.

LP 디자인이 보기에는 예쁘다 하더라도 이것만으로는 상품을 구매하거나 서비스를 이용하지 않습니다. 왜냐하면, 자신이 구매할 이유나 행동을 일으킬 이유를 찾지 못하는 한 수고스럽게 행동하려 하지는 않기 때문입니다. 그러므로 LP에는 스스로가 이해하고 행동할 수 있는 논리 전개를 준비해야 합니다.

그리고 무엇보다 사람은 감정의 동물이므로 논리만으로 행동하지는 않습니다. 결정하고 싶지만 망설이게 되고, 그러나 결정은 해야 하고… 라는 마음의 갈등과 싸우며 그때마다 생각이나 의견이 변하곤 합니다.

'그래 사자!'라고 결정했음에도 다음 날이면 갑자기 흥미가 사라져 결국 사지 않을 때도 흔합니다. 여러분도 비슷한 경험이 있을 겁니다. 이런 모순된 감정을 가진 사용자를 대상으로 매출이 오르는 LP가 되려면 논리만이 아닌 감정에 다가가는 문장력이나 표현력이 필요합니다.

"사세요, 사세요."라고 재촉하는 것이 아닌, "원하는 것이 무엇인가요? 왜 고민하시나요? 왜 망설이시나요?" 등 LP를 방문한 사용자의 감정에 다가가면서 하나씩 해결책을 준비하여 사용자의 불안을 없애는 것이 무엇보다 중요합니다.

그리고 LP는 자신이 말하고 싶은 것, 전하고 싶은 것을 쓰는 곳이 아닙니다. 어디까지나 사용자가 알고자 하는 것, 원하는 것을 미리 말해 주는 것이 중요한데, 이는 상대에 대한 생각과 배려로부터 비롯됩니다.

사용자를 속이려 하거나 자신은 돈만 벌면 된다고 강매하거나 사용자의 감정을 억지로 선동하는 듯한 글을 써서는 안 됩니다. 무료 LP 제작 도구는 용도나 목적, 업종에 맞춘 뛰어난 템플릿은 제공하지만, 사용자가 상품을 원하게 되는 논리 전개, 사용자의 감정에 다가가는 문장이나 표현 방법은 제공하지 않습니다. 그러므로 이는 직접 준비해야 합니다.

이 책에서는 매출 증가에 도움이 되는 LP를 더욱 향상시켜 최대한으로 활용하는 데 필요한 논리 전개와 문장, 표현 방법 등을 설명합니다.

지금부터 LP를 제작회사에 의뢰하려는 분, 무료 도구로 만들고자 하는 분, 제작회사 담당자 등 누구라도 이 책을 활용할 수 있으므로 마케팅 시 참고하기 바랍니다.

● 매출이 오르는 LP와 그렇지 않은 LP의 차이

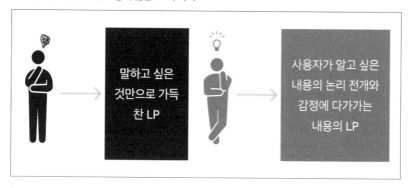

말하고 싶은 것만으로 가득 찬 LP

사용자가 알고 싶은 내용의 논리 전개와 감정에 다가가는 내용의 LP

광고만으로 꽉 찬 LP로는 사용자가 만족하지 못합니다. 그들이 흥미를 느낄 만한 논리 전개와 그들의 마음을 이해하는 내용이 중요합니다.

## @ 상품을 원하게 되는 논리 전개란?

홈페이지 제작회사에 의뢰하든 무료 제작 도구를 이용하든 LP에는 사용자가 이해할 수 있는 논리 전개가 필요합니다. 그러면 어떤 논리 전개가 가장 적합할까요?

예를 들어 일본식 라멘을 판매하는 점주라 가정해봅시다.

구글에서 '맛있는 라멘', '라멘 맛집 근처'라고 검색하거나 인스타그램에서 '#라멘', '#라멘 인스타그래머' 등 해시 태그 검색을 하는 사람이 맛있어 보이는 라멘을 발견한다면 아마도 기쁜 마음으로 찾아갈 것입니다. 왜냐하면, 그 사람은 맛있는 라멘을 먹고 싶어 '직접' 찾아봤기 때문입니다.

그러나 회사 회식이나 모임에서 술과 요리를 많이 먹고 배가 부른 사람에게 "맛있는 라멘집이 있는데 한번 가볼래?"라며 권유한들 흥미를 보이지 않을 겁니다.

또한, 라멘은 몸에 좋지 않으며 살찌기 쉽다는 부정적인 인상이 있는 사람에게는 아무리 여러분의 라멘이 맛있다고 강조해도 거들떠보지도 않을 것입니다.

● 홍보할 대상이나 타이밍을 잘못 잡으면 아무리 맛있는 라멘이라도 팔리지 않음

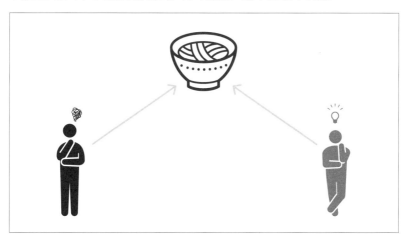

아무리 맛있는 음식이라도 홍보할 대상에 따라서는 필요 없다고 느끼게 됩니다. 중요한 것은 누구에게 언제 어떤 방법으로 전할 것인가입니다.

일반적으로 LP 대부분은 자사가 홍보하고자 하는 것을 전달할 뿐입니다. 앞서 예를 든 라멘 가게라면 "우리 라멘은 정말 맛있어요!"라고 큰소리로 외치는 것과 마찬가지입니다. 그러나 이런 전달 방식에도 찾아올 손님은 적극적으로 찾는 사람뿐입니다.

이와 마찬가지로 "우리 가게가 더 맛있어요!"라고 외치는 LP를 가진 음식점도 많지만, '단지' 맛있다고 전한다고 해서 손님이 찾아오지는 않습니다. 중요한 것은 '어떻게' 맛을 전달할 것인가입니다.

검색 후 방문한 라멘집 LP에 많은 손님이 남긴 맛에 대한 긍정 평가나 리뷰, 마치 눈앞에 있는 듯 김이 모락모락 피어나는 맛있는 라멘 사진이나 동영상이 있다거나 사용자의 식욕을 자극하는 문장이 함께 있다

면… 어느 순간 입가엔 침이 고일 겁니다.

요컨대 상품을 원하도록 하려면 '어떤' 정보를 '어떤' 순서로 사용자에게 전달하는가가 중요하며 매출에 크게 영향을 줍니다.

마찬가지로 배가 부른 사람이나 라멘에 부정적인 인상이 있는 사람에 대해 오로지 "맛있어요."라고만 말해봐야 뒤돌아보지도 않습니다. 따라서 다른 접근 방식으로 이를 원하도록 논리를 전개해야 합니다.

예를 들어 술을 마시고 배가 부른 사람이라도 "담백한 국물에 속이 편해 해장용으로는 그만인 라멘집이 있는데, 한번 가볼래?"라며 권한다면 반응은 달라질 것입니다.

라멘에 대해 부정적인 이미지를 가진 사람에게는 "유기농 재료를 사용하고 염분을 줄인 야채 듬뿍 담백한 맛의 라멘이라 여성에게도 인가가 많은데, 한번 가보지 않을래?"라고 권한다면 아마도 지금 가진 이미지가 달라지며 한 번쯤은 가보고 싶다는 생각이 들 것입니다.

즉, 매출이 오르는 LP를 만들려면 사용자의 기분이나 놓인 상황, 환경, 배경을 가정하고 각각의 상황별로 전할 내용을 고민하여 논리 전개를 달리 만들어 가는 작업이 필요합니다.

지금까지 필자가 제작하거나 컨설팅한 수많은 LP 경험을 통해 LP를 만드는 데 필요한 논리 전개에는 세 가지 패턴이 있다는 것을 알았습니다. 이들 세 가지 패턴을 잘 알아둔다면 그 뒤는 순서에 따라 문장을 채우며 디자인, 코딩해가기만(또는 LP 무료 제작 도구를 이용해 채워가기만) 하면 매출이 오르는 LP가 완성됩니다.

매출이 오르는 세 가지 LP 패턴을 이용하면 어떤 문장을 써야 할지 모르겠다, 무엇을 전달해야 할지 모르겠다, 지금까지 LP를 만들었지만 생각한 만큼 효과가 나오지 않았다는 사람이라도 간단히 매출을 올리는

LP를 만들 수 있습니다.

혹시 여러분은 모처럼 좋은 상품이나 서비스를 제공한다고 했지만 전달하는 내용이나 노출 타이밍이 맞지 않아 큰 매출 기회를 놓쳤을지도 모릅니다.

누구든 간단하게 홈페이지나 인터넷 쇼핑몰을 만들 수 있는 환경이 갖춰지고 날마다 새로운 경쟁이 벌어지는 시장에서 옛날과 변함없는 똑같은 자세나 관점으로는 살아남기 어렵습니다. 반대로 적절히 노출되기만 해도 팔릴 상품이나 서비스도 많습니다.

매출이 오르는 세 가지 LP 패턴을 꼭 몸에 익혀 여러분의 비즈니스를 크게 성장시키기 바랍니다.

● 매출이 오르는 세 가지 논리 전개를 이용하여 홍보

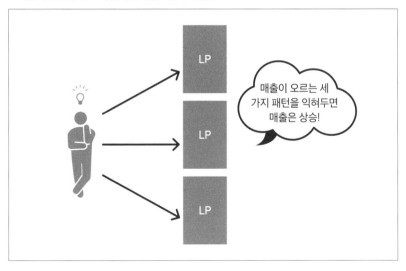

LP를 만들었다고 매출이 오르는 것은 아닙니다. 사용자의 감정에 따른 세 가지 논리 전개를 이용한 LP여야만 사용자가 반응을 보이고 매출 상승 기회를 잡을 수 있습니다.

# 03  매출이 오르는 세 가지 LP 논리 전개: PDL 모델

## @ 매출이 오르는 LP에는 세 가지 패턴이 있다!

매출이 오르는 LP의 논리 전개에는 세 가지 패턴이 있습니다.

상품이나 서비스를 원하게 되는 시점이나 상황은 크게 세 가지로 나눌 수 있으며, 필자는 각각에 맞는 논리 전개를 PDL 모델이라 이름 지었습니다.

● PDL 모델

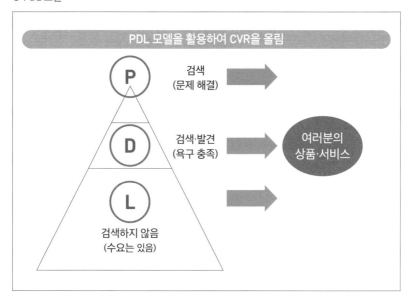

매출이 오르는 논리 전개인 PDL 모델은 인터넷을 이용하는(이용하지 않는) 사용자의 상황, 배경, 기분에 따른 내용으로 구성되므로 누구든지 쉽게 활용할 수 있습니다.

이러한 PDL 모델을 이용하면 누구든지 간단히 매출이 오르는 LP 를 만들 수 있습니다. 직접 만들든 제작회사(또는 디자이너)에 의뢰하든 매출이 오르는 논리 전개를 전달할 수 있으므로 효율적이고 효과적으로 홍보할 수 있습니다.

① 문제를 해결하고자 하는 P 모델(문제 해결형: Problem)

이가 아프거나 수도관이 망가지는 등 갑작스러운 문제가 생기면, 인터넷 검색을 통해 이 문제를 해결해줄 사람(회사, 상품, 서비스)을 찾습니다.

지금 당장 직면한 문제를 해결하려는 사람에게 여유롭게 기다릴 틈은 없습니다. 이런 사람을 대상으로 한 LP에서는 얼마나 빠르게 문제를 해결할 수 있는지를 전달해야 합니다.

해결을 서두르는 사람에게 "이 방법은 지금의 당신에게는 필요하지 않지만 언젠가는 도움이 될 것입니다."라고 홍보한다면 아무런 자극도 못 느낍니다. 오히려 "지금 당장 조처를 해야 하는데 도대체 무슨 소릴 하는 거야?"라며 방문한 사용자를 화나게 할지도 모릅니다.

문제 해결을 원하는 사람에게는 우선 눈앞의 곤란한 상황이나 환경을 즉시 개선할 방법을 알기 쉽게 전달합니다.

② 욕구를 채우고 싶은 D 모델(욕구 충족형: Desire)

당장 필요하지는 않지만 갖고 싶은 상품이나 서비스를 찾는 사람은 많습니다. 최신 게임이나 옷, 명품 시계 등은 그 자체가 없어도 평소 생활에는 크게 영향이 없습니다. 그렇지만, 있으면 지금보다 생활이 윤택해진다고 느끼거나 만족감을 느끼곤 하므로 어떻게든 해당 상품을 갖고 싶을 때가 있습니다.

D 모델의 LP에서는 상품을 손에 넣은 후의 행복감이 얼마나 큰가를 홍보해야 합니다. 갖고 싶은 상품을 구매하고서 얼마나 기분이 좋아졌는가, 어떻게 지금껏 늘 보던 경치가 갑자기 빛나 보이며 멋진 세계로 변하는가를 전달하면 특히 효과적입니다. 욕구를 충족하고자 하는 사람에게는 이야말로 마음의 윤택함이기 때문입니다. 그들이 원하는 미래를 LP 안에서 매력적으로 전달하는 논리 전개가 중요합니다.

### ③ 숨은 수요를 일깨우는 L 모델(잠재 수요형: Latent Demand)

일상생활에서의 L 모델은 그 상품이나 서비스를 원하지 않지만 필요하다고 느끼는 순간 갑자기 갖고 싶어지는 패턴입니다. 예를 들어 지금은 코로나 19로 인해 필수가 되었지만, 예전의 미세먼지용 마스크처럼 있다는 것은 알아도 특별히 필요하다고 생각하지 않아 굳이 사지 않고 그대로 내버려두기 쉬운 것이 L 모델에 해당합니다.

그러나 평소에는 생각지 않았던 미세먼지용 마스크라도 매일 뉴스에 등장하는 코로나 19 감염 확산을 접하게 되면 그 중요성이나 필요성을 느끼고 진지하게 구매를 검토하게 됩니다. 이른바 예방용 상품(보험이나 방재용품 등)도 이에 해당합니다.

라멘에 부정적인 이미지가 있는 사람에게 건강하고 담백하며 여성에게 인기라는 점 등 반대되는 긍정적 이미지를 제공했을 때 욕구가 생기거나 필요하다고 생각하기 시작하는 상황도 이 패턴에 해당합니다.

이러한 L 모델에서는 해당 상품이나 서비스가 얼마나 중요한 존재인지를 사용자가 느끼도록 하는 것이 중요합니다.

잠재적인 수요는 있지만, 그 필요성조차 아직 느끼지 못하는 사용자에게 "이 상품은 이런 점이 놀랍고 멋집니다."라며 상품의 기능이나 성능에 대해 아무리 강조해도 마음을 움직일 수는 없습니다. 애당초 필요하다고 생각하지 않으므로 상품 자체에 흥미를 느끼지 못하기 때문입니다.

이러한 사용자에게 전달해야 하는 것은 이 상품이나 서비스의 필요성을 깨닫도록 하는 내용입니다. 게다가 "언젠간 필요합니다."에 그치지 않고 '지금 당장' 필요하다고 느끼도록 해야 합니다. 언제든지 살 수 있다는 인식이 생겨버리면 언제가 되든 사지 않기 때문입니다.

이처럼 매출이 오르는 LP를 만들려면 사용자의 타이밍, 상황이나 흥미, 욕구 수준에 맞는 세 가지 패턴을 사용해야 합니다. 원하는 것이 다른 사용자를 대상으로 한 가지의 논리 전개만으로 LP를 만든다면 아무런 반응도 없을 것입니다.

지금까지 1 패턴으로만 홍보해왔다면 다른 패턴도 함께 고려 대상에 두고 홍보에 활용할 수 있는지 생각해보기 바랍니다. 세 가지 PDL 모델을 잘 사용한다면 지금보다 3배 이상 매출을 올릴 수도 있으므로 꼭 익혀두기 바랍니다. 다음 장부터 PDL 모델에 대해 구체적으로 살펴보겠습니다.

● 비즈니스가 3배로 커질 가능성

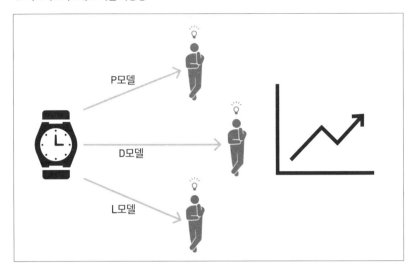

P모델

D모델

L모델

지금까지 한 가지였던 판매 방법에 다른 두 가지 방법을 더하면 매출을 3배로 늘릴 수 있습니다. 미처 보지 못했던 새로운 잠재 고객을 발견할 기회가 늘어난 탓입니다.

## @ LP를 만들 때 잊지 말아야 할 점

PDL 모델을 활용하면 지금까지 LP를 사용했으나 매출이 잘 오르지 않았던 경우라도 기회가 생깁니다. 그러나 논리 전개만 흉내 내서는 진정한 효과가 생기지 않습니다. 여기서는 PDL 모델을 최대한 활용하고자 할 때 필요한 두 가지를 설명합니다.

### 사용자의 감정에 다가가기

인간은 감정의 동물입니다. 아무리 머리로 이해하더라도 마음이 따르지 않는다면 행동으로 이어지지 않습니다. 과음이 건강에 좋지 않다는 것은 알지만, 흥겨운 술자리에 취해 나도 모르게 종종 과음하곤 합니다.

사람은 바른말만으로는 움직이지 않습니다. 다른 사람이 보면 이해할 수 없는 행동이라도 본인 나름의 규칙이나 느끼는 방식이 있으므로 아무리 주위에서 충고하거나 주의를 주더라도 효과가 없습니다.

이와는 달리 자신의 생각이나 사고를 다른 사람이 이해해주었을 때 느끼는 기쁨은 무척 커서 이성적이지 않은 행동을 보일 때도 있습니다. 이러한 모순적인 인간을 상대로 구매나 신청을 촉구하려면 감정에 다가가는 행위나 표현이 중요합니다.

그러려면 "그래 맞아. 나를 알아주는구나!", "같은 고민을 하는 사람이 또 있구나…", "이 사람이라면 친해질 수 있을 것 같아."라고 방문한 사용자가 무의식적으로 고개를 끄덕이며 공감하거나 믿을 수 있는 전달 방식을 고민해야 합니다.

**"글솜씨에는 영 자신이 없는데…, 꼭 화려한 문장을 써야만 하나요?"**

이는 필자가 LP 세미나에서 자주 듣는 질문입니다. 물론 답은 "아니요."입니다. 소설이나 수필처럼 화려한 문장을 쓸 필요는 없습니다. 평상시 고객을 대하는 듯한, 사용자에게 말을 거는 듯한 자연스런 글이 가장 전달력이 크고 공감을 불러일으키기 쉽기 때문입니다.

물론 상품이나 서비스의 세계관에 따라 때로는 사용자의 기대를 저버리지 않도록 예쁘게 보일 필요가 있을지도 모르겠습니다. 하지만 LP라 해서 익숙하지 않은, 억지로 쥐어짠 이상한 문장보다는 고객에 대한 정성을 느낄 수 있는 평소의 말투나 문장만으로도 충분합니다.

## 사용자의 등을 살짝 떠밀기

강매하는 듯한 느낌을 주지 않고 적당한 거리감을 유지한 채 말을 거는 듯한 표현으로, 결코 사용자에게 부담이 안 되는 수준에서 상품이나 서비스를 소개하도록 합시다.

LP로 매출을 올리고자 너무 서둘면 필연적으로 억지로 들이미는 느낌이 강해집니다. 물론 LP는 사용자의 구매로 이어지는 선택 확률을 높이는 수단이므로 팔고 싶다는 명확한 의지는 반드시 전달해야 합니다.

그러나 사람은 얼굴을 마주한 채 사주세요, 사주세요라며 너무 들이밀면 모처럼 생긴 흥미조차도 사라져 구매할 기분을 잃게 될 때가 흔합니다. 도가 지나치면 소비자는 멀어집니다.

LP에서 중요한 것은 사용자에게 억지로 상품이나 서비스를 들이밀어서는 안 된다는 점입니다. 구매에 참고할 수 있는 필요한 정보를 제공하는 것에만 전념하고 최종적인 판단은 사용자에게 맡겨야 합니다.

혹시 억지로 판매한다 하더라도 이해하지 못한 채 반신반의 상태에서 상품을 구매(억지로 샀다고 인식)한 사용자는 결국 불만을 품게 됩니다.

그리고 실제 소비하거나 이용할 때 조금이라도 마음에 안 드는 부분이 있다면 "이럴 줄 알았어!"라며 불평하고 심지어는 SNS에 부정적인 상품평을 올리게 될 것입니다. SNS의 확산력은 얕볼 수 없어서 일시적인 매출을 추구한 끝에 미래 매출을 잃어버리는 결과로 이어질지도 모릅니다.

LP에서는 어디까지나 사용자의 의견을 최대한 존중하고 억지로 사게끔 하는 일은 절대 없어야 합니다. 사용자의 등을 살짝 떠민다는 정도면 충분합니다.

● 매출이 오르는 LP는 사용자의 결심을 돕는다

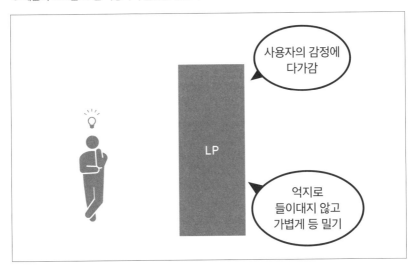

PDL 모델은 밀어내기식 판매로 성공하기 위한 방법이 아닙니다. 어디까지나 여러분의 상품이나 서비스의
매력을 발견하고 필요하다고 생각하도록 돕는 방법입니다. 각 모델의 효과를 최대한으로 올리려면 사용자
제일주의를 잊어서는 안 됩니다.

## 세미나 참가자 모집용 랜딩페이지는 D 모델을 기본으로 커스터마이징

● 세미나 참가자 모집에 사용할 수 있는 랜딩페이지 논리 전개

| | |
|---|---|
| 공감(발견) | 광고 카피, 대상자에게 맞춘 문구(타깃 카피), 상품 설명 |
| 신용 ① | 추천자의 목소리, 감상, 동영상 |
| 신용 ② | 주최자(강연자) 경력·프로필 |
| 공감 | 고민을 구체적으로 드러냄 |
| 상상 | 이익, 장점, 자세한 세미나 내용 |
| 불안 해소 | 불안 해소 |
| FAQ | 자주 하는 질문 |
| 이유 | 사용자의 행동에 대한 이유나 변명 |
| 행동 | 질의응답·구매 등 |

PDL 모델의 최대 장점은 바로 누구든지 간단하게 방문자의 심리를 분석하여 상품이나 서비스를 원하도록 랜딩페이지를 만들 수 있다는 데 있습니다. PDL 모델은 어떤 비즈니스에도 잘 들어맞도록 최대공약수와 같은 형태로 매출이 오르는 랜딩페이지 논리를 전개합니다.

다양한 상황에서 활용할 수 있도록 필요한 최소한의 요소와 논리 전개를 설명하지만, 혹시 '이럴 때는 어떻게 생각하는 게 좋을까?'라며 망설일 때가 있을지도 모르겠습니다.

예를 들어 '세미나 참가 모집'에 랜딩페이지를 이용할 때를 살펴봅시다.

PDL 모델에 비춰 보면 엄밀히는 이러한 세미나를 찾는가, 세미나에 참가할 필요를 느끼는가에 따라 논리 전개가 달라집니다만, 이번 칼럼에서는 세미나 참가 모집에 바로 활용할 수 있는 논리 전개를 살펴보겠습니다.

세미나 참가 모집은 2장에서 자세하게 설명할 D 모델을 기준으로 활용하는 것이 효과적입니다.

가장 먼저 공감(발견) 파트에서는 어떤 세

미나인지, 그 세미나에 참가하면 얼마나 도움이 되는지를 설명하여 사용자의 감정에 확실히 호소합니다.

구체적인 세미나 내용을 전달하기보다는 어떻게 되는지(예: 팔리게 된다, 즐거워진다, 멋져진다 등)를 광고 카피로 이용합시다.

그리고 처음 그 세미나를 알게 된 사람은 당연히 수상하다, 믿을 수 없다며 의심하는 상태이므로 신용을 얻을 수 있도록 신용 ① 파트에서 과거 세미나 참가자의 감상, 추천자의 목소리 등을 최대 활용하여 호소합시다. ※ 과거 참가자가 없을 때는 추천자나 응원하는 사람의 평가를 활용합니다.

신용 ② 파트에는 세미나 주최자, 강연자의 경력이나 실적을 자세하게 싣습니다. 어떤 사람이며 지금까지 어떤 활약을 했는지를 강조합니다. 세미나 참가자 모집에서는 어떤 사람이 강연자인지가 무척 중요합니다.

공감 파트에는 참가하려는 사람의 평소 고민이나 바라는 바를 씁니다(예를 들어, 고객이 늘지 않아 늘 고민이지 않습니까? 대형 쇼핑몰로 키우고 싶은데 어떻게 해야 할지 모르겠어요… 등). 자신에게 해당하는 내용을 발견하면 공감하게 되어 반응도 늘어납니다.

상상 파트에서는 세미나 참가 후의 변화나 달라 보이는 세상을 구체적으로 전달합니다. 공감(발견) 파트에서 미처 말하지 못했던 내용을 이 상상 파트에서 마음껏 표현해주세요(점점 새로운 고객이 모인다, 다른 사람으로 볼 정도로 스타일이 변했다, 젊은 시절의 피부를 되찾았다, 등).

이와 함께 세미나의 신빙성을 높이고자 배울 내용에 대한 목차를 싣도록 합시다. 목차에는 전문 용어가 있어도 상관없습니다. 자신이 모르는 지식을 배울 수 있겠다는 생각에 역으로 쉽게 흥미를 유발할 수 있습니다(예: '구글 애드의 이상적인 계정 구조는?', 'CVR을 올리는 데 필요한 사용자의 인사이트를 사로잡는 방법' 등).

불안 해소 파트에는 세미나 참가 전 불안 요소(효과가 있을까? 초보자도 따라갈 수 있을까? 결제 방법은? 등)와 참가 후의 불안 요소(고액 상품을 강매하지 않을까? 억지로 영업을 당하지는 않을까? 이해를 못 하더라도 이를 보충해줄 것인가? 등)를 구체적으로 적습니다. 이처럼 불안을 하나씩 제거해 나가면 사용자가 느낀 의심은 사라지고 세미나 참가에 대해 긍정적으로 검토하게 됩니다. FAQ(자주 하는 질문)를 이용하여 질의응답 형식으로 설명하는 것도 좋은 방법입니다.

이유 파트에는 참가라는 행동으로 이어지도록 정당화할 수 있는 이유나 변명 등을 제시합니다(예: 외식 한 번 하는 비용으로 일생 사용할 수 있는 노하우를 얻을 수 있어, 이제부터 자신 있게 당당하게 노출 의상을 입을 수 있어, 참가자 대부분이 초보자였어… 등).

마지막 행동 파트에서는 사용자에게 바라는 것(신청서 작성, 문의 등)을 알기 쉽고 명확하게 전달합니다. 세미나에서는 참가 혜택 등을 제공하면 반응률이 오르므로 사례집이나 템플릿 모음집 등을 기획해도 좋습니다.

세미나 참가 모집용으로 랜딩페이지를 사용하는 예는 흔합니다. 좀처럼 반응이 없었던 분이라면 꼭 이 논리 전개를 활용하여 참가자를 모집해보기 바랍니다.

# 2장

## 문제 해결형
## P 모델 랜딩페이지

★ ★ ★

# 01 문제 해결형: Problem(P 모델) LP 만드는 방법

## @ 문제 해결형 P 모델 랜딩페이지란?

여기서 말하는 '문제'란 일상생활 중 갑작스러운 문제에 부닥치거나 사용하던 물건이 고장 나는 등 당연했던 것이 갑자기 당연하지 않게 되거나 생각대로 진행되지 않는 상황을 뜻합니다.

예를 들어 갑자기 배가 아프거나 집에 비가 새거나 일하는 중 컴퓨터가 멈춘다면 사용자는 이러한 문제를 당장 고치고 싶어 빨리 원래의 생활로 돌아가고 싶다며 문제 해결 방법을 적극적으로 검색합니다.

특히 긴급하고 심각한 문제에 직면한 사용자일수록 행동(구매, 신청, 상담 등)을 취할 가능성이 커집니다.

문제 해결형 P 모델 LP란 이처럼 빨리 문제를 해결하고자 하는 사용자에 대해 바로 행동으로 옮기도록 하는(매출과 직결) 논리 전개로 구성한 것입니다.

덧붙여 해결할 문제가 급하지 않더라도 문제의 중요성이 크다면 마찬가지로 P 모델 LP를 활용할 수 있습니다. 예를 들어 빨리 취직해야 한다, 아무리 해도 성적이 오르지 않는다, 가게 매출이 계속 줄고 있다 등 사용자가 오랫동안 고민하는 문제에도 적용할 수 있으므로 함께 기억해두도록 합시다.

## ◎ 문제를 해결하고자 하는 사용자가 인터넷에서 취하는 행동

문제가 발생한 사용자는 우선 인터넷을 검색합니다. 사건이나 사고라면 바로 경찰이나 구급차를 부를 테고 자신이나 주위에서 일어난 일이지만 어디와 상담해야 할지 알 수 없는 고민 또는 누구와 상담해야 할지 알 수 없는 문제라면 먼저 스마트폰이나 PC로 검색해볼 것입니다.

그중에서도 이혼이나 바람, 빚 문제 등 매우 개인적이며 부담없이 누구와 상담할 수 있는 내용이 아닌 심각한 문제(부정적)일수록 구글이나 네이버 등 검색 엔진으로 해당 문제의 해결 방법을 찾아보려 합니다.

즉, 문제를 해결하고자 하는 사용자를 모으고 싶다면 검색 엔진을 이용하거나 웹 광고라면 구글 광고나 네이버의 키워드 검색 광고를 주로 이용해야 한다고 생각합시다.

단, 자연재해나 지하철 지연 등 빠르게 실시간 정보나 최신 정보가 필요한 문제라면 관련 앱이나 트위터 등을 검색하기도 한다는 특징도 함께 기억해두도록 합시다. 즉, 사용자의 행동을 이해한 고객 모집 방법이 필요합니다.

● 문제가 생겼을 때 사용자의 행동

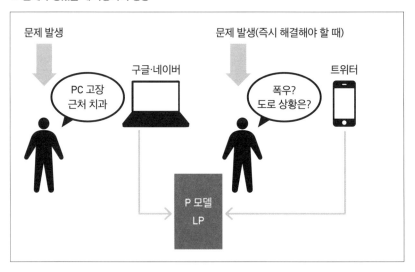

문제가 발생했을 때 검색하는 방법은 크게 두 가지로 나뉩니다. 심각한 문제는 검색 엔진으로 찾고 실시간 정보로 문제를 해결하고자 할 때는 트위터를 이용하는 경향이 있습니다.

## @ 문제를 해결하고 싶은 사용자가 원하는 것

문제를 해결하려는 사용자가 검색 엔진에서 어떤 키워드로 검색하는지를 사전에 조사하면 어떤 고민이 있는지, 어떻게 하고 싶은지 등의 검색 의도, 즉 그들의 속마음을 알 수 있습니다.

P 모델에서 중요한 것은 검색 중인 사용자가 결국 원하는 것은 무엇인가를 이해하는 것입니다. 검색 키워드로 그들이 무엇을 원하는가를 상상하고 그들의 마음에 다가가는 논리 전개를 LP 안에 준비한다면 자연스레 매출은 오를 겁니다.

예를 들어 빚 문제로 고민 중인 사용자는 검색 엔진에서 어떤 키워드로 검색할까요? 실제로 '빚'과 관련된 검색 키워드를 살펴보도록 합시다.

● 빚 관련 키워드

네이버 검색창에 '빚'이라 입력한 다음 스페이스 키를 누르면 입력한 키워드와 관련된 키워드(제안 검색어)가
표시됩니다. PC나 스마트폰 모두 마찬가지입니다.

'빚'이라는 단어와 함께 검색한 키워드가 제안 검색어로 표시됩니다. 빚을 내고 싶은지, 갚고 싶은지, 또는 도망가고 싶은지 등의 구체적인 행동, 욕구가 검색 키워드로 표현되므로 빚 문제를 안은 사용자의 검색 의도를 추측할 수 있습니다.

빚이라는 키워드와 함께 검색한 '탕감', '청산', '상속', '1억', '자살', '개인회생' 등의 단어로부터 빚을 갚지 못하는 상황이 괴롭고 누구와 상담해야 이를 해결할 수 있는지, 언제 이 괴로움이 끝날지 등과 같은 그들의 고민을 엿볼 수 있습니다.

덧붙여 그들이 원하는 것은 어쨌든 빚지기 전의 상태로 돌아가고 싶으며 한시라도 빨리 빚 문제에서 벗어나고 싶다는 것입니다. 결코 '깔끔하게 전부 갚고 싶다.'가 유일한 목적은 아니라는 점에 주의하세요.

글자대로만 검색 키워드를 본다면 놓칠 수도 있지만, 이것이 검색

의도이며 이루고 싶은 현실입니다.

문제를 해결하려는 사용자는 가능한 한 빨리 원상 복귀하고 싶고 지금의 상황에서 빠져나가고 싶으며 가능한 한 자신이 부담할 위험을 최소한으로 줄이고 싶어 한다는 점을 기억하세요.

● 문제 해결형 사용자의 의도

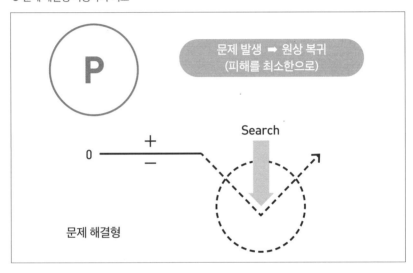

가로 선이 아무런 문제도 발생하지 않았을 때 사람의 기분입니다. 하늘의 연처럼 평온한 상태였지만 문제가 발생한 순간 급격하게 떨어지며 그 시점부터 인터넷 검색을 시작합니다.

P 모델 LP를 만들려면 사용자가 검색할 만한 키워드를 조사하고, 이를 힌트로 삼아 사용자가 어떤 방식으로 원상복귀하고 싶은가, 최종적으로 무엇을 원하는가(도달점)를 추측해야 합니다.

# 02     P 모델 LP의 논리 전개

## @ P 모델 LP의 논리 전개란?

여기서는 문제를 해결하려는 사용자가 쉽게 행동으로 옮길 수 있는 LP인 P 모델의 논리 전개를 살펴봅니다.

기본적으로 LP는 세로로 길게 스크롤하므로 당연히 위에서부터 사용자가 알고 싶은 것을 차례대로 전달해야 합니다. 그러나 위에서부터 전달할 내용은 자신이 말하고 싶은 것이 결코 아니라는 점에 주의하세요. 왜냐하면, 자신이 말하고 싶은 것과 사용자가 알고 싶은 것 사이에는 차이가 있기 때문입니다. 자신의 상품이나 서비스만을 열심히 설명하는 LP를 보곤 합니다만, 이렇게 해서는 눈길조차 주지 않으므로 조심해야 합니다.

그러면 먼저 P 모델 논리 전개의 큰 흐름부터 살펴보겠습니다.

● P 모델 LP의 논리 전개

| 기대하도록 하는 파트 |
|---|
| 공감을 얻는 파트 |
| 해결 방법(상품)을 설명하는 파트 |
| 비교하도록 하는 파트 |
| 신용을 얻는 파트 |
| 불안을 해결하는 파트 |
| 감정을 움직이는 파트 |
| 행동을 촉진하는 파트 |

이와 같은 순서대로 논리를 전개합니다. 문제를 해결하고자 하는 사용자의 심리 상황에 따라 그들이 알고 싶은 것을 전달하는 방법입니다.

## 기대하도록 하는 파트

문제에 직면한 사용자는 어찌 됐건 조금이라도 빠르게 원상 복귀하고 싶으므로 이 상황을 바꿀 수 있는 정보를 원합니다. 그러므로 그들이 LP를 처음 봤을 때 원하는 것은 보자마자 '해결될 것 같아!'라고 기대할 수 있는 내용입니다.

이곳은 LP의 첫머리를 장식하는 부분이자 키 비주얼(Key Visual)이라 불리는 파트입니다. 키 비주얼이란 웹 사이트나 광고 매체에서 중심이 되는 장면 이미지(또는 동영상)를 일컫는 것으로, 접속한 사용자에 대해 어떤 내용이 있는가, 무엇을 해줄 것인가를 한순간에 전달하는 부분입니다. 이러한 키 비주얼의 완성도가 LP의 매출을 좌우한다고 해도 과언이 아닐 정도로 가장 중요한 파트입니다.

### 공감을 얻는 파트

'문제를 해결할 수 있을 것 같아!'라고 사용자가 기대하게 되었다면 계속 LP를 읽어내려갈 확률이 높아집니다. 그리고 이어진 공감 파트에서는 "당신의 문제는 이렇습니까?", "고민하는 것은 이것입니까?" 등 질문 형식으로 사용자의 고민을 확인합니다.

구체적인 질문을 통해 이제 막 접속한 사용자는 이 LP에 적힌 내용이 마치 자신의 것처럼 느끼게 됩니다. 자신이 원하던 답이 있을 것 같거나 흥미를 느끼게 되면 LP를 계속 읽어 나가게 됩니다.

### 해결 방법(상품)을 설명하는 파트

해결 파트에서는 사용자가 안은 문제를 해결하는 상품이나 서비스 (여러분이 제공할 것)를 소개합니다. 어떤 방식으로, 무엇을 언제까지, 비용은 얼마인가 등 상품이나 서비스에 관한 자세한 정보를 전달합니다. 이 파트에 신청이나 구매를 유도하는 배너(카트)를 삽입합니다.

### 비교하도록 하는 파트

문제 해결에 관한 상품이나 서비스는 여러분이 다루는 상품 이외에도 많습니다. 여러분의 LP를 보면서 경쟁사와 비교하는 사용자도 있으므로 비교 파트에서는 경쟁사와 비교하여 여러분의 상품이나 서비스가 얼마나 우수한가, 어떻게 다른가를 알기 쉽게 설명하도록 합시다. 여기는 사용자가 선택해야 할 이유를 강조하는 파트입니다.

### 신용을 얻는 파트

LP를 읽어나가면서 자신의 문제를 해결할 수 있겠다는 사용자의 기대감은 오르지만 처음 보는 상품이나 서비스를 선뜻 믿기에는 믿음이 부족한 것이 사실입니다.

신용 파트에서는 처음 접속한 사용자라도 여러분의 상품이나 서비스를 신용할 수 있도록 하는 근거와 실적을 전달합니다. 사용자는 자신 이외 다른 누군가가 이용하는지, 누가 판매하는지, 제공자의 신용은 어떤지 등이 궁금하므로 여기에는 주로 판매 실적, 수상 이력, 고객 목소리 등을 싣도록 합니다.

### 불안을 해소하는 파트

신용 파트와는 달리 불안 해소 파트에서는 실제로 구매하려면 어떻게 해야 하는지, 취소할 수 있는지 등 구매 직전에 생길 수 있는 불안을 없애도록 합니다.

후불이나 카드 결제, 할부 가능 여부 등 판매 쪽에서 보면 당연히 알 것으로 생각하는 내용이라도 처음 이용하는 사용자는 'LP에 적혀 있지 않다면' 모릅니다. 가능한 한 자세하게 설명하여 그들의 불안을 없애도록 합시다.

### 감정을 움직이는 파트

문제 해결형 비즈니스 모델은 기본적으로 진입 장벽이 낮고 경쟁이 심한 시장입니다. 이 시장에서 가장 중요한 것은 과당 경쟁에 휘말려 단가나 서비스로 승부를 겨루는 것이 아니라 사용자에게 정성을 전하는 것과 사용자의 감정을 움직이는 것입니다.

왜냐하면, 사람은 단순히 사업적으로만 접근하는 기업이나 사람보다도 곤란한 사람을 돕고 싶다, 누군가에게 도움이 되고 싶다는 바람을 가진 기업이나 자신이 호의를 가진 사람을 고르기가 더 쉽기 때문입니다. 감정의 동물인 인간에 대해 감정 파트에서는 과도한 서비스의 출혈 경쟁이 아닌, 사용자의 감정을 움직일 수 있는 진심이나 스토리를 전합니다.


## 행동을 촉구하는 파트

LP의 마지막을 장식할 이 파트에서는 사용자에게 가장 바라는 행동이 무엇인가를 구체적으로 전하도록 합시다. 카트에 넣기를 바라는지, 상담 전화를 바라는지, 아니면 문의 양식에 입력하기를 바라는지 등 원하는 바를 알기 쉽게 전해야 합니다. 모처럼 여기까지 읽어준 사용자에게 특정 행동을 권하여 결과적으로는 매출로 이어지도록 하는 가장 중요한 파트입니다.

P 모델의 LP에서는 이러한 논리 전개로 사용자가 알고 싶은 내용으로 상품이나 서비스를 홍보합니다. 무턱대고 디자인을 의뢰하거나 문장을 만들지 말고, LP를 만들기 전에 여기서 소개한 각 요소에 대해 고민하는 것부터 시작하기 바랍니다.

덧붙여 각 파트의 순서가 바뀔 수도 있습니다. 전후 문맥 흐름에 따라 순서를 바꾸거나 디자인상의 이유로 변경하거나 여러 파트를 한꺼번에 표현할 때도 있습니다.

임기응변으로 대응해도 상관없으나 중요한 것은 이들 요소가 하나라도 빠져서는 안 된다는 점입니다. 마지막으로 확인 작업할 때 이러한 흐름을 꼭 확인해보기 바랍니다.

# 03　파트별 작성 방법

## @ 기대하도록 하는 파트

여기서부터는 실제로 만든 LP를 소개하고 파트별로 자세하게 설명하겠습니다.

기대하도록 하는 파트는 P 모델 LP에서 가장 중요한 부분입니다. 이 부분이 매력적이지 않거나 기대감을 느끼지 못한다면 모처럼 방문했음에도 사용자는 금방 페이지를 이탈할 것입니다.

홈페이지가 자신에게 유익한가 아닌가를 사용자가 판단하는 시간은 2초~3초라 합니다. LP는 매출을 올리는 도구로서는 편리하지만, 이와 더불어 2~3초라는 짧은 시간에 읽을 가치가 있는지(아래로 스크롤할지)가 판단되는 냉혹한 현실도 함께 기다립니다.

이런 냉정한 사용자를 LP에 머무르게 하려고 광고 카피를 활용합니다.

LP에서 광고 카피란 접속한 사용자의 마음을 한순간에 사로잡아 흥미를 느끼도록 하고 기대가 오르는 등의 효과가 있는 문구를 뜻합니다.

이번에 예로 든 LP는 당사에서 진행 중인 세컨드 오피니언 서비스(늘 가던 병원이 아닌 다른 병원에서 진단, 상담을 받아보는 것에 비유할 수 있는 웹 마케팅 상담 서비스) 소개입니다. 이 서비스를 이용할 잠재 사용자는 다음과 같은 고민을 안은 개인 사업주 또는 중소기업입니다.

- 홈페이지는 있지만 생각한 만큼 고객이 모이지 않는다.
- 제작한 디자이너나 제작회사에 물어봐도 답변이 명확하지 않다.
- 주변 사람과 의논해봤지만 정말 묻고 싶은 것을 물었는지 자신이 없다.
- 지금의 홈페이지 운영이 적절한지 알 수 없다.
- 다른 효과적인 방법이 있는지 알고 싶다.

이러한 고민이나 문제에 직면한 사용자에게 무엇을 광고 카피로 전해야 효과적인지 생각해봅시다.

● P 모델 샘플 LP

고객 모집의 어려움이라는 문제를 해결하는 필자의 서비스를 소개하는 LP입니다. 전문가와 상담하고 싶다, 어떻게 해야 할지 모르겠다 등의 고민이나 문제를 안은 사용자를 대상으로 P 모델의 논리 전개를 이용하여 만들었습니다.

광고 카피를 떠올릴 때 힌트가 되는 것은 애당초 고객이 무엇에 대해 돈을 낸다고 생각하는지 고찰해보는 것입니다. 상품인가요? 제공하는 서비스인가요? 아니면 얻을 수 있는 체험인가요?

실제 고객은 상품이나 서비스, 체험에 돈을 내는 것이 아니라 상품이나 서비스에 대한 '기대'에 돈을 내는 것입니다.

이 LP의 경우 애당초 고객 모집에 어려움을 겪는 사용자는 필자의 세컨드 오피니언에는 흥미가 없습니다. 원하는 것은 고객 모집을 고민하지 않아도 되는 희망찬 미래입니다.

사용자가 '돈을 내도 좋아.'라고 결정한다는 것은 자신이 상상하는 세계(미래)가 분명히 현실이 되리라는 '기대'가 '돈을 낸다는 정신적이고 현실적인 부담'을 넘어 '확신'으로 변하는 순간입니다. 그러므로 LP에서 중요한 것은 모든 것이 의심스러워 경계를 늦추지 않는 사용자의 감정을 확신으로 바꿔가는 것입니다.

이 파트에서는 확신으로 이어지는 '기대'를 느끼도록 하는 것이 우선 목표이며, 이러한 기대를 느끼도록 하는 데 필요한 것이 '광고 카피'입니다. 그리고 이 세컨드 오피니언 LP에서는 이러한 광고 카피로 '웹 마케팅 고민을 단시간에 해결!'로 정했습니다.

다음 항에서는 여기서 생각해낸 광고 카피의 사고방식을 자세하게 설명하고 왜 이러한 광고 카피로 결정했는지 그 이유를 설명하겠습니다.


## 광고 카피의 사고방식

광고 카피라 하면 여러분은 TV 광고에서 등장하는 문구, 옥외 광고 등에서 흔히 보는 짧은 글, 영화나 드라마 예고에 사용하는 재치 넘치는 말 등을 떠올릴지도 모르겠습니다.

"침대는 가구가 아닙니다. 침대는 과학입니다." ••• 에이스 침대

"여보, 아버님 댁에 보일러 놓아 드려야겠어요." ••• 경동보일러

"너희들이 게 맛을 알아?" ••• 롯데리아 크랩버거

"여러분~ 부-자 되세요!" ••• BC카드

"너구리 한 마리 몰고 가세요!" ••• 농심

"말하지 않아도 알아요." ••• 오리온

이처럼 세상에 널리 퍼진 광고 카피는 실제로 기업이나 작품의 브랜드를 구축하는 데 사용합니다.

이같은 광고 카피의 목적은 시청자나 이용자에게 안심을 주는 데 있습니다. 광고 카피로 브랜드 구축에 성공하면 사용자의 심리적인 구매 장벽이 낮아지고 구매 확률이 눈에 띄게 오르게 됩니다.

이런 이유로 대기업이나 유명 식당 등은 비싼 광고비를 투자하여 TV 광고나 옥외 광고 등을 이용해 항상 사용자에게 광고 카피가 노출되는 환경을 직접 만드는 것입니다.

그들의 노림수는 광고 카피를 이용한 브랜드 구축에만 머무르지 않습니다. 시청자의 청각이나 시각을 일정 부분 차지하는 것 또한 그 목적의 하나입니다.

왜냐하면, 사람은 몇 번씩 듣거나 본 것이 자연스레 머릿속에 남기 때문입니다. 머릿속에 남은 말, 음악(멜로디), 영상(이미지)은 경쟁사보다도 깊은 인상을 주므로 사용자의 기억 속에 강렬한 이미지를 남깁니다.

시각이나 청각 일부를 점유하면, 예를 들어 약국에서 두통약을 사려 할 때 불쑥 '두통약은 역시 ○○○'과 같이 항상 보던 광고나 옥외 간판 등으로 익숙해진 제조사를 떠올리고 아무런 의심 없이 그 약을 찾게

되는 일이 가능해집니다.

단, 이 방법은 현대·기아나 삼성과 같은 세계적인 기업이나 전국적인 브랜드나 가능한 일로, 수억, 수십억의 광고비를 마련할 수 없는 사업자, 기업은 쉽사리 할 수 없는 일입니다.

게다가 TV 광고는 수동적이라 반강제적으로 보게 되는 특징이 있으므로 어느 순간 흥얼거릴 정도로 소비자의 머릿속에 남을 수 있지만 LP는 그렇지 않습니다. 앞서 이야기한 것처럼 2, 3초 내 판단이라는 혹독한 전제조건 아래에서 승부를 겨뤄야 합니다.

그러므로 LP에 실을 광고 카피를 생각할 때는 브랜드 이미지 구축보다 LP를 스크롤하여 다음 내용을 계속 읽도록 하는 데 우선 집중하고 이를 고민하는 것이 중요합니다.

필자의 세미나에서도 "광고 카피를 써봅시다."라고 하면 왠지 모두 뛰어난 글, 멋진 표현을 떠올려버리곤 하는데, 이런 건 필요 없습니다.

P 모델 LP의 광고 카피에서 필요한 것은 기대감을 느낄 수 있는 '이점'을 전하는 것입니다. 이점이란 상대가 바라는 미래, 더 나은 변화를 뜻합니다. 이러한 이점을 전달할 수 있다면 자연히 기대를 안고 LP의 다음 부분을 읽으려 할 것입니다.

예를 들어 다이어트 상품의 이점을 생각해봅시다.

- 주위에서 멋지다(예쁘다)는 말을 듣고 싶다.
- 거울로 내 몸을 봤을 때 만족감을 느끼고 싶다.
- 사람 앞에서 당당하게 말할 수 있었으면 좋겠다.
- 노출이 심한 옷도 입어 보고 싶다.
- 남들보다 인기가 있었으면.

거듭 이야기하지만, 사람은 물건이나 서비스를 원하는 것이 아닙니다. 다이어트 상품을 사는 사람은 다이어트 상품 자체를 원하는 것이 아니라 이를 통해 기대할 수 있는 효과, 변화(자신이 넘친다, 이성에게 인기가 있다.)를 원할 뿐입니다.

이러한 이점을 잘 말해주는 것이 아마존의 광고 한 편입니다(일본 사례).

● 아마존의 광고: '상품의 개수만큼 스토리가 있다.' 쌀가루 빵 편 A

이점에 관한 많은 힌트를 얻을 수 있는 아마존 광고. 쌀가루는 어디까지나 수단에 지나지 않으며 검색한 여성이 원하는 것이 무엇인가를 잘 생각해보면 비로소 이점이 보입니다.

이 광고에서는 밀가루 알레르기 때문에 급식으로 나온 빵을 먹지 못하는 조카를 위해 아마존에서 '밀가루 알레르기 빵'을 검색하는 여성(이모)이 등장합니다.

먹고 싶기는 하지만 먹을 수 없는, 그런 쓸쓸한 생각에 잠겼던 조카는 광고 마지막에 밀가루 알레르기가 있어도 먹을 수 있는 쌀가루로 만든 빵을 맛있게 베어 뭅니다.

과연 이모가 '정말로' 원했던 것은 밀가루 알레르기가 있는 사람도 먹을 수 있는 쌀가루였을까요?

실제 이 여성이 원했던 것은 조카의 '웃음'입니다.

안심하고 언제든지 빵을 먹을 수 있는 조카, 그 조카의 웃는 얼굴이 보고 싶었을 뿐입니다.

이 아마존 광고처럼 알기 쉽게 이점을 표현하는 광고 카피를 접한다면 사용자는 기대가 커져 좀처럼 LP를 이탈하지 않고 다음 내용을 읽게 될 것입니다.

광고 카피를 생각할 때는 자칫 자신이 전하고자 하는 상품이나 서비스 이름을 강조하기 쉽습니다. 그러나 앞선 샘플 LP 예에서 보자면 사용자의 목적은 결코 필자의 세컨드 오피니언 서비스가 아닙니다. 이점에 주의합시다.

그러면 세컨드 오피니언 서비스의 대상자, 고객 모집에 곤란을 겪는 사용자에게 이점이란 무엇일까요?

간단하게 이점을 생각하는 방법으로 자사 서비스나 상품의 기능 설명에 대해 '그래서 어떻게 된다는 거지?'라고 자문자답하는 방법을 추천합니다.

- 사이트 개선에 조언을 준다 → 그래서 어떻게 된다는 거지? → 막연하던 것이 확실해진다
- 짧은 시간에 매출 향상의 요령을 알 수 있다 → 그래서 어떻게 된다는 거지? → 금방 안심할 수 있다
- 웹 사이트 고객 모집에서 재방문 고객 대책까지 알 수 있다 → 그래서 어떻게 된다는 거지? → 고객 모집에 대한 고민이 사라진다

이처럼 자사 서비스나 상품의 기능 설명에 '그래서 어떻게 된다는 거지?'를 넣어 보는 것만으로도 간단히 사용자가 원하는 이점을 도출할 수 있습니다.

그리고 필자가 직접 나열한 이점 중에서 광고 카피를 통해 특히 강조하고자 하는 말은 '빨리'와 '해결'이었습니다.

왜냐하면, 고객 모집을 고민하는 사용자는 질문에 대한 답변으로 고민을 해결함과 동시에 한시라도 빨리 고객을 모집하고 싶다는 바람이 있기 때문입니다. 이처럼 빠른 결과에 대한 요구에도 대응할 수 있다는 것을 이번 LP의 광고 카피에서 전할 수 있다면 더욱더 기대감이 높아질 것으로 예상했기 때문입니다.

그리고 P 모델 LP의 광고 카피를 생각할 때는 부정적(마이너스)인 상태에서 긍정적(플러스)인 상태로의 기대에 부응할 수 있도록, 밝은 미래를 느낄 수 있는 구체적이고 강력하며 단정적인 표현을 사용하도록 합시다. 강한 말은 큰 신뢰를 주므로 효과가 더 커집니다.

이러한 이유에서 이번에는 '웹 마케팅의 고민을 단시간에 해결!'이라는 광고 카피를 사용하여 재빠르게 다음 한 발을 내딛고 싶어하는 막연한 사용자의 기대를 충족할 수 있는 내용으로 했습니다.

● 세컨드 오피니언 서비스의 광고 카피

> 웹 마케팅을 고민하는 사용자의 이익은 얼마나 빠르게 고객을 모집하는가에 있습니다. 그리고 더는 고민하지 않는 것입니다. 여기에 초점을 두어 고안해낸 내용입니다.

또한, 광고 카피의 글자 수가 적은 것이 반드시 좋다고는 할 수 없습니다. 문제를 안은 사용자는 그 고민도 깊어서 글자가 많더라도 자신의 문제를 해결해줄 듯한 내용이라면 꼼꼼히 읽어보곤 하므로 긴 광고 카피라도 읽게 됩니다. 중요한 것은 '이점'입니다.


## 타깃 카피의 사고방식

P 모델 LP의 기대 파트 안에는 광고 카피와 마찬가지로 사용자의 주의를 끄는 타깃 카피를 넣도록 합시다.

● 세컨드 오피니언 서비스의 타깃 카피

> **웹 마케팅, 이대로 정말 괜찮을까?**
> **CVR이 좀처럼 오르지 않는데…**
>
> 불안함에 제작 회사나 웹 디자이너에게 문의를 해봐도
> 만족스러운 답변을 얻지 못하고
> **고객의 문의에도 제대로 답변할 자신이 없다며**
> **고민하는 모든 분, 이제는 안심하세요.**

▌ 광고 카피 다음으로 중요한 타깃 카피의 완성도에 따라 사용자의 주의를 얼마나 끌지가 결정됩니다.


타깃 카피란 사용자에 대해 이곳(LP)에 적힌 내용은 모두 여러분을 위한 내용이라는 것을 전달하는 말이나 카피를 말합니다.

타깃 카피는 사용자가 순간적으로 자신의 일임을 인식하도록 하므로 읽기 집중력을 높이는 효과가 있습니다.

'그 누구도 아닌 당신의 일입니다.'

'이를 보는 당신, 바로 당신의 일입니다.'

이런 식으로 자신의 일임을 강조하여 주목하도록 하고 LP를 읽도록 준비하게 합니다. 이것이 어떤 효과가 있는 것일까요?

만약 여러분이 여성이고 최근 피부 건조 트러블로 고민하고 있다고 합니다. 이럴 때 여러분은 LP 문구 A와 B 중 어느 쪽에 더 흥미를 느끼게 될까요?

**A: 그 시절의 탄력이 되살아난다!**

**B: 그 시절의 탄력이 되살아난다! 건조한 피부로 고민하는 당신에게**

A에는 광고 카피만, B에는 광고 카피와 함께 '건조한 피부로 고민하는 당신에게'라는 타깃 카피가 적혀 있습니다. 어떠세요? 타깃 카피를 더한 B 쪽이 더 자신의 일인 듯 느껴지지 않나요?

실제로 필자의 회사가 개선한 LP 중에는 타깃 카피를 추가해서 스크롤율(사용자가 화면을 아래로 스크롤할 확률)과 매출을 개선한 사례도 있습니다. 이처럼 타깃 카피를 이용해 사용자에 호소하면 자신의 일로 느끼게 되어 계속 읽게 되는 효과가 있습니다.

이와는 달리 타깃 카피가 약할 때는 사용자가 반응을 보이지 않아 모처럼 만든 LP로부터 이탈하게 되므로 조심하기 바랍니다. P 모델 LP의 타깃 카피를 생각할 때는 더욱 자신의 일로 느낄 수 있도록 고민을 구체적으로 쓰는 편이 좋습니다.

이번 세컨드 오피니언 서비스에서는 '웹 마케팅, 지금 이대로 괜찮습니까?', 'CVR이 좀처럼 오르지 않는다.', '불안해서 제작회사나 웹디자이너에게 물어봐도 원하는 답을 들을 수 없다.', '고객 상담에 답을 할 자신이 없어 고민 중인 분'과 같이 구체적인 상황을 문장 안에 넣어 더욱 현실적으로 느끼도록 합시다.

이러한 타깃 카피가 없었다면 이 LP가 도대체 누구를 위한 것인가가 명확하지 않아 모호한 느낌이 들 겁니다.

여기서 타깃 카피의 중요성을 깨달을 수 있는, 1964년 미국에서 일어난 '키티 제노비스 사건'을 한 번 되돌아 보겠습니다.

키티 제노비스라는 여성이 심야 일을 마치고 돌아가는 중 자택이 있는 맨션 안에서 괴한에게 습격을 받게 됩니다. 그녀는 몇 번이나 "누가 좀 도와주세요!"라고 외쳤지만 같은 맨션에 사는 주민(30명 이상)은 무슨 일이 있다고 느꼈음에도 누구 한 사람 그녀를 도우려 하지 않았습니다. 경찰을 부르기는커녕 아무런 행동도 취하지 않았던 것입니다. 그 결과 안타깝게도 그녀는 목숨을 잃고 말았습니다. ※ 당시 주민이 알았다는 것은 나중에 경찰 조사로 밝혀졌다고 합니다.

어째서 이런 일이 일어나게 된 걸까요?

이 사건을 조사한 학자들은 당시 주민에게 '책임 분산'과 이에 동반한 '방관자 효과'라는 마음가짐이 있었던 것은 아니냐고 분석했습니다.


'이 비명을 들은 사람은 많겠지.'
'내가 아니라도 다른 사람이 경찰에 연락할 거야.'


사건 당시 비명을 들은 주민들은 모두 자신 이외에 다른 주민이 많다는 것을 알았습니다. 그러나 그녀가 도움을 요청하는 "누가 좀 도와주세요!"라는 외침이 '자신을 향한 것이 아니므로 관계없어.', '다른 누군가가 신고하겠지.'라며 무의식적으로 다른 주민에게 책임을 분산해버린 것입니다. 이것이 바로 방관자 효과라 불리는 심리 상태이며 이 슬픈 사건을 계기로 자신의 일이라고 느끼지 못하는 사람은 쉽게 흥미를 읽고 무관심해진다는 사실이 증명되었습니다.

여기서 중요한 것은 LP를 접하는 첫 순간, 사용자는 아직 '자신의 일'이라 느끼는 상황은 아니라는 점입니다. 아무리 광고 카피로 기대감을 자극해도 그것만으로는 부족하며 광고 카피와 타깃 카피를 조합했을 때 처음으로 사용자가 '자신의 일'이라 인식할 수 있습니다.

기대 파트를 고려할 때는 사용자에게 방관자 효과가 일어나지 않도록 타깃 카피를 만들어 확실히 자신의 일이라 느끼도록 합시다.

● 보는 사용자에게 확실히 전달하도록 한다

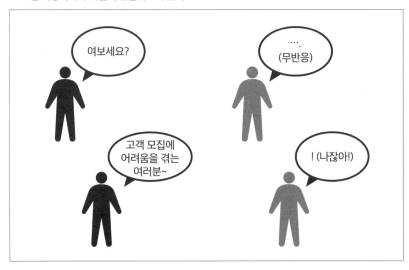

타깃 카피로 사용자에게 호소함으로써 관심을 두고 LP를 읽도록 할 수 있습니다. 누군가의 주의를 끌고자 할 때는 가능한 한 구체적으로 전달합니다.

## 상품·서비스를 설명하는 포인트

광고 카피로 기대를 올리고 타깃 카피로 자신의 일임을 느끼도록 했다면, 비로소 함께 소개하고 싶은 상품·서비스에 대한 설명을 시작합니다.

이 LP에서는 '90개사 이상의 매출 향상을 실현한 웹 마케팅 프로의 세컨드 오피니언 서비스 개시'와 같이 알기 쉽도록 소개했습니다.

● 세컨드 오피니언 서비스 상품 설명

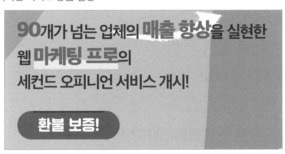

문제를 안은 사용자에게 그 해결 방법으로써 상품이나 서비스를 전합니다. 키 비주얼에는 무엇을 파는지, 어떤 서비스를 제공하는지를 간단명료하게 정리하도록 합니다.

물론 여기서 소개하는 내용을 '웹 마케팅 프로의 세컨드 오피니언 서비스'라고 간략하게 전달할 수도 있습니다. 그러나 이 표현만으로는 어떤 사람이 자신의 상담 상대인지가 명확하지 않습니다. 사진을 싣는다 해도 처음 접속한 사람이 대부분이므로 누가 필자인지도 모르고 어떤 사람인지도 모릅니다.

극단적으로 이야기하면 웹 마케팅을 전혀 모르는 사람이라 생각할 수도 있습니다. 이래서는 서비스의 장점을 미처 전달도 못 한 채 방문자를 놓쳐버릴 수도 있습니다.

그러므로 LP에 상품이나 서비스 이름을 표기할 때는 다음 세 가지 요소를 알기 쉽도록 전달합시다.

- 누가
- 어떤 방식으로
- 어떤 효과를 기대할 수 있는가?

광고 카피와 마찬가지로 어느 정도 문장이 길어도 상관없으므로 구체적인 말로 표현하도록 신경 씁시다. 광고 카피와 타깃 카피만으로는 부족할 수 있으므로 제공하는 서비스나 상품은 명확히 설명해야 합니다.


## 행동 유도(CTA)의 포인트와 타이밍

LP의 시작 부분, 키 비주얼에서 광고 카피나 타깃 카피 다음으로 중요한 것이 행동 유도(CTA: Call to Action)입니다.

CTA란 접속한 사람이 했으면 하는 행동(카트에 담기, 전화하기, 신청서 작성 등)을 확실하게 명시한 것입니다. LP에서는 주로 배너 형식으로 이를 표현합니다.

● 알기 쉽도록 행동을 유도하자

웹 마케팅 세컨드 오피니언
예약하기

세컨드 오피니언 서비스 신청을 위한 CTA입니다. 알기 쉬운 표현과 디자인으로 행동을 유도합니다.


CTA에 사용할 문구로는 명사가 아닌 '동사'를 사용해야 효과적입니다.

흔히 보는 CTA로 '문의', '신청' 등의 단어(명사)가 있습니다만, 명사가 아닌 행동을 촉진하는 동사로 바꾸면 CTA의 호소력이 커집니다.

예를 들어 무료 메일 매거진 구독이라면 '무료 웹진 구독하기'나 혜택이 있다면 '무료 혜택 누리기' 등 사용자가 얻을 수 있는 이점을 상상할 수 있는 문장 표현이 좋습니다.

이번 세컨드 오피니언 서비스 LP에서는 방문자가 예약을 신청했으면 하므로 '웹 마케팅 세컨드 오피니언 예약하기'라는 표현으로 행동을 유도했습니다. CTA의 완성도가 매출을 크게 좌우하므로 방문자가 행동하고 싶어지는 말로 알기 쉽게 강조합시다.

특히 CTA는 '클릭할 수 있을 듯', '누를 수 있을 듯'과 같이 쉽게 알 수 있는 디자인이어야 합니다. 문의하고자 하는 방문자가 있음에도 CTA를 찾기 어렵거나 알기 어려운 디자인이라면 모처럼의 기회를 잃게 됩니다.

덧붙여 CTA에는 어떤 색이 효과적인가라는 질문이 있었는데, 가장 많은 것은 빨간색과 녹색 중 어느 것이 더 좋은지에 대한 것이었습니다.

녹색이 좋다는 생각에는 모질라 재단이 발표한 '파이어폭스 버튼 색 변경에 따른 내려받기 수 테스트'에서 녹색의 클릭률이 높았다고 발표한 것이 크게 영향을 미쳤을 것입니다.

    https://blog.mozilla.org/metrics/2009/06/19/firefox-is-green/

그리고 보니 녹색은 신호등 색상 중 '안전'이라는 이미지가 있습니다. 그러므로 녹색 배너를 보면 자연스레 '안전하므로 계속 진행해도 좋군.'이라 받아들이고 '내려받아도 안전하다.'라고 느껴 쉽게 클릭하는 것인지도 모르겠습니다.

실제 스마트폰 대부분의 응답 버튼이 녹색이기도 하고 다양한 곳에서 클릭을 유도하는 색으로 녹색을 사용하는 장면을 볼 수 있습니다.

● 스마트폰 착신 화면

스마트폰 착신 화면에서는 응답을 '녹색' 거부를 '빨간색'으로 디자인했습니다. 무의식적으로 사용하는 색에는 행동을 유도하는 효과를 기대할 수 있습니다.

그렇지만, 이는 디자인의 톤앤매너(Tone and Manner)와 관련이 있으므로 모든 배너를 전부 녹색으로 디자인하는 것이 좋다고만은 할 수 없습니다. 색에 신경 쓰기보다는 먼저 CTA의 '말'을 매력적인 것으로 바꾸도록 합시다. 또한, LP를 만든 다음에도 CTA를 테스트하여 최적화합시다.

덧붙여 이러한 CTA는 LP 안에서 몇 번이고 등장합니다. 이는 LP를 보는 방문자가 어디서 행동을 일으킬지 모르므로 그 순간을 놓치지 않기 위함입니다. CTA가 1개뿐이라면 LP를 보던 중 관심이 높아진 방문자가 신청하려 할 때 신청 양식이 어디 있는지 모르거나, 맨 아래까지 스크롤해야 CTA를 발견할 수 있다면 스트레스를 느끼고 바로 페이지를 벗어날 것입니다.

CTA가 몇 개 있어야 하는지에 대한 규칙은 없지만, 필자가 만든 LP에서는 키 비주얼 안에 1개, 상품 설명 중 1개, 맨 아래에 1개를 둘 때가 잦으므로 참고하기 바랍니다.

참고로 홈페이지의 겉모습을 꾸미는 스타일시트(CSS)와 자바스크립트(JavaScript)를 사용하여 CTA가 항상 화면에 나타나도록 하는 방법이나, 스크롤을 하더라도 늘 표시되는 방법(플로팅 메뉴) 등도 있습니다. 자세한 내용은 제작회사나 프로그래머에게 문의하세요.

## 키 비주얼 파트

키 비주얼 안에는 광고 카피, 타깃 카피, 상품 설명에 이어 첫 번째 CTA를 둡니다. 방문자 중에는 키 비주얼 내용만 보고도 구매나 신청을 결정하는 사람도 있으므로 기회 손실을 방지하기 위함입니다.

이번에 소개한 키 비주얼 디자인에는 신청 양식을 직접 넣는 방식을 선택했습니다. 키 비주얼 내용을 보고 방문자가 자신의 기대에 부응하리라는 느낌이 든다면 바로 행동으로 옮길 수 있는 디자인이므로 반응률과 구매율(CVR: Conversion Rate) 모두 오릅니다.

● 세컨드 오피니언 서비스 LP의 키 비주얼

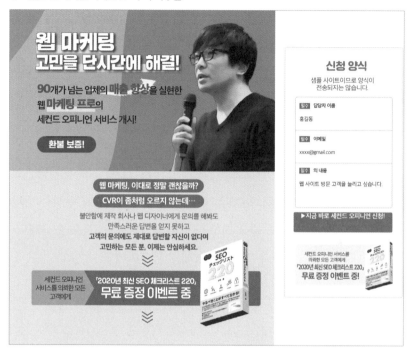

키 비주얼 내용이 좋다면 여기서 계약이 성립될 수도 있습니다. 반응률을 높이기 위한 다양한 노력이
필요합니다.

이런 방식은 특히 자료청구나 무료체험 신청을 목적으로 하는 LP
에 어울립니다. 스마트폰이라면 앞서 소개한 플로팅 메뉴를 이용하여
항상 화면 아래에 표시되도록 할 수도 있습니다.

단, 이 방법의 단점은 신청 양식 영역이 자리를 차지하게 되므로 광
고 카피나 타깃 카피, 상품 설명 등의 영역은 상대적으로 줄어든다는 점
입니다. 최소한의 광고 카피, 타깃 카피, 상품 설명으로 구성되므로 얼마
나 매력적으로 보일 것인가를 충분히 고려하여 디자인해야 합니다.

 **공감을 얻는 파트**

기대감을 높인 다음에는 그들의 고민을 구체적인 단어로 표현하여 공감을 얻도록 합시다.

공감을 얻는 데 필요한 것은 '동질감(자신과 마찬가지라는 생각)·안심감·자기긍정감'입니다. 이 LP에서는 '웹 마케팅, 여러분에게는 지금 이런 고민 없으세요?'라고 묻습니다.

● 세컨드 오피니언 서비스 LP의 공감 파트

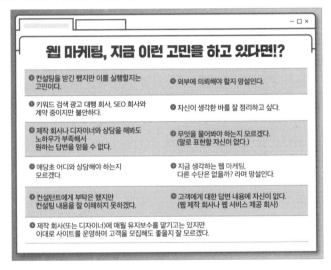

키 비주얼을 보고 문제를 해결할 수 있다는 기대를 안고 스크롤한 방문자가 LP에 더욱 집중하도록 하는 파트입니다.

이 질문 내용을 보고 '그래 바로 이거야!'라며 무의식적으로 외칠 정도의 공감(자신과의 동질감)을 느낀다면 안심하고 자연스레 계속 읽게 될 겁니다.

"이런 문제로 고민 중인가요?"라며 대화하는 듯한 느낌으로 말을 걸도록 합시다.

- 조언을 얻긴 했지만 이대로 실행할 것인지 고민 중이다
- 키워드 광고 대행사나 SEO 업체와 계약은 했지만 불안하다
- 자신의 생각을 잘 정리하고 싶다
- 무엇을 물어야 할지 모르겠다(→ 말로 표현이 잘 안 됨)
- 외부에 의뢰해야 하나 망설이는 중이다
- 제작회사나 디자이너와 상담을 해봐도 지식 부족인지 원하는 답을 못 얻는다
- 컨설턴트와 상담해 봤지만 무슨 말인지 잘 모르겠다(위화감)
- 지금 생각 중인 웹 마케팅 방법 외에 다른 수단은 없는지 궁금하다
- 애당초 어디와 상담해야 좋을지를 모르겠다
- 고객에게 응답한 내용에 자신이 없다(제작회사, 웹 서비스 제공 쪽)
- 제작회사(또는 디자이너)에 매월 유지보수를 의뢰 중이지만 지금의 사이트 운영, 고객 모집으로 괜찮은 건지 모르겠다

알기 쉬운 말로 나열한 다양한 문제 중 자신의 고민(또는 비슷한 고민)도 있다는 것을 발견한 방문자는 '안심감'을 느끼게 됩니다.

이와 함께 공감을 얻는 데 빠질 수 없는 것이 '자기긍정감'입니다.

'자기긍정감'을 제공하려면 다양한 고민을 나열한 다음, 고민 중인 상대의 감정에 다가갈 수 있는 한마디를 덧붙여야 합니다.

'이런 고민이었다는 게 다행입니다.'

'뭐라도 해야 한다는 생각에 항상 걱정했었죠?'

'누구와도 상담할 수 없었던 고민, 이제 안심하세요.'

'지금 바로 어떡해서든 편해지고 싶으시죠?'

이처럼 방문자의 기분에 다가가는 한마디를 덧붙이면 '이 사람은 이해하고 있어!'라며 자신을 인정해주는 것에 기쁨을 느끼고 자기긍정감을 갖게 됩니다.

이러한 일련의 표현을 통해 공감을 얻고 감정을 진정토록 하여 계속 LP를 읽도록 합니다.

● 다가가는 말을 덧붙임

> 제작 회사(또는 디자이너)에 매월 유지보수를 맡기고는 있지만
> 이대로 사이트를 운영하며 고객을 모집해도 좋을지 잘 모르겠다.

## 이런 고민, 빨리 해결하고 싶을 겁니다. 그런 여러분에게

자기긍점감을 느끼도록 하는 표현으로 감정을 진정시킵니다. 다가가는 말 한마디로도 이 LP는 읽을 가치가 있다는 느낌이 들 수 있습니다.

이와는 달리 문제를 안은 방문자의 감정을 이해하려 하지도 않으면서 마음의 준비도 안 된 사람에게 자신이 팔고 싶은 상품이나 서비스 설명만을 장황하게 늘어놓는다면, 거부감만 생겨 더는 쳐다보지 않게 되므로 주의합시다.

## ◎ 해결 방법(상품)을 소개하는 파트

해결 파트에서는 문제를 해결하는 상품이나 서비스(여러분이 제공할 것)를 알기 쉽게 소개합니다. 어떤 식으로? 언제까지? 얼마나 드는가? 등 상품이나 서비스의 자세한 정보를 전합니다.

상품을 설명할 때 가장 주의해야 할 점은 '가격'만으로 선택하도록

해서는 안 된다는 것입니다. 특히 P 모델 LP에는 일반 상품이나 서비스가 많아 경쟁이 심합니다.

예를 들어 '화장실 수리'나 '수도관 수리' 등 문제 해결형 비즈니스 모델은 단순하므로 진입 장벽이 그리 높지 않습니다. 경쟁이 심하면 공급 과잉으로 상품이나 서비스를 제공하는 쪽의 시장 가격은 내려갑니다. 게다가 아무리 기능이나 사양을 열심히 설명한다고 해도 방문자가 봤을 때는 가치를 느끼기가 어렵습니다.

LP의 설명에서도 '가격을 전면에 내세워 설명'해버리면 비싼지 싼지 오로지 가격만으로 판단하게 됩니다. ※ 만약 여러분이 업계 최저가이고 이를 홍보 포인트로 삼고 있다면 오히려 저렴함을 강조하도록 합시다.

그러므로 상품·서비스를 설명할 때는 기능·성능을 강조한 설명뿐 아니라 광고 카피 항목에서 설명한 '이익'을 전달하도록 합시다.

● 내게 올 이익을 상상하도록 함

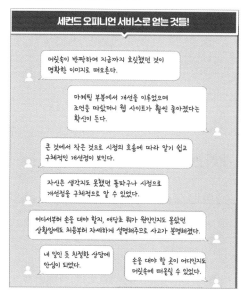

세컨드 오피니언 서비스로 얻는 것들!

머릿속이 반짝하며 지금까지 흐릿했던 것이 명확한 이미지로 떠오른다.

마케팅 부분에서 개선을 이루었으며 조언을 따랐더니 웹 사이트가 훨씬 좋아졌다는 확신이 든다.

큰 것에서 작은 것으로 시점의 흐름에 따라 알기 쉽고 구체적인 개선점이 보인다.

자신은 생각지도 못했던 돌파구나 시점으로 개선점을 구체적으로 알 수 있었다.

어디서부터 손을 대야 할지, 애당초 뭐가 원인인지도 몰랐던 상황임에도 처음부터 자세하게 설명해주어 사고가 분명해졌다.

내 일인 듯 친절한 상담에 안심이 되었다.

손을 대야 할 곳이 어디인지도 머릿속에 떠올릴 수 있었다.

문제를 해결하는 상품을 설명할 때는 그 상품이나 서비스를 이용하면 어떻게 될 것인가(이익)를 함께 적도록 합니다. 광고 카피 부분에 미처 넣지 못했던 이익을 적어도 됩니다. 가능한 구체적으로 묘사합니다.

이익은 바로 방문자가 바라는 미래입니다. 세컨드 오피니언을 이용하는 사용자가 바라는 이상, 미래를 가능한 한 모두 기재하여 서비스를 이용한 다음에는 밝은 미래가 기다린다는 것을 강조합니다. 그런 다음 다시 한 번 더 가격이나 사양을 정성스레 설명합시다.

이익을 설명한 다음 상품 기능이나 성능을 설명하면 가격에만 좌우되지 않게 되므로 진정한 가치를 전달할 수 있습니다.

특히 컨설팅과 같은 무형의 서비스일수록 상품 설명에 신경을 써야 합니다. 왜냐하면, 구체적인 형태가 없는 서비스는 머리만으로 상상하기는 어렵기 때문입니다.

예로 든 LP에서는 60분과 120분 두 종류의 세컨드 오피니언 서비스를 제공합니다.

● 상품 설명은 대충 적지 말 것

세컨드 오피니언 서비스를 자세하게 설명합니다. 이 정도면 알겠지라고 간단하게 생각한다면 위험합니다. 방문자는 당신에 대해 상상 이상으로 아무것도 모릅니다. 가능한 한 알기 쉽도록 합시다.

시간만 설명한다면 '질문은 어느 정도 할 수 있지?', '묻고 싶은 게 한 가지뿐이라면 어느 쪽을 선택해야 좋지?' 등 불안을 느끼게 되므로 주저할 가능성이 있습니다. 여기서는 이러한 불안을 없애고자 각각의 세컨드 오피니언 시간 안에 대답할 수 있는 질문 수를 예로 들고 있습니다.

또한, 과거 상담 사례의 내용을 보여주고 어떤 질문·상담이 있었는지를 시각화하여 폭넓은 분야의 질의응답이 이루어짐을 알리도록 합니다.

● 어떤 상담이 이루어졌는지를 전달하여 안심토록 함

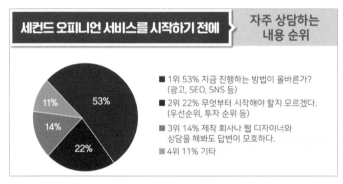

과거 상품을 구매한 사람이나 이용한 사람의 특성 또는 자세한 내용을 전달하면 방문자는 자신이 이용해도 좋을 듯한 안심을 느낍니다.

초보자 같은 질문을 해도 되는지, 지금의 수준으로도 이해할 수 있을지 등 주저하는 사람에게 다른 사람은 어떤 상담을 했는지는 무척 궁금한 부분입니다. 과거 질문 내용의 경향을 전달하면 '이런 질문을 해도 되는 건가?'라고 불안해하던 방문자를 안심시키는 효과가 있습니다. 무형의 서비스라 해도 시각화할 수 있는 요소는 많으므로 꼭 시도해 보기 바랍니다.

상품 설명이 어느 정도 마무리된 지점에 신청이나 구매 유도 CTA

를 두도록 합시다. 키 비주얼과 상품 설명을 통해 이를 이해한 사람이 있다면 이곳에서 신청하게 될 것이므로 단 하나의 구매나 신청 기회도 놓치지 않도록 합니다.

## @ 비교하도록 하는 파트

비교 파트에서는 타사보다 자사를 고르는 쪽이 이익이 될 가능성이 크다는 것을 느끼도록 합니다.

이번에 예를 든 세컨드 오피니언 서비스는 기본적으로 상담 업무이므로 이용자에게 구체적인 성과물(먹거나 만지거나 시스템을 사용해보거나 등)을 건넬 수는 없습니다. 굳이 말하자면 안심했다, 속이 시원하다, 이후 방향성이 보이므로 할 마음이 생겼다와 같이 감각적이고 감정을 만족하도록 하는 서비스입니다.

눈에 안 보이는 것을 다루는 이상 어떤 사람이 상담하는가, 수상하지는 않은가 등의 시점에서 의심해보게 됩니다. 그리고 마찬가지 상담 업무를 제공하는 다른 회사와 이 회사가 어떻게 다른가를 철저하게 비교합니다.

잊어서는 안 될 점은 LP에 접속했다고 해서 반드시 신청하거나 구매하지는 않는다는 점입니다. 어디까지나 방문자의 '선택'을 받는 것이 중요합니다.

여기서는 필자의 프로필과 경력을 실었습니다. 어떤 일을 했으며 어떤 실적이 있는 사람인가, 남자인가 여자인가, 사람 됨됨이는 어떤가와 같이 흥미를 끌 만한 정보를 적습니다.

● 비교 우위를 강조하는 내용을 기재

세컨드 오피니언 서비스를 제공하는 필자의 프로필입니다. 상품의 내용은 이해했더라도 어떤 노하우가 있는지, 구체적인 실적은 어떤지 등을 더 알고자 싶은 방문자에게 호소합니다.

인물에게 초점이 맞춰지는 서비스라면 비교하기 쉬운 항목은 다음과 같습니다.

- 학력
- 경력
- 업적
- 자격
- TV나 라디오 등 대중매체 출연
- 강연 활동

- 집필
- 수상 이력
- SNS 팔로워(트위터나 인스타그램 등)
- 유튜브 등 등록자 수
- 운영 중인 미디어(블로그, 유튜브 등)

이와는 달리 일반적인 비즈니스라면 회사 규모, 개요 외에 상품의 사양이나 기능, 성능을 비교합니다.

- 크기
- 무게
- 색
- 용량
- 속도

- 원산지
- 생산지
- 재료
- 가공 방법
- 설비와 환경

업종마다 비교하기 쉬운 항목이 있으므로 먼저 필요하다고 생각하는(비교 시 주목하기 쉬운) 것을 빠짐없이 정리합니다. 그래프나 일러스트로 설명하면 더 쉽게 전달할 수 있습니다.

이때 이를 보는 사용자의 지식, 정보 수준에 맞춰 설명해야 합니다. 너무 전문적이면 예로 든 정보가 어려워지고 설명이 판매하는 쪽의 자기만족이 되기 쉽고, 다른 곳과 비교할 수 없으므로 스트레스를 주게 됩니다.

문장으로 표현하기에는 너무 어렵고 전문적인 내용은 동영상을 이용하여 알기 쉽게 그 특징을 전달할 수도 있으므로 참고하기 바랍니다.

## @ 신용을 얻는 파트

문제를 해결해줄 것 같다는 기대감을 느끼기는 했지만 처음 보는 상품이나 서비스라면 좀처럼 믿기 어려운 법입니다. 이 파트에서는 사용자로부터 신용을 얻을 수 있는 요소를 알아봅니다.

당연한 이야기지만, 인터넷으로는 만지거나 먹거나 할 수 없습니다. 그러므로 아무리 멋진 광고 카피로 미래를 상상하게 하든, 타깃 카피를 이용하여 핀 포인트로 호소하든, 흥미를 느끼고 기대할 수는 있어도 신용까지 얻지는 못합니다.

판매 쪽에 유리한 내용만 말하는 건 아닌지, 뭔가 속이는 건 없는지 등 처음 LP에 접속한 사용자는 의심 덩어리 상태입니다. 그리고 이런 사용자가 지닌 의심을 날리려면 믿을 수 있는 '근거'가 있어야 하는데, 이러한 근거로 강력한 것이 증거나 실적과 같이 사용자를 안심시키는 정보입니다.

회사나 상품에 수상 이력이나 많은 판매 실적, 역사, 평판, 거래 기업, 이용 고객의 목소리, 다른 사람의 추천이나 그 밖에 TV나 신문 등의 취재 이력이 있다면 처음 접속한 사용자라도 믿음이 생길 것입니다.

쉽게 믿도록 하는 요소는 다음과 같습니다.

- 실제로 이용한 고객의 목소리, 감상, 인터뷰 등
- 판매 실적
- 본인의 동영상, 사진
- 회사 개요
- 유명인사나 저명인사의 추천

세컨드 오피니언 LP에는 필자가 컨설팅한 매출 향상 사례를 구체적으로 적었습니다. 그 밖에는 실제 이용한 고객의 인터뷰 동영상, 과거 강의 실적 등을 한눈에 볼 수 있도록 하여 신용을 얻을 수 있는 근거로 제시했습니다. ※ 당사의 컨설팅 관련해서는 비밀유지의무가 있으므로 공개 허가를 받거나 고객을 특정할 수 없는 정보만 공개했습니다.

● 인터뷰 동영상 활용

세컨드 오피니언을
이용하신 분의 감상

> 당사의 세컨드 오피니언 서비스를 이용했던 리폼 전문 회사 대표와의 인터뷰 동영상을 게재했습니다. 실제
> 이용한 분의 얼굴이나 인터뷰 동영상은 신용도를 올리는 데 효과적입니다.

현실적인 느낌이 드는 유튜브 인터뷰 동영상이 고객의 사례를 보여
주는 방법으로 효과적입니다. 설문조사로 감상을 수집한 다음, 이를 LP
에 싣는 것도 효과가 있습니다만, 실재 인물이 얼굴을 드러내어 이야기
하는 동영상 쪽이 압도적으로 믿음이 갑니다.

이들 콘텐츠는 전달 방식이나 제시 방식에 따라 사용자에게 주는
인상이 크게 달라지므로(같은 내용이라도 신용할 만하거나 반대로 신용하기
어려움), 여러 가지로 고민해봅시다.

게재한 사례에서는 단순히 '광고비를 20만 원밖에 안 썼음에도
2,000만 원 상당의 수주를 올린 조경 회사'라고 문장으로만 표현하기보
다는 어떤 고민이 있었으며 어떻게 변했는지, 즉 전후 비교 형식으로 자
세한 정보를 전달했습니다. 이렇게 하면 배경이나 상황을 쉽게 상상할
수 있으므로 신빙성이 높아집니다. 또한, 일러스트나 이미지를 사용하

여 잘 꾸민다면 그냥 흘려버릴 LP라도 이목을 끌 수 있으므로 쉽게 인상에 남습니다.

● 고객 사례나 실적을 자세히 설명

간단하게 정리할 수도 있으나 자세하게 전달할수록 정보량이 순식간에 늘어 신용도가 올라갑니다. 굳이 실을 필요가 없어 보이는 정보라도 다시 한 번 그 배경이나 환경을 설명합니다.

　　최근에는 고객이 된 사용자의 인스타그램이나 페이스북에 올린 내용을 허락받아 LP에 싣는 방법도 있습니다. 이 방법은 간단하게 고객의 목소리를 모을 수 있고 게다가 다른 사용자가 보기에도 SNS에 올릴 정도로 좋은 체험이었다, 즉 좋은 상품·서비스라 쉽게 믿을 수 있으므로 꼭 활용해보기 바랍니다.

　　참고로 "새로운 서비스(또는 이제 막 시작한 서비스)라 이용한 고객이 아직 없을 때는 어떻게 하나요?"라는 질문을 자주 받습니다.

이럴 때는 LP를 만들기 전에 모니터 모집을 통해 실제 체험 목소리를 꼭 모으도록 합시다. 이마저도 안 될 때는 여러분을 응원하는 사람을 주위에서 찾으세요. 가족, 친구라도 상관없습니다. 제품을 모니터링할 수도 있고 응원 메시지를 보낼 수도 있습니다.

애당초 돈을 낸다는 행위는 자신의 재산을 없애는 행위와 마찬가지므로 정신적인 아픔을 느끼기 쉽고 이런저런 이유로 주저하게 됩니다. 한편, 돈을 내지 않으면 자신이 원하는 대가를 얻을 수 없다는 것도 충분히 이해하므로 인간의 구매 행동에는 갈등이 생길 수밖에 없습니다.

광고 카피를 설명할 때 고객은 상품이나 서비스에 돈을 내는 것이 아니라 기대에 돈을 내는 것이라 했습니다. 사용자의 기대감을 높이려면 신용을 얻는 것이 중요합니다. 왜냐하면, 아무런 실적도 없고 정체도 수상한, 그런 회사나 가게에는 기대가 없기 때문입니다.

세미나 참가자에게 상품이나 서비스 판매 실적을 기재하라고 했을 때 '이정도 수량으로는 너무 적어 신용을 얻기 어려울지도…'라며 주저하는 목소리를 듣곤 합니다만, 그리 신경 쓰지 않아도 됩니다.

50이든 1,000이든 사용자가 볼 때 '실적'임에는 변함없습니다. 게다가 사용자는 그 수가 많은지 적은지 알지 못합니다. 주저하지 말고 적도록 합시다. 신용을 얻는 근거를 얼마나 나열할 수 있는가에 따라 그 효과는 크게 달라집니다.


## @ 불안을 해소하는 파트

P 모델의 요소가 가득한 LP라면 사용자가 읽어갈수록 기대감이 올라가므로 자연스레 구매 욕구도 높아집니다.

그렇다고 해도 인간은 감정의 동물, 그리 간단하지는 않습니다. '갖고 싶어!', '해보고 싶어!'라고 생각하면 할수록 이성이 움직여 냉정하게 생각하려는 습성이 있습니다.

'그래 사자!'라고 생각한 순간 문득 떠오르는 '그래도 역시…'라는 주저의 순간, 여러분도 경험해봤을 겁니다.

- 이용 후 실패하지는 않을까?
- 문제가 생겼을 때 보증은 어떻게 되지?
- 이럴 때 연락할 곳은?
- 후불은 가능한지?
- 결제 방법은 다양한지?

이런 불안이 머릿속에 계속 떠오르지는 않나요?

판매하는 쪽은 상품이나 서비스에 자신이 있으므로 '그것까지 걱정하지 않아도…'라고 생각할지 모릅니다만, 사용자에게는 아직 경험해보지 못한 것투성이입니다.

후불은 가능한가? 카드 결제는 가능한가? 등 판매자가 볼 때는 당연한 과정이나 규정이라도 처음 접속한 사용자가 볼 때는 '명시하지 않으면' 알 수도 없고 전해지지도 않습니다.

사람은 체험이나 경험하지 않은, 모르는 내용에 대해 심하다 싶을 정도로 두려움을 느끼는 동물이므로 어쩔 수 없습니다.

그러므로 불안 해소 파트에서는 구매(이용) 직전에 생길 수 있는 이러한 불안을 하나하나 없애는 작업이 필요합니다.

극단적으로 말하면 직전의 불안을 '모두' 없앨 수 있다면 '사용자가 사지 않을 이유는 없는' 상태이므로 논리상으로는 구매 외에는 선택지가 없는 상태가 됩니다. ※ 실제로는 감정이 개입하므로 100%는 불가능하지만, 가능한 한 그 수치까지 끌어올리는 것이 중요하다는 뜻으로 이해하기 바랍니다.

불안을 하나하나 없애는 작업은 지루하고 끈기가 필요한 작업입니다. 그러나 매출 향상에 큰 영향을 미치므로 포기하지 말고 정성스레 진행합시다.

구매 불안에는 다음과 같은 것이 있습니다.

- 효과 여부
  ※ 다루는 업종에 따라서는 법률 문제가 생길 수도 있으므로 주의
- 결제 방법과 시점
- 배송비 유무
- 납기
- 문제가 생겼을 때의 대응
- 초보자도 다룰 수 있는가? (조작성)

- 전화 문의는 가능한가?
- 안전과 관련한 문제
- 개인정보 문제
- 서비스와 개인의 지식 차이 또는 경험 여부
- 환불 보증

이와 함께 불안 요소는 상품이나 서비스, 업종에 따라 다양합니다. 필자는 사람을 대상으로 컨설팅, 기업 연수, 세미나 등을 진행하는데, 여기서는 다음과 같은 질문을 자주 접합니다.

'직접 만나서 알려주시는 건가요?'

'회사까지 가야 하나요?'

'한 번에 몇 명까지 연수를 받을 수 있나요?'

'질문은 몇 번이라도 괜찮나요?'

'컴퓨터를 잘 못 다루는데 괜찮을까요?'

'초보자도 이해할 수 있나요?'

'할부로 결제할 수도 있나요?'

'구체적인 진행 일정표를 알 수 있을까요?'

'몇 시간까지 상담할 수 있나요?'

'우리가 원하는 내용으로 세미나 주제를 정할 수도 있나요?'

서비스 제공자인 필자 쪽에서 볼 때는 어떻게 진행할 것인가를 모두 알고 있으므로, 굳이 웹 사이트에 자세한 내용을 적을 필요는 없다고 생각했습니다.

그러나 고객이 볼 때 의뢰하고 싶다는 생각은 들어도 앞서 이야기한 내용이 적혀 있지 않아 불안을 느끼고는 질문을 했던 것이고, 게다가 서비스를 처음 이용하는 사람은 서비스 내용이나 흐름을 전혀 상상할 수 없습니다. 이는 필자의 태만으로, 너무 안이하게 생각했던 겁니다.

즉, 불안 해소 작업은 상대의 기분을 배려하는 것과 마찬가지라 생각하세요. 이 정도는 알겠지, 알아주겠지 등 '~하겠지.'를 모두 없앴을 때 비로소 사용자의 불안은 사라지고 매출 향상으로 이어집니다.

불안 내용을 나열하는 요령으로는 과거 질문 내용을 되돌아 보거나 경쟁 사이트 게재 내용 조사 등을 활용할 수 있습니다.

특히 네이버 지식iN 서비스를 이용하여 비슷한 상품이나 서비스 구매를 망설이는 누군가의 질문 내용을 참고하면 자신이 생각하는 것 이상으로 다양한 불안을 느낀다는 것을 알 수 있습니다.

● 사용자의 불안을 조사해볼 수 있는 네이버 지식iN

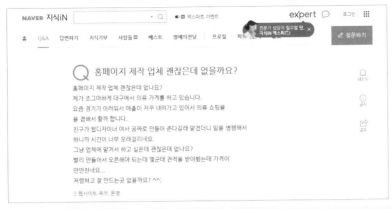

🔗 네이버 지식iN  https://kin.naver.com/

사용자가 고민 중인 내용, 걱정하는 내용을 상상해보며 네이버 지식iN으로 검색해봅시다. 비용을 들이지 않고도 어떤 불안을 느끼는지 조사할 수 있습니다.

그 밖에도 고객과의 인터뷰를 통해 구매 전 생각했던 불안 요소를 들어보는 것도 효과적입니다. 가능한 한 구매 직후 물어보는 것이 생생한 기억을 되살릴 수 있어 좋습니다.

그리고 이렇게 모은 불안 요소를 없애는 데 도움을 주는 방법의 하나가 '자주 하는 질문(FAQ)' 코너입니다.

불안 요소를 Q(질문), 해소를 A(응답)로 나열하면 사용자가 일부러 판매자에게 문의하지 않아도 불안 요소에 관한 답을 얻을 수 있으므로 안심할 수 있습니다.

이번 세컨드 오피니언 LP에서는 다음 세 가지를 가장 큰 불안 요소라 가정하고 이를 해결하는 '세 가지 약속'을 준비했습니다. 이처럼 불안 요소 해소법을 고객과의 약속이라는 간결한 형식으로 전달하는 방식도 안심으로 이어지는 한 방법입니다.

**세컨드 오피니언 여러분께 드리는 3가지 약속**

**1 만족하지 않으면 환불 보장**

세컨드 오피니언 서비스를 받았음에도 이해하지 못하겠다.
전과 마찬가지로 궁금증이 남는다.
이런 상태라면 돈을 받지 않겠습니다. 완전 환불을 보증하
므로 안심하세요.

**2 좋은 것은 좋다고 말하겠습니다.**

이미 다른 제작 회사나 웹 디자이너에게 받은
컨설팅 내용이 적절하다면 이를 인정합니다.
부정이 목적이 아니라는 점을 알아주시기 바랍니다.

**3 다른 상품을 영업하지는 않습니다.**

당사는 웹 고객 모집 지원이 전문인 회사입니다.
그렇다고 해서 세컨드 오피니언을 이용한 분을 상대로 다른 상
품을 영업하지는 않습니다.

세컨드 오피니언 서비스만을 이용하고 싶지 다른 상품의 강매는 곤란하다며 주저하는 사용자에게 다른 상품의 영업은 절대 하지 않음을 약속합니다. 컨설팅은 형태가 없는 만큼 불안을 없애려면 더 신경 써야 합니다.

덧붙여 불안을 없애는 데 가장 효과적인 것이 '환불 보증'입니다.

사람은 실패를 무조건 싫어하므로 환불 보증을 마련하면 반응률은 순식간에 오르게 됩니다.

'환불을 보증하면 환불만 늘어나는 건 아닌지…?'

이렇게 걱정하는 사람도 있을 겁니다. 그러나 일반적으로 환불 보증을 이용해 환불하는 사람은 전체 이용자의 1% 정도라고 합니다. 환불이라는 위험보다도 반응률을 올리는 쪽이 매출을 올릴 확률이 높고 그결과 매출이 크게 늘어납니다.

애당초 환불이 많다는 것은 상품이나 서비스의 질이 낮은 탓일 수도 있으므로 이럴 때는 자사의 상품이나 서비스를 먼저 되돌아봅시다. 그런 다음 환불 보증이 가능한지를 검토해보는 것도 좋습니다.

이번 세컨드 오피니언 LP에서는 키 비주얼 속 눈에 띄는 부분에 환

불 보증을 표시했습니다. 기왕 보증할 거라면 시작 부분에서 눈에 띄는 곳에 두어 이를 강조하도록 하세요. LP 아랫부분이라면 보지 않을 가능성이 있습니다. 이 점 명심하기 바랍니다.

● 불안 해소 요소는 앞쪽에 배치

불안 해소에 효과적인 요소는 키 비주얼 안에 두도록 합시다. 최초 단계에서 불안을 없앨 수 있다면 계속 스크롤할 가능성이 커집니다.

## ⓐ 감정을 움직이는 파트

문제 해결형 비즈니스는 진입 장벽이 낮으므로 경쟁사가 많고 사용자가 볼 때는 그 해결 방법(상품이나 서비스)이 어디나 모두 비슷해 보입니다.

문제에 직면한 사용자가 원하는 것은 현상 복귀이므로 어디라도 비슷한 상품이나 서비스라면 싸고 빠른 곳을 고릅니다.

그 결과 가격이나 납기 경쟁이 심해지고 시장 가격은 점점 하락하여 낮은 가격으로 시장이 형성됩니다. 방문자 편에서 보더라도 어떻게 골라야 좋은가 알기 어렵다면, 상품이나 서비스를 고르는 올바른 기준을 잘 모르게 되므로 결국 가격을 기준으로 고를 수밖에 없는 악순환에 빠집니다.

이처럼 경쟁이 심한 문제 해결형 비즈니스에서 자사가 선택되려면 자신의 신념을 전하고 가격이 아닌 가치를 느낄 수 있도록 사용자의 감정을 움직여야 합니다.

왜냐하면, 비즈니스로 대하는 기업보다는 이념이 있고 곤란한 사람을 돕고자 하는 기업이나 사람 쪽이 호의적인 반응을 이끌어내기 쉽기 때문입니다. 사용자는 기왕 의뢰할 거라면 열심히 문제 해결에 노력해 줄 듯한 쪽을 고릅니다.

서비스, 기능, 성능 등 세부 조건을 철저하게 비교(의식하지 않아도 논리적 사고로 내용을 검토)하곤 합니다만, 결국에는 감정에 호소하는 것이 구매 행동이나 신청 행동으로 옮기는 데 필요한 마지막 등 떠밀기가 됩니다.

참고로 세컨드 오피니언 LP 마지막에는 다음과 같은 필자의 생각을 실었습니다.

> "물론 자사 웹 사이트를 제작해준 제작회사에 운용에 관련한 조언을 구할 때도 있지만, 여기서도 눈에 띄는 것이 웹 제작회사와 사업주의 미스 매칭 문제입니다.
>
> 제작회사의 주력 상품은 제작이므로 웹 사이트 최적화 경험이나 노하우까지 갖춘 곳은 그리 많지 않습니다. 그 결과 양자의 생각이 평행선을 유지한 채 잘 진행되지 않은 경우를 과거에도 수없이 겪었습니다.
>
> 이러한 상황을 우려하여 고민 해결에 조금이나마 당사가 힘이 되기를 바라는 마음에서 세컨드 오피니언 서비스를 시작하게 됐습니다. 저 자신도 과거 두 차례나 목숨을 잃을 뻔

한 중병을 겪은 사람으로서 언제까지 건강한 모습으로 서비스를 제공할 수 있을지는 알 수 없습니다.

그러나 지금 할 수 있는 일을 있는 힘껏 하는 것이 곧 밝은 미래로 이어진다는 생각에 손 닿는 곳부터 하나씩 도울 수 있다면 이 또한 삶의 의미라고 굳게 믿습니다."

여러분이 문제 해결형 비즈니스를 운영하는 이상 고객에게 전하고 싶다, 고객에게 도움이 되고 싶다, 고객이 만족했으면 좋겠다, 등의 열정이 분명히 있을 것입니다.

단순한 돈벌이가 아닌, 곤란한 일을 해결하고 고객의 웃는 얼굴을 되찾도록 하고 싶으며, 그 연장선에 금전이라는 대가가 있는 것이 아닐까요? 이렇게 생각하는 사업주와 기업도 많을 것입니다.

당사가 세컨드 오피니언 서비스를 제공하는 배경에는 실제로 경영자나 사업주의 고민을 '자신이 건강할 때 가능한 한 많이 해결하고 싶다.'라는 뜨거운 신념이 있기 때문입니다. ※ 필자는 과거에 큰 병으로 목숨을 잃을 뻔한 경험이 있습니다.

일견 아무렇지도 않아 보이는 상품이나 서비스라도 창업자의 생각, 고객 만족을 위한 상품 개발 뒷이야기, 고생한 이야기나 고객과의 일화 등은 유일무이합니다. 그리고 이런 유일무이한 요소야말로 사용자의 감정을 움직이는 데 필요합니다.

신념이나 스토리, 배경은 읽는 사람의 마음을 매료시켜 당신이라면 사고 싶다, 당신이라면 부탁하고 싶다고 생각하도록 하는 데 엄청난 효과가 있습니다.

P 모델 LP의 포인트는 '논리적으로 읽기 시작하여 감정(느낌·선호)

으로 구매한다.'라는 것입니다.

처음에는 자신이 원하는 조건에 맞는 것을 찾아보며 논리적인 사고로 의뢰할 곳이나 상품을 고르려 합니다. 그러나 어느 순간 그 기업 이념이나 사람됨이 마음에 들어 경쟁회사보다 비싸더라도 선택하곤 하는 인간의 감정을 이해해야만 CVR을 올릴 수 있습니다.

## @ 행동을 촉구하는 파트

LP의 마지막은 사용자의 행동을 촉구하는 파트가 장식합니다. 즉, 매출로 이어지는 행동을 명확히 전달해야 합니다. 세컨드 오피니언 서비스에서는 사용자가 예약 신청을 하는 것이 목적입니다.

신청용 입력 양식에 개인 정보를 입력하도록 하는 것이 기본입니다만, 여기서 주의가 필요합니다.

치밀하게 구축한 논리를 전개하고 감정을 흔드는 신념을 열심히 전한다 해도 신청 양식 입력이 쉽지 않거나 잘 보이지 않는다면 모처럼 할 마음이 생긴 사용자라도 기분이 시들해져 결국에는 LP를 빠져나가게 됩니다.

그러므로 양식이나 쇼핑 카트 담기는 알기 쉽고 클릭하기 쉬운 환경으로 만들도록 합시다.

신청 양식을 준비하기 전에 먼저 LP 안에 설정할 것인지(삽입형 양식), 아니면 별도의 페이지로 링크한 곳에 설정할 것인지(링크형 양식)를 정합니다.

각각의 장점과 단점은 다음과 같습니다.

① 삽입형 양식

장점 … LP를 읽고 긍정적인 태도를 보인 사용자를 그대로 입력까지 한 번에 유도할 수 있다.

단점 … 양식 입력 중에 이탈했을 때 분석이 쉽지 않다. LP에 대한 반응이 좋지 않을 때 이것이 양식의 문제인지 LP 자체의 문제인지를 판단하기 어렵다(※ 유료 사용자 분석 도구를 이용하면 가능할 수도 있음).

② 링크형 양식

장점 … 이동한 페이지에서 양식의 효과를 분석할 수 있다.

단점 … 일단 클릭하여 다른 페이지로 이동하므로 입력하는 중 LP의 내용을 확인하고 싶을 때는 뒤로 가기 버튼을 눌러야 한다. 이동 중 구매 욕구가 줄어 이탈할 가능성이 있다.

● 사용자의 반응을 재빠르게 수집

키 비주얼 안에도 세컨드 오피니언 서비스 예약 신청 양식을 둡니다. 여기서 바로 입력하도록 하면 결단을 촉구하는 효과가 있으며 혹시 모를 이탈도 줄일 수 있습니다.

입력 양식의 항목 수는 가능한 한 적은 것이 좋습니다. 왜냐하면, 항목이 많으면 사용자 부담이 커져 입력 도중에 이탈해버릴 수 있기 때문입니다.

- 이름
- 연락처(주로 메일 주소)
- 문의 내용

양식을 구성하는 항목은 이 세 가지가 기본입니다. 이 이상 항목을 늘리고자 한다면 정말로 필요한 것인지를 고민하기 바랍니다. 필수가 아닌 선택 사항으로 항목을 추가할 수도 있습니다.

입력 양식에서 확인해야 할 항목은 다음과 같습니다.

- 입력 양식 주변에 구매나 신청 시의 이점을 설명할 것
- 입력 항목 수가 적을 것
- 한글, 대소문자, 특수 문자 등 입력 가능한 문자를 설명할 것
- 입력 예가 있을 것
- 입력 상자가 충분히 클 것(문자도)
- 입력 실수한 항목을 알려줄 것(입력 시)
- 오류 표시는 입력 대상 항목 가까이에 표시할 것
- 입력 → 확인 → 완료 상태를 표시할 것
- 입력 항목에 따라 최적의 키보드를 표시할 것(스마트폰의 전화번호용 키보드 등)
- 설정한 목록 메뉴는 터치하기 쉽도록 할 것

- 보내기 버튼은 크게 만들 것(행동을 일으키도록 하는 알기 쉬운 버튼 이름)

만약 링크형 양식을 사용하기로 했을 때 입력 페이지가 여러 개(URL이 2개 이상)라면 화면 위에 입력 진행 흐름을 표시하도록 합니다.

● 안심하고 입력할 수 있도록 유도

사용자는 신청 양식에 개인정보를 어느 정도 입력해야 하는지 알 수 없습니다. 3단계면 끝난다는 등 단계를 표시하기만 해도 안심하게 됩니다.

이렇게 하면 이후 얼마나 입력해야 끝날지를 쉽게 알 수 있으므로 동기를 유지한 채 마지막까지 진행할 수 있습니다.

입력 양식 최적화(EFO: Entry Form Optimization)라는 말처럼 마지막에 입력 양식을 개선하기만 해도 매출을 크게 늘릴 수 있습니다. LP 제작의 마지막 파트이므로 다른 파트에 비해 소홀해지기 쉽지만, 마지막까지 긴장을 늦추지 말고 설계에 온 힘을 기울이기 바랍니다.

## 계약 성공률을 높이는 마지막 제안

상담 업무 등 무형의 서비스를 제공할 때는 사용자가 알고 싶은 노하우, 시장 조사 결과와 같은 자료를 특전으로 무료 제공하면 더 효과적입니다.

성과물이 눈에 보이지 않고 손으로 만질 수 없는 상담 서비스는 사용자가 볼 때 쉽게 믿기는 어렵습니다. 그러므로 노하우나 사례를 모아 이를 책자로 만들어 볼 수 있고 만질 수 있는 구체적인 형태로 제공하도록 합시다. 귀중한 정보가 집약된 자료를 무료로 얻을 수 있다고 생각하면 주저하던 사용자도 믿음이 생길 겁니다.

● 관심을 끄는 제안 준비

웹 마케팅으로 고민하는 사용자는 SEO(검색 엔진 최적화)에도 흥미가 있으리라 예상하여 필자가 평소 체크리스트로 활용하던 내부 자료를 예약자 한정 특전으로 준비했습니다. 구체적인 형태를 알지 못해 유료 상담 신청을 주저하던 사용자라도 이런 특전이 있다면 안심이 될 겁니다.

사람은 정체를 모르는 것에 경계심을 품습니다. 그러나 만지거나 듣거나 체험해보기만 해도 안심하게 됩니다. 사용자가 체험하거나 확인할 기회만으로도 충분합니다.

무료로 제공할 자료는 PDF라도 상관없습니다. 일반적으로 세미나나 연수, 제안 등에 사용하는 자료를 다시 편집하거나 새롭게 정보를 추가하는 등 가치가 있는 내용으로 완성도를 높이도록 합니다. 가능하다면 사용자가 '개인정보와 바꾸더라도 손에 넣고 싶은 자료'라 여길 수 있는 내용으로 꾸며주세요.

반대로 자료의 질이 낮거나 페이지가 너무 적으면 아무리 무료라 해도 반대로 나쁜 이미지만 주게 됩니다. 오히려 이것까지 공개해도 되는 건가? 유료 수준인데? 등 놀라움과 고마움의 반응을 보일 만큼 질 좋은 자료를 아낌없이 제공하는 편이 신용을 얻는 데 효과적입니다. 정보나 노하우의 질이 높으면 높을수록 당연히 CVR은 올라갑니다.

순서가 바뀌었습니다만, 이러한 무료 제안은 키 비주얼 안에 넣었을 때 더 효과적입니다. 마지막에 이르러서야 특전 관련 내용을 싣는다면 이를 알기도 전에 나가버릴 수 있으므로 주의하세요.

● 무료 제공 제안도 키 비주얼에서 전달

모처럼 마련한 특전도 LP 끝 부분에서만 확인할 수 있다면 그 효과는 줄어듭니다. 가능한 한 키 비주얼 또는 한 번 스크롤한 시점에 확인할 수 있도록 디자인합시다.

## 카카오톡 채널 친구 늘리기 랜딩페이지는 D 모델을 활용

● 메일 매거진 등록, 카카오톡 채널 친구 추가 홍보에 사용할 수 있는 랜딩페이지 논리 전개

| | |
|---|---|
| 공감(발견) | 광고 카피 |
| | 타깃 카피 |
| | 메일 매거진 내용 설명 |
| 신용 | 등록한 사람(또는 추천자)의 목소리, 감상, 동영상, 실적 |
| 상상 | 이익 |
| | 장점 |
| | 더 자세한 상품 설명 |
| FAQ | 자주 하는 질문 |
| 이유 | 사용자의 행동에 대한 이유나 변명 |
| 행동 | 문의, 구매 등 |

세미나 고객 모집과 마찬가지로 랜딩페이지를 활용할 수 있는 장면으로는 메일 매거진이 등록이나 카카오톡 채널 친구 추가를 홍보하고자 할 때가 있습니다.

잠재 고객을 모집한다는 의미에서는 같습니다만, 여기서는 세미나에 참가한 사람이나 이미 상품을 구매한(이용한) 사람을 대상으로 홍보하는 장면을 가정하고 이를 활용하는 방법을 설명합니다.

※ 만약 여러분의 상품이나 서비스에 대해 전혀 모르는 사람을 대상으로 등록이나 채널 추가를 홍보하고자 할 때는 먼저 그 필요성을 느끼도록 해야 하므로 4장에서 설명하는 L 모델을 이용하기 바랍니다.

이미 여러분의 상품이나 서비스를 체험한 사람이므로 메일 매거진이나 카카오톡 채널로 정보를 보내는 것이 누구인지를 자세히 알릴 필요는 없지만, 체험했던 내용보다도 더 매력적인 이점이 있다는 점은 자세하게 다루어야 합니다.

이럴 때는 D 모델을 활용하여 랜딩페이지의 논리를 전개합니다.

공감(발견) 파트에서는 메일 매거진에 등록하거나 카카오톡 채널을 친구 추가하면 어떤 변화(이점)가 생기는지를 이야기합니다. '더 큰 효과를 느끼고 싶지 않으세요?', '이

런 효과를 원하지 않으세요?' 등 세미나에 참가하여 호감을 느낀 사람이나 상품을 구매한 적이 있는 사람에게 등록하면 더 좋은 일이 기다린다고 전합니다.

메일 매거진이나 카카오톡 채널은 잠재 고객에게 계속 홍보할 수 있다는 장점이 있지만, 수신자는 항상 수동적으로 정보를 받게 됩니다. 그러므로 어지간히 매력적이지 않으면 적극적으로 등록하지는 않으므로 주의 바랍니다.

이 파트 안에 등록 혜택을 넣거나 사은품을 받을 수 있다는 내용을 넣을 수 있다면 짧은 시간 내 등록률이 오릅니다.

신용을 얻는 파트에서는 이미 등록한 사람의 감상 또는 메일 매거진이나 카카오톡 채널의 발송 샘플을 싣습니다. 등록률이 오르려면 무엇보다도 이 샘플의 질이 중요합니다. 메일 매거진 해지나 채널 삭제가 간단하기는 하지만, 지속적으로 정보를 받을 가치가 없다면 애당초 등록하지 않기 때문입니다.

세미나에서는 말하지 못했던 노하우나 업계 최신 정보, 등록한 사람만 사용할 수 있는 쿠폰, 회원 전용 서비스, 한정 상품 구매 권리 등 이점으로 이어지는 매력적인 정보를 얻을 수 있다는 사실을 알립니다.

상상 파트에서는 사용자가 원하는 효과를 실제로 느끼게 된다면 얼마나 멋진 나날이 될 것인가를 상상하도록 합니다. 광고 카피로는 미처 전하지 못했던 이점, 등록에 따른 장점을 구체적으로 가능한 한 많이 기재합니다.

FAQ(자주 하는 질문)에는 등록과 관련된 질문이나 불안 요소에 대해 답하도록 합시다. 메일 매거진의 경우 수신 해지가 귀찮고 번거롭다고 느끼는 사람이 많으므로 가능한 한 간단히 해지할 수 있도록 하세요. 개인정보를 신중히 다룬다는 점도 꼭 전달합시다.

이유 파트에서는 등록이나 이용 자체는 무료이고 안심할 수 있다는 것을 전합니다. ※ 유료라면 돈을 내더라도 등록할 정도의 가치가 있는 이유를 명확히 제시해야 합니다. 이럴 때는 '계속 읽어 간다면 ○○할 수 있습니다.'와 같이 사용자의 도달점을 명확하게 하는 것이 효과적입니다.

어떻습니까?

PDL 모델은 다양한 상황에서 사용할 수 있는 논리 전개입니다. 또한, 랜딩페이지가 아닌 블로그나 SNS로 등록자를 늘리고자 할 때도 이용할 수 있습니다. 사용자가 어떤 상태인지를 상상하며 어떤 모델이 적절한지 고민합시다.

# 3장

## 욕구 충족형
## D 모델 랜딩페이지

★ ★ ★

# 01    욕구 충족형: Desire(D 모델) LP 만드는 방법

## @ 욕구 충족형 D 모델 랜딩페이지란?

D 모델이란 지금 당장 필요하지는 않지만, 욕구를 채우고 싶은 사용자에게 호소하는 LP입니다. 좋아하는 브랜드의 옷, 가고 싶은 외국 여행, 타보고 싶은 차, 무제한 유료 동영상 서비스 등은 우리 삶에 '반드시' 필요한 것은 아닙니다. 그러나 이들은 가지면 기쁘다, 있으면 기분이 좋아진다, 사용하면 생활이 윤택해진다고 생각하는 상품입니다. D 모델은 바로 이런 상품을 홍보할 때 활용하는 LP입니다.

문제를 해결하려는 사용자와 비교하면 욕구를 채우려는 사용자의 기분은 언젠가 손에 넣고 싶다는 정도로, 전혀 급하지는 않습니다. 있으면 기쁘지만, 굳이 없어도 사는 데는 아무런 문제가 없기 때문입니다.

그렇지만, 사람은 늘 욕구를 채우려 하면서도 손에 넣고 싶다는 기분은 이성(상식, 상황, 주위의 눈 등)으로 억누른 채로 지냅니다.

그러므로 D 모델의 성공 포인트는 필사적으로 욕망을 억누르는 사용자를 해방하는 데 있습니다.

## @ 욕망을 채우려는 사용자가 취하는 인터넷 행동

욕망을 충족하고자 하는 사용자는 구글이나 네이버로 원하는 상품을 검색하기도 하고 인스타그램에서 좋아하는 메이커나 브랜드를 팔로잉하며 지켜보거나, 핀터레스트로 갖고 싶은 상품 이미지를 모으는 등 늘 원하는 것을 검색하고 살펴봅니다.

살 것인지는 아직 모르지만 원하는 상품을 산 다른 사람의 블로그나 상품평, 후기 사이트, SNS 등을 천천히 살펴보며 언젠가 갑자기 내려올(오지 않을지도 모를) '지름신'을 기다리며 관련 정보를 모읍니다.

갖고는 싶지만 지금은 아냐, 지금 자신의 형편에 사치품을 사도 괜찮을까, 만약 사버리면 가족이나 친구에게 돈 낭비라는 소리를 듣지는 않을까, 사고 나서 안 쓰면 어쩌지…. 이런 생각을 하면서도 한편으로는 끊임없이 상품 정보를 인터넷으로 찾아보는, 그런 모순된 행동을 합니다.

● D 모델의 방문자 행동

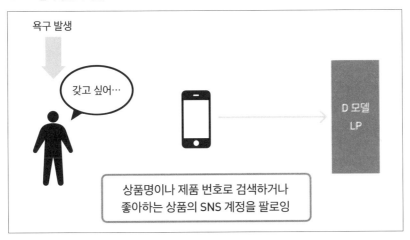

욕구를 채워줄 상품이나 서비스는 누구나 있습니다. 그러나 사치품, 기호품이라 안 된다고 이성이 억누르는 상태입니다. 결국, 갖고 싶기는 하므로 웹이나 앱으로 윈도쇼핑 정도는 합니다.

## @ 욕망을 채우려는 타깃이 원하는 것

욕망을 채우려는 사용자의 머릿속에는 원하는 목표나 이루고 싶은 자신만의 이상이 있습니다(예뻐지고 싶다, 인기를 얻고 싶다, 즐기고 싶다, 칭찬받고 싶다 등).

욕구 충동대로 구매 활동을 할 수 있다면 좋겠지만, 실제 그 상품을 사고자 하면(그 시점에는) 돈이 부족하거나 다른 사람에게 물건 산 것을 지적당할까 창피하거나 자신이 사치를 부리는 것은 아닌지 등, 스스로 부담을 느끼므로 충동대로 물건을 사지는 않습니다.

● '아이패드 구매 후기'로 검색한 결과

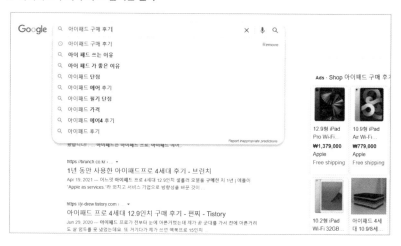

┃ 욕망을 채우려는 사용자는 원하는 상품을 산 다른 사람의 후기를 검색해보곤 합니다.

예를 들어 '아이패드 구매 후기'라고 구글로 검색했을 때의 연관 검색어를 살펴봅시다.

아이패드가 갖고 싶은 사용자는 아이패드를 사면 일러스트를 그리고 싶다, 직접 그린 자료를 만들고 싶다, 노트북 대신 아이패드만으로 업무를 처리하고 싶다, 등 다양한 이상을 갖습니다. 그들이 보는 미래는 아이패드를 능숙하게 활용해 깔끔하게 업무를 처리하는 자신의 모습입니다.

연관 검색어 중 주목해야 할 것은 '아이패드 쓰는 이유', '아이패드가 좋은 이유'라는 검색어입니다.

아이패드를 산 다음 꿈꾸는 이상이 분명함에도 '아이패드 쓰는 이유', '아이패드가 좋은 이유'라고 검색하는 사람의 감정은 도대체 어떤 것일까요?

이 연관 검색어로부터 그들이 찾는 것은 아이패드를 사는 '정당한 이유'라고 추측할 수 있습니다. 정당한 이유란 아이패드를 샀을 때 '왜 노트북을 안 산 거야?', '노트북도 있으면서.'라고 말하는 주변에 대해 말할 수 있는 '변명'입니다.

이미 사용 중인 물건이 있으면서도 새로 원하는 물건을 사고 싶을 때의 기분을 떠올려보세요. '내 주위는 모두 갖고 있어.', '이것만 있으면 열심히 공부할 거야(일할 거야).' 등의 이유(변명)를 들어 구매를 정당화하려 하지 않았나요?

이런 이유로 욕구를 충족하고자 하는 사용자는 '아이패드 쓰는 이유', '아이패드가 좋은 이유' 등의 키워드로 검색하여 자신과 같은 처지, 감정인 사람의 상품평이나 블로그, 생각 등을 참고하여 자신을 정당화할 수 있는 이유를 만들어 사치는 아닌지에 대한 자신의 부담과 찜찜함을 날려버리고자 하는 것입니다.

즉, 욕망을 충족하고자 하는 타깃이 정말로 원하는 것은 그들이 그리는 이상향이 아니라 '사야 하는 이유'인 것입니다.

● 욕망 상품을 찾는 사용자의 감정

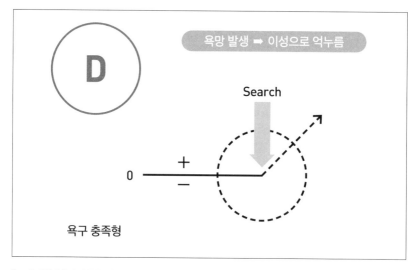

수평선이 욕망 상품을 원하는 사람의 기분을 나타냅니다. 항상 갖고 싶다고 생각하면서도 이성으로 이
욕망을 누르면서 아무렇지도 않은 듯이 지냅니다. 그러다가 광고를 보거나 주위 사람이 사거나 SNS로 다른
사람이 사용하는 모습을 보거나 하는 순간, 급격하게 욕망이 생겨 검색 행위를 시작하게 됩니다.

# 02　D 모델의 논리 전개

##  욕망을 채우고픈 타깃이 읽게 되는 논리 전개란?

　여기서는 욕망을 채우고 싶은 사용자가 행동을 일으키기 쉽도록 하는 D 모델의 논리 전개를 설명합니다. P 모델과 마찬가지로 먼저 논리 전개의 큰 흐름부터 알아봅시다.

● D 모델의 논리 전개

| |
|---|
| 공감(발견)을 얻는 파트 |
| 신용을 얻는 파트 |
| 상상하도록 하는 파트 |
| 비교하도록 하는 파트 |
| 불안을 해소하는 파트 |
| 구매 이유(변명)를 만드는 파트 |
| 행동을 촉구하는 파트 |

순대대로 논리를 전개하여 사용자의 심리 상태에 따라 그들이 알고자 하는 내용을 전달합니다.

### 공감(발견)을 얻는 파트

욕망을 채우려는 사용자는 검색 엔진으로 원하는 것을 찾거나 좋아하는 브랜드의 SNS를 팔로잉하면서 갖고 싶은 물건을 지켜봅니다.

이런 사용자가 LP를 계속 읽으려면 처음부터 '당신이 찾는 것은 이거 아닌가요? 여기 있어요.'라고 보여주는 것이 효과적입니다. 그리고 '맞아, 바로 이거야!'라며 발견의 기쁨을 느끼도록 하는 것이 중요합니다. 찾던 것이나 좋아하는 것과 딱 맞으면 사용자는 희열을 느끼기도 합니다. 이 파트에서는 상품의 특징이나 세계관을 충분히 호소하도록 합시다.

### 신용을 얻는 파트

이 파트에서는 사용자로부터 신용을 얻는 요소(판매 실적, 수상 이력, 고객의 목소리)를 싣습니다. 키 비주얼 바로 아래에 가능한 한 많은 고객의 목소리를 두면 사용자에게 안심을 줍니다.

### 상상하도록 하는 파트

원하는 상품을 손에 넣은 다음 경험할 수 있는 멋진 세상, 사용자가 원하던 이상을 보여줍니다. 칭찬받고 싶다, 사랑받고 싶다, 자랑하고 싶다, 등 사용자가 원하는 인정 욕구나 소유욕을 이룰 수 있는 꿈의 세계가 기다리고 있다는 것을 전달합니다.

### 비교하도록 하는 파트

P 모델과 마찬가지로 욕망 상품을 판매하는 경쟁 회사도 분명히 있

습니다. 사용자도 여러분의 LP를 보면서도 경쟁 회사의 상품이나 서비스를 의식하고 어디서 살까 비교하게 됩니다. 이 파트에서는 경쟁 회사와 비교하여 자사의 상품이나 서비스가 얼마나 우수한가, 왜 자사 상품을 선택해야 하는가를 설명합니다.

### 불안을 해소하는 파트

필수품이 아닌 욕망 상품을 구매할 때는 평상시의 쇼핑보다 실패하고 싶지 않다는 기분이 강하게 작용합니다. 왜냐하면, 사치품이라 사고 난 후 실패하면 후회가 더 강하게 남기 때문입니다. 실패하고 싶지 않은 기분을 잘 헤아려 불안 요소를 없애도록 합시다.

### 구매 이유(변명)를 만드는 파트

욕망을 채우고 싶은 사용자가 원하는 것은 한마디로 '구매 이유(변명)'입니다. 필수품도 아닌, 이른바 사치품을 사는 이유가 명확하지 않다면 '지금 살 필요는 없어.'라며 이성이 욕구를 누릅니다. 실제로는 감정이 움직이는 대로 사고 싶지만 그렇게는 할 수 없습니다. 이런 상반된 감정을 인정한 상태에서 그럼에도 사야 할 이유를 제시하여 사용자의 등을 살짝 떠밀도록 합시다.

### 행동을 촉구하는 파트

이 파트에서는 마지막으로 사용자가 어떤 행동을 했으면 하는지 명시합니다. 쇼핑 카트에 넣거나 문의 전화를 하거나 신청 양식을 입력하거나 등의 바라는 행동을 명확히 환기하도록 합시다. 특히 욕망 상품이라면 긴급을 요하지 않으므로 사용자에게 조금이라도 망설임이 생기면 LP에서 나가게 됩니다. 쉽게 구매할 수 있는 쇼핑 카트 장치 등 조금이라도 망설임이 생기지 않고 막힘 없이 조작할 수 있는 환경을 만드는 것이 중요합니다. 지금껏 읽어온 사람이 망설임 없이 행동할 수 있도록 하는 매우 중요한 장면이므로 신중해야 합니다.

그리고 욕망 상품이라면 할인 이벤트, 첫 회 한정 가격, 무료 배송, 첫 달 가입비 0원, 등 구매 시의 심리적 저항을 조금이라도 낮출 수 있도록 설득합시다. 망설이는 사용자의 등을 떠미는 역할을 하는 이유와 변명을 제공하는 곳입니다.


D 모델 LP의 논리 전개에서는 이러한 순서로 상품이나 서비스를 홍보합니다. 사용자의 머릿속에 나름의 이상을 그리도록 하는 것, 그리고 이성에 억눌려진 행동을 해방할 수 있는 나름의 변명을 만드는 것이 매출 향상의 열쇠가 됩니다.

P 모델과 마찬가지로 각 파트의 순서는 상황에 따라 바꿔도 됩니다. 전후 문맥에 따라 순서를 바꾸거나 디자인의 이유로 변경하거나 심지어는 모든 파트를 한 번에 표현할 수도 있습니다. 이처럼 임기응변에 따른 대응은 상관없습니다. 중요한 것은 이들 요소를 빠트려서는 안 된다는 점입니다. 마지막으로 살펴볼 때 각 요소를 꼭 확인하기 바랍니다.

# 03 　 파트별 작성 방법

## ⓐ 공감(발견)을 얻는 파트

지금부터는 LP를 소개하면서 각 파트의 요소를 자세하게 설명하겠습니다.

※ 소개하는 상품(해먹)은 실물이 아닌 가상입니다.

욕망 상품은 P 모델과는 달리 갖고 싶은 상품의 이미지가 사용자의 머릿속에 명확합니다. '어떤 상품이지?', '이런 상품이면 좋을 텐데.' 등 사용자가 볼 때 LP에 접속한다는 것은 일종의 '확인 작업'이라 할 수 있습니다.

확인해보니 자신이 상상하던 물건이거나 심지어 상상 이상, 기대 이상이라면 그에 따라 구매 욕구는 더욱 높아집니다.

그러므로 공감(발견) 파트에서는 어쨌든 사용자의 생각과 꼭 맞는, 또는 그 이상의 인상을 줄 수 있는 키 비주얼을 만들어야 합니다. 멋진 스니커즈는 더 멋지게, 예쁜 드레스는 더 예쁘게 표현합니다. 이처럼 사용자의 기대를 뛰어넘는 사진이나 동영상이라면 접속한 사용자도 분명히 만족할 겁니다.

반대로 사용자가 머릿속에 그린 이미지와 다르면(디자인이 별로다, 예쁘지 않다, 맛없어 보인다 등), 사용자는 흥미를 잃고 사라진 구매 의욕과 함께 다른 곳으로 이동합니다.

여기서는 가상 상품인 해먹을 대상으로 D 모델을 설명합니다.

● D 모델 샘플 LP

샘플로 만든 해먹 LP의 키 비주얼입니다. 캠핑을 즐기는 여성, 즉 아웃도어가 취미인 여성을 타깃으로 한 단계 업그레이드된 캠핑 즐기기 방법을 제안합니다.

이 상품의 타깃 사용자는 주말에 캠핑을 적극적으로 즐기는 캠핑족으로, 독신이며 주말에는 캠핑장에서 우아하게 시간을 보내는 여성입니다.

여러 번의 주말 캠핑 경험이 있는 여성이 캠핑 시 지금까지와는 다른 즐거움의 하나로 많은 사람의 입에 오르내리는 '해먹'에 흥미를 갖고 이 상품을 찾는(또는 우연히 광고를 보고 클릭한) 상황이라고 가정합니다.

이 사용자에게 보여야 하는 공감(발견) 파트로는 그녀가 머릿속에 상상하는 이상형, 즉 아름다운 삼림 속에 놓인 멋진 스타일의 해먹이 좋을 것입니다.

욕망 상품의 키 비주얼에서는 아무런 생각 없이 상품 사진만을 크게 보여주기 십상입니다만, 사용자가 실제 원하는 것은 상품을 통해 손에 넣을 수 있는 이상이자 체험입니다. 즉, 여성 캠핑족이 원하는 것은 '해먹'이 아니라 해먹을 통해 얻을 수 있는 체험, 즉 일상에서 벗어나 여유로움을 즐길 수 있는 분위기입니다. 상품만 크게 비추는 것이 아니라 그 후에는 무엇이 있는지를 보여줄 수 있도록 연출한 사진을 준비하도록 합시다.

이상적인 연출 사진과 상품을 보면서 사용자는 '그래, 바로 이런 상품을 원했던 거야!'라며 공감하게 됩니다. 물론 필요하다면 동영상을 사용해도 됩니다. 속도감 넘치는 자동차나 따뜻한 김이 오르는 요리 등 동영상으로만 어필할 수 있는 이미지도 있습니다. 흔들리는 해먹을 강조하고자 한다면 사진보다는 동영상을 이용하는 편이 더 쉽게 편안함과 여유로움을 상상할 수 있을 겁니다.


## D 모델의 광고 카피

P 모델과 마찬가지로 키 비주얼에는 광고 카피를 넣습니다. 그러면 접속한 사용자는 흥미를 느끼고 LP를 스크롤하게 됩니다.

P 모델의 키 비주얼에는 사용자가 현상 복귀를 목표로 한다는 의미에서 마이너스에서 플러스 방향(긍정적)으로 마음가짐을 움직일 수 있는 말이 효과적이었지만, D 모델 LP에는 긍정적인 기분이 '더욱' 긍정적이 되도록 하는 말을 고안하는 것이 포인트입니다.

여기서도 광고 카피에서 강조한 기능이나 특징에 대해 '그래서 어떻게 된다는 거지?'라는 자문자답을 이용해 이익을 발견토록 합시다.

- 잠자리가 편해 푹 자게 된다. → 그래서 어떻게 된다는 거지? → 마음을 치유하는 소중한 시간
- 자립식이라 안정적이다. → 그래서 어떻게 된다는 거지? → 안심

하고 사용할 수 있다.

- 부드럽게 흔들린다. → 그래서 어떻게 된다는 거지? → 기분이 좋아진다.
- 100% 유기농 면을 사용했다. → 그래서 어떻게 된다는 거지? → 약간의 사치스러운 기분

애당초 캠핑을 즐기는 여성 캠핑족이 볼 때는 조금 사치스러운 물건을 사는 것이므로 중요한 것은 '특별한 느낌'입니다.

누구에게도 방해받지 않는 시간, SNS로 자랑하고 싶을 정도의 환경과 해먹은 보통의 캠핑보다 한 단계 업그레이드된 체험을 연출해줄 아이템이라는 것을 전달하고자 '럭셔리한 시간을 혼자만의 것으로'라는 광고 카피를 고안했습니다.

※ 상품명 '그린 해먹'은 가상의 상품입니다.

● D 모델의 광고 카피

## 럭셔리한 시간을 혼자만의 것으로

P 모델의 광고 카피 만들기와 마찬가지로 이익을 발견할 수 있도록 하는 것이 중요합니다. 여성 캠핑족이 원하는 이상, 그리고 그들의 욕망을 자극할 수 있는 말을 생각해봅시다.

특히 여성을 대상으로 한 광고 카피를 고민할 때, 여성은 남성과는 달리 분위기를 중시하고 우아한 단어에 더 큰 반응을 보인다는 점을 고려해야 합니다. 왜냐하면, 여성은 남성보다도 행간을 읽는 능력이 뛰어나므로 글로 모든 것을 드러내지 않아도 문장 뒤에 숨겨진 의도를 읽어낼 수 있기 때문입니다. 구체적인 단어를 사용하는 것이 아닌, 분위기를 중시한 광고 카피로도 여성은 해먹이 가진 상품 특징, 이미지를 이해합

니다.

이때 상품이나 시비스의 세계관, 브랜드를 해칠 가능성이 있다면 타깃 카피는 생략해도 됩니다. 여기서는 '여성 캠핑족에게'나 '홀로 캠핑을 추구하는 분에게', '항상 캠핑 시 아쉬움을 느낀 당신에게'와 같은 타깃 카피를 넣어도 좋으나 키 비주얼의 이미지 컷, 상품의 브랜드, 세계관을 해칠 염려가 있다면 오히려 넣지 않는 것이 좋습니다.

## @ 신용을 얻는 파트

키 비주얼 바로 아래에는 접속한 사용자의 신용을 얻을 수 있도록 다양한 근거를 제시합시다. 판매 실적이나 수상 이력, 언론 취재 등 숫자로 표현할 수 있는 것, 고객의 목소리, 상품평 등이 효과적입니다.

판매 실적이나 구매자의 만족도를 수치화할 때 주의해야 할 점은 그러한 데이터의 근거도 함께 제시해야 한다는 것입니다. 우선은 숫자만 써두면 되겠지 라는 사용자를 속이는 듯한 행위는 피해야 합니다. 아울러 근거를 제시할 때는 주석으로 표시하거나 같은 페이지 안에 상세한 데이터를 게재(데이터 수집 기간이나 증명서 등)하도록 합니다.

● 신용을 얻기 위한 요소

상품 이미지나 광고 카피 외에도 신용을 얻을 수 있는 요소를 키 비주얼 아래에 두면 사용자는 안심하고 상품 정보를 확인할 수 있습니다.

D 모델 LP도 P 모델과 마찬가지로 고객의 목소리나 상품평이 많을수록 믿음을 얻기 쉽습니다. 그러므로 고객이 되어준 분의 협조를 부탁하는 등의 방법으로 가능한 한 그 수를 늘리도록 합시다.

● 고객의 목소리를 키 비주얼 주위에 배치

고객의 목소리나 실제 이용 중인 사진, 상품평은 그 유무에 따라 신용도에 큰 차이가 생깁니다. 신용을 얻을 수 있도록 키 비주얼 아래에 바로 보이도록 합시다.

최근에는 인스타그램 등에 구매한 상품의 후기를 올리는 고객도 있으므로 허락을 얻어 이를 LP에 게재하는 것도 효과적입니다.

혹시 고객에게 부탁할 수 있다면 상품명을 넣은 해시 태그와 원하는 인기 해먹을 함께 올리면 비슷한 상품을 검색하던 사용자가 인스타그램에서 이를 발견할 수도 있으므로 비즈니스 기회가 늘어납니다.

덧붙여 키 비주얼 바로 아래에 둘 고객의 상품평 내용은 '좋았다.', '즐거웠다.'와 같이 간단한 내용만으로도 충분히 신용을 얻을 수 있지만, 이것만으로는 뭔가 부족하므로 다음과 같은 질문을 추가해 가능한 한 처음 상품을 보는 사용자라도 사기 전 의사 체험을 느낄 수 있도록 합시다.

- 이 상품을 사기로 한 계기는 무엇입니까?
- 살까 망설였을 때 어떤 부분이 불안했나요?
- 써보니 지금은 기분이 어떠세요?
- 단점이 있다면 말씀해주세요.

실제로 써보니 좋은가, 단점은 없는가? 등의 평가는 역시 신경 쓰이는 부분입니다. 여러분도 무언가를 사려 할 때 상품평이 전부 낮은 점수뿐이라 실망하여 구매를 포기한 적이 있을 겁니다. 아마 한두 번의 경험은 아닐 겁니다.

좋은 부분만 인터뷰하여 평가하도록 하면 어느 정도는 효과가 있을지 모르나 SNS가 널리 퍼진 요즘 필요한 것은 '정직'입니다.

현명한 사용자는 트위터나 인스타그램에서 상품을 검색하고 이에 대한 생생한 목소리를 직접 조사하므로 '좋은 면만' 싣는 것은 역효과입니다. 오히려 구매자가 느낀 구매 후의 개선점도 함께 게재하는 편이 기업에 대한 좋은 평가로 이어집니다.

감추는 것이 아니라 공개한다는 마음으로, 긍정적이든 부정적이든 모두 상품평으로 보여줍시다. 그리고 부정적인 부분은 상품이나 서비스 개선을 위한 소재로 활용합시다.

아울러 사용자는 부정적인 정보를 알고도 구매하곤 합니다. 실제로 이런 구매자가 판매하는 쪽에서는 도움이 됩니다. '이 정도 범위라면 사도 문제없어.'라고 판단한 것이므로 나중에 불만을 제기할 가능성도 작기 때문입니다.

역으로 부정적인 정보를 감추게 되면 구매 후 '이럴 리가 없어!'라며 실망한 사용자는 상품 가치와 기업 가치를 낮게 평가하므로 조심해야 합니다.

신용 파트에서는 다음과 같은 요소가 효과적입니다.


- 실제로 이용한 고객의 목소리, 감상, 인터뷰 등
- 판매 실적
- 본인의 동영상이나 사진
- 회사 개요
- 유명인, 저명인의 추천
- 수상 이력


판매를 막 시작한 신상품이라면 신용할 수 있는 근거가 부족하므로 상품평을 모으기가 쉽지 않은데, 이럴 때는 고객과의 집중 인터뷰를 활용해보세요. 인터뷰 형식이라면 하나의 상품에 대해 에피소드, 배경, 환경 등 많은 정보를 전달할 수 있으므로 이를 읽는 사용자의 이해도를 높여 신용을 얻을 수 있습니다.

또한, 고객의 상품평은 LP 도중에 여러 번 넣는 편이 눈을 끌게 되므로 이를 추천합니다. 다른 사람의 시선이나 상품평은 상품의 성능이나 기능보다 흥미를 더 느끼도록 하므로, 여러 번 등장시켜 지루하지 않게 읽을 수 있는 LP를 만듭시다.

## @ 상상하도록 하는 파트

상상하도록 하는 파트에서는 사용자가 원하는 상품을 손에 넣은 다음 느끼게 되는 것 또는 체험할 수 있는 세상을 보여줍니다. 사용자가 이상으로 하는 이미지를 의사 체험할 수 있도록 문자나 이미지, 동영상 등을 사용해 전달하도록 합시다.

● 상품이나 서비스를 이용한 후의 세상을 상상하도록 함

멋진 해먹과 함께
당신만의 사치스러운 캠핑 라이프를!

"이번 주말 캠핑 어때?"
평소 바쁘게 지낸 친구에게 이번 주말 마음먹고 캠핑에 초대했습니다.

아침 일찍 일어나 만든 따뜻한 커피로 눈을 뜨면서 오늘은 또 어떤 하루가 될지,
언제나와는 다른 사치스러운 시간을 보낼 상상에 빠지는 당신!

차 안에서 모두와의 대화
"최근에 본 영화 중 어떤 게 괜찮아?"
"맛있는 런치 식당을 찾았어."
평범한 대화 속에 평소의 바쁜 일상은 사라지고 해방된 공간으로.

피곤한 몸을 위로할 귀중한 시간을 보내기 위해.
자연을 온몸으로 느끼는 특별한 체험을 위해.
평생 잊지 못하는 추억을 만들기 위해.

인터넷으로는 만지거나 느낄 수 없으므로 대신 사진이나 동영상 등을 활용하여 마치 그 상품을 사용하는 듯한 분위기를 연출합니다. 실제처럼 느낄 수 있다면 상품에 대한 욕망은 더욱 커져 이를 억누르던 이성조차도 더는 통제할 수 없게 됩니다.

D 모델에서는 직접적인 문장보다도 상상을 자극하는 정서적이고 감정적인 표현이 효과적입니다. 욕망 상품을 원하는 사용자는 자신의 감각, 기분에 솔직한 상태로 LP에 접속하므로 자신이 원하는 상품이 눈앞에 나타나면 흥분하게 됩니다.

이 상태에서는 어려운 말보다는 의태어나 의성어 등 다양한 간접 표현을 사용하는 편이 감정을 자극하게 됩니다.

• 바쁜 일상에서 벗어나 어느 것과도 바꿀 수 없는 귀중한 시간을

- 서로 해먹에 몸을 맡긴 채 친구와 함께 이야기하는 이 시간
- 텐트로는 얻을 수 없는 포근히 감싸는 듯한 느낌
- 해먹 안에서 느긋하게 독서나 낮잠을 즐기는 모습

해먹에 누워있는 순간만큼은 시간이 천천히 흐르는 듯한 모습을 회화체나 이미지 사진을 활용하여 연출해봅시다. 문장이나 사진으로 전하기 어려운 분위기라면 동영상을 이용해 사용자의 기분을 자극할 수도 있습니다.

● 상상하는 양이 늘어날수록 욕망은 커짐

포근히 감싸는 행복한 기분에
중독되다!

광고 카피로 호소했던 럭셔리한 느낌, 특별한 느낌을 여기서 더욱 강조합시다. 일상의 소음에서 벗어나 치유의 시간을 느낄 수 있는 사진 등을 통해 사용자의 상상력을 더욱 자극합니다.

요리라면 이제 막 완성한 느낌이나 소재의 신선함, 그리고 먹는 사람의 웃는 얼굴 등을 연출하여 행복한 시간이 흐르는 순간을 상상하도록 합니다. 예쁜 원피스라면 외국의 멋진 거리를 활보하며 주위의 시선을 한몸에 받는 듯한 순간을 사진이나 동영상으로 연출하여 마치 사용자가 모델이 된 듯한 기분이 들도록 하여 감정을 고조합니다.

요컨대 상상하도록 하는 파트에서는 무엇보다도 사용자의 기분을

고조하는 데 중점을 두어야 합니다.

## ⓐ 비교하도록 하는 파트

비교하는 파트에서는 경쟁 회사와 비교하여 누가 더 뛰어난가를 이야기합니다.

키 비주얼 바로 아래에 두었던 신용 파트를 이곳에서 더 자세하게 설명해도 괜찮고, 그 이외의 기능이나 특징 등을 통해 우위성을 강조하여 이 상품을 선택해야 하는 이유를 말하는 것도 효과적입니다.

- 통기성이 우수하고 감촉이 좋다.
- 최대하중이 무려 330kg
- 자립식이므로 공구가 필요 없다.
- 여성도 간단히 설치

중요한 것은 표현 방법입니다. 이들 항목을 텍스트로 건조하게 나열할 수도 있으나 욕망 상품에서는 하나하나의 요소를 사진이나 일러스트를 이용해 크고 알기 쉽게 표현하지 않으면 모처럼의 우위성도 한순간에 흘려버리게 되므로 그 매력을 충분히 전달하지 못합니다. 이곳 역시 실제 사용하는 모습을 찍은 사진 등도 효과가 있습니다.

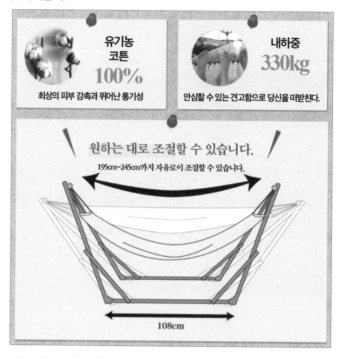

유기농
코튼
**100%**
최상의 피부 감촉과 뛰어난 통기성

내하중
**330kg**
안심할 수 있는 견고함으로 당신을 떠받친다.

원하는 대로 조절할 수 있습니다.
195cm~245cm까지 자유로이 조절할 수 있습니다.

108cm

사용자가 흥미를 느끼는 것은 얻을 수 있는 이익입니다. 그러나 이 이익을 보증할 수 있는 정보 역시 원합니다. 이것이 상품의 강점, 특징, 사양입니다. 보기 쉽고 눈에 잘 띄는 디자인으로 보는 즉시 우위성을 느낄 수 있도록 합시다.

각각의 요소를 강조하며 멋지게 디자인했다면 이번에는 사용자가 타사와 한눈에 비교할 수 있도록 비교표를 만듭시다. 비교가 쉬운 인터넷 특징상 자사 정보뿐 아니라 두 항목을 동시에 비교할 수 있는 표를 실어 두면, 사용자가 일부러 타사 사이트를 방문하는 번거로움 없이 마음 놓고 상품을 비교할 수 있습니다. 이는 LP에서 벗어나지 않도록 하는 하나의 기법이기도 합니다.

● 한눈에 아는 비교표 만들기

최고급 품질과 안전성을 추구한
그린 해먹

| | A사 | 당사 | B사 |
|---|---|---|---|
| 신축성 | ○ | ◎ | △ |
| 하중량 | 200kg | 330kg | 310kg |
| 자립식 | △ | ○ | × |
| 운반 | ○ | ○ | × |

비교표를 준비하면 사용자는 경쟁회사 제품과 비교하기 쉬워지므로 호의적으로 생각하게 됩니다. 물론 자사
제품에 어느 정도의 장점이 있는지를 호소할 좋은 기회이기도 합니다.

게다가 상품을 소개할 때는 마치 사용자가 실제 사용하는 것처럼
시뮬레이션할 수 있도록 자세하게 설명합니다.

예를 들어 여성이 혼자서 해먹을 준비할 때 손가락이 끼지 않도록
하는 안전설계가 있다면 그 모습을 동영상이나 일러스트로 자세히 보여
줍니다.

● 자세하고 알기 쉽게 전달

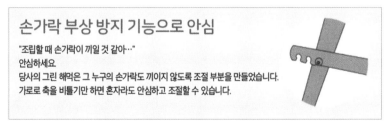

## 손가락 부상 방지 기능으로 안심

"조립할 때 손가락이 끼일 것 같아…"
안심하세요.
당사의 그린 해먹은 그 누구의 손가락도 끼이지 않도록 조절 부분을 만들었습니다.
가로로 축을 비틀기만 하면 혼자라도 안심하고 조절할 수 있습니다.

해먹은 조립식이라 편리하긴 하지만 조립 작업에 불안을 느끼는 사용자도 많습니다. 여성이라도 쉽게 다룰
수 있는 안심 상품이라는 것을 사진이나 일러스트, 동영상 등으로 충분히 알립니다.

세세한 배려와 함께 정성껏 이야기하면 사용자는 상품에 더 흥미를
느끼고 기업에도 좋은 이미지를 가지므로 안심하게 됩니다.

'상품 설명서에 적혀 있습니다.'

'사진을 자세히 보면 알 수 있습니다.'

'당연한 내용이라 적지 않았습니다.'


판매하는 쪽에서 보면 당연한 정보일지라도 상품 지식이 없는 일반 사용자가 볼 때는 전혀 모르는 내용입니다. 상품을 만질 수 없는 사용자를 대신해 마치 그곳에 상품이 있는 것처럼 연출하여 우수함을 호소하도록 합시다.

TV 홈쇼핑의 쇼핑호스트를 떠올리면 알기 쉬울 겁니다. 그들은 시청자 앞(실제로는 TV 스튜디오)에서 실제로 상품을 써보며 이전과 이후를 비교·강조합니다.


'이렇게 깔끔합니다!'

'게다가!'

'순식간에'

'누구든 사용할 수 있습니다.'

'걱정은 접어 두세요.'

'지금까지 보지 못했던 효과를 기대할 수 있습니다.'


처음에는 별 관심 없이 그냥 TV 앞에 있었을 뿐인데 이전과 이후를 보여주거나 제품을 광고하는 대사를 듣다 보면 어느새 대단한 상품인 양 느낀 적은 없었나요?

공감(발견) 파트에서 사용자의 시선을 모으고 상상 파트에서 기분을 고양하고 나서 비교 장면에서 의사 체험을 통해 더욱더 자사 제품에 흥미를 갖도록 하는, 바로 이런 흐름을 의식하면서 LP를 구성해 나가는 것이 D 모델을 통한 매출 향상의 비결입니다.

## @ 불안을 해소하는 파트

여기까지 LP를 읽어온 사용자는 진지하게 상품 구매를 검토하게 됩니다.

그렇다고 해도 써본 적이 없는 상품에 대해 제대로 사용할 수 있을지 자신이 없거나 사용하지 못하면 어떡하지, 혹시 부서지면 어쩌지 등의 불안은 그대로입니다.

불안을 해소하는 파트에서는 이런 불안을 하나하나 없애도록 합니다. P 모델에 비하면 '굳이 필요치 않은' 상품일 수도 있으므로 얼마나 사용자의 불안을 없애는가가 매출 향상의 열쇠가 됩니다.

이번 해먹 샘플에서는 야외 사용으로 더러워져도 세탁 망을 이용하면 쉽게 세탁할 수 있다거나, 얼핏 대단한 장치처럼 보이지만 뜻밖에 혼자서도 간단히 설치 가능하다는 등 여성 혼자라도 아무런 문제 없이 이용할 수 있다는 점을 강조했습니다.

● 검토 단계에서 생기는 불안을 없앰

한번 사볼까? 라고 생각한 순간 생길 수 있는 불안 요소는 없애도록 합니다. 세탁 가능한지? 홀로 캠핑할 때 혼자서도 조립할 수 있는지? 등 다양한 불안 요소가 있습니다. 사용자의 기분을 미리 헤아려 '자주 하는 질문' 등으로 이에 대한 답을 제공하도록 합시다.

상품을 구매할 때의 불안 요소를 확인하려면 이미 구매한 고객에게 묻도록 합시다. 지금까지 판매 쪽에서는 눈치채지 못했던 불안 요소를 발견할 수도 있고 상품이나 서비스 개선의 힌트도 됩니다.

그러나 D 모델의 불안 요소 중에는 P 모델과는 달리 주의해야 할 점이 있습니다.

이는 '교체에 따른 위험'입니다. 해먹과 같은 전혀 새로운 상품에서는 발생하지 않지만, 화장품이나 가구 등 평상시 사용하던 것을 '새것으로 교체'할 때는 반드시 교체 위험이 따릅니다.

예를 들어 기초 화장품(화장수, 유액, 미용액 등)은 혹시 새로운 아이템이 발매되어 흥미가 생기더라도 자신의 피부에 맞지 않을지도 모른다는 불안이 스칩니다.

그 밖에도 새 식탁을 사려고 해도 오랫동안 가족 모두가 사용했던 추억이 깃든 식탁이라 처분을 망설이게 되어 결국 구매로는 이어지지 못할 때도 있습니다. 이처럼 교체 위험은 판매 쪽이 상상하는 이상으로 사용자에게는 구매 장벽이 되므로 이에 대한 대책을 마련하도록 합시다.

P 모델은 '필요성·긴급성'이 있지만, D 모델은 '없어도 그만'이므로 지금 사용 중인 것(익숙해진 것)을 새로운 것으로 바꾸려 할 때는 큰 결단이 필요합니다. 교체 위험을 느끼기 쉬운 상품을 판매할 때는 철저하게 사용자의 시선으로 그들의 기분을 충분히 헤아리는 것이 필요합니다.

## ⓐ 구매 이유(변명)를 만드는 파트

욕망 상품을 원하는 사용자는 감정으로 읽기 시작하여 논리(변명, 정당화)로 구매합니다.

욕망을 채우고자 하는 사용자는 상품이나 서비스를 구매한 후의 모습이나 세상을 꿈꿉니다. 이 다이어트 기구를 사면 날씬해지겠지, 이 고급 시계를 차면 멋져 보이겠지, 최신 게임을 사면 모두가 부러워하겠지 등 필요하지는 않지만, 있으면 기쁘고 기분이 고조되는 그런 상태가 됩니다.

그러나 그들은 원하는 상품이 실린 페이지를 보며 '갖고 싶어, 갖고 싶어.'라고 강하게 원하는 한편, 정말 지금 사도 될까(타이밍, 돈, 주위의 시선에 신경 씀)? 라며 이성으로 억누르고자 자신을 타이르는, 그야말로 모순된 상태에 빠집니다.

'나만 이런 사치를 해도 될까?'

'이번 달엔 돈이 없어 당장 사긴 어렵겠는 걸…'

'이 상품을 살 바에는 아이를 위해 더 저축하는 게…'

살 수는 있지만 사서는 안 돼! 사면 주위에서 뭐라 그럴까? 욕망을 채우고 싶은 사용자는 자신의 구매 행동에 대해 늘 죄책감이 들곤 합니다. 이런 사용자가 상품을 구매하도록 촉구하려면 구매에 대한 죄책감을 떨쳐버릴 수 있어야 합니다. 죄책감만 사라진다면 아무런 거리낌 없이 당당하게 구매할 수 있기 때문입니다.

그러므로 사용자에 대해 가장 그럴 듯한, 자신의 구매를 정당화할 수 있는 변명, 구매 이유를 마련하도록 합시다.

그중 가장 효과적인 '구매 이유'는 가족을 위해, 남편을 위해, 자식을 위해 등 자기 외의 다른 누군가를 위해 구매할 필요성이 생겼다고 느끼도록 하는 내용입니다. 요컨대 다른 사람을 위해 '어쩔 수 없이 내가 살 수밖에 없어.'라고 생각하도록 하면 됩니다.

맛있는 유명 케이크를 살까 망설이는 엄마에게 '가족과 함께', '남편과 함께 둘만의 커피 타임을'처럼 가족을 끌어들인 변명, 정당화할 수 있는 말을 LP 안에 둔다면 자연스럽게 '그래 함께 나눠 먹으면 뭐라는 사람 없겠지.'라며 '어쩔 수 없이' 긍정적으로 구매를 검토하게 됩니다. 실제로 먹고 싶은 사람은 자신인데도 말입니다.

물론 사용자가 혼자일 때도 구매를 정당화할 수 있는 이유는 필요합니다.

예를 들어 고가의 새로운 여름 블라우스를 살까 말까 망설이는 여성에게 '여름뿐 아니라 봄가을에도 입을 수 있는 편리한 블라우스'라며 용도의 선택지를 확장해 제안하면 '오래 입을 수 있는 현명한 쇼핑'이라는 그럴싸한 정당화 이유가 생기므로 구매에 대한 망설임이 줄어듭니다.

해먹 LP를 예로 들면 타깃이 독신 여성이므로 '캠핑에서만 사용할 수 있다면 가성비가 너무 떨어지는 거 아냐?', '못 쓰게 되면 어쩌지?'와 같이 캠핑만으로 용도를 제한하는 불안 요소가 있으므로 좀처럼 구매 결심까지는 이어지지 못할 것이라 예상할 수 있습니다.

이러한 사용자에 대해서는 '이 해먹은 집에서도 사용할 수 있으므로 낭비가 아니라 오히려 현명한 쇼핑입니다.'라는 식의 구매 이유를 제안합니다.

● D 모델에서 가장 중요한 것은 사야 하는 이유와 변명

D 모델의 최대 포인트는 사용자에게 사야 하는 이유를 만들어 주는 것입니다. 자신만을 위해 사는 것은 용도가 하나뿐이라 낭비라는 생각에 망설이기 쉽습니다. 이럴 때는 다양한 용도가 있음을 호소하면 신기하게도 이점이라는 느낌에 긍정적으로 구매를 생각하게 됩니다.


그 밖에도 '멋진 실내장식 소품으로도 활용 가능', '애완동물과 함께 즐길 수 있음', '캠핑이 아니더라도 가까운 공원에서 즐길 수 있음' 등 캠핑이 아니더라도 사용할 수 있다는 다양한 '이유'를 전하면 사용자는 '이럴 때도 쓸 수 있다면 아깝지 않지!'라며 생각을 확장하여 '사야 할 이유'

를 받아들이게 됩니다.

단, 그럴 듯한 '구매 이유'가 도저히 떠오르지 않더라도 단순한 가격 할인은 피하세요. 그보다는 뭔가 한가지 무료로 증정하는 쪽이 '구매 이유'에 해당하므로 CVR이 오릅니다.

TV 홈쇼핑을 떠올려보세요. 상품을 소개한 다음 이래도 괜찮을까 싶을 정도로 혜택을 추가하곤 합니다.

**'지금이라면 이것을 무료로 증정합니다!'**

**'한 개 더 사면 공짜로 ○○을 드립니다!'**

이런 이야기를 들으면 별로 원하지 않던 물건이라도 증정품에 이끌려 '사도 괜찮을지도'라며 생각이 달라집니다.

중요한 포인트를 다시 한 번 강조하자면, 욕망을 충족하고자 하는 사용자는 '구매 이유'가 필요할 뿐입니다. 따라서 D 모델로 '구매 이유'를 제공할 수만 있다면 판매는 이루어진 거나 다름없다고 해도 과언이 아닙니다.

D 모델은 '감정으로 읽기 시작해서 논리(근거)로 산다.'라는 흐름입니다. 욕망 충동을 안은 채로 LP를 읽으며 냉정해지고자 하는 자신의 이성과 싸우게 됩니다만, 그럼에도 제시한 구매 이유가 그럴듯하다면 결국은 삽니다. D 모델에서는 이런 인간다움이 여실히 드러나는 것이 특징입니다.

어쨌든 그들의 구매 욕구를 누르는 이성을 해방할 수 있는 '가장 그럴싸한 이유'를 얼마나 준비할 수 있는가에 따라 매출이 크게 달라진다는 점을 기억해두기 바랍니다.

## ⓐ 행동을 촉구하는 파트

제안한 구매 이유에 따라 사용자가 '그래, 사자!'라고 살 마음이 들었다면 남은 것은 상품을 카트에 넣도록 하는 것뿐입니다.

여기서 중요한 것이 사용하기 쉬운 쇼핑 카트입니다. 꼭 필요하지 않은 상품을 사려는 사용자는 조금이라도 망설임이 생기면 냉정함을 되찾게 되어 결국은 LP에서 벗어나게 됩니다.

필자는 카트 담기 버튼 주변에 가능한 한 다음과 같은 항목을 둘 것을 추천합니다. ※ 사용하는 쇼핑몰 시스템에 따라 기능이 다를 수 있습니다. 수정이나 추가에 따라 제한이 생길 수도 있으므로 주의하세요.


- 상품 사진(상세 사진)
- 상품 사진(여러 개의 섬네일 사진)
- 상품 이름
- 가격
- 상품의 특징, 경쟁 제품보다 뛰어난 점(텍스트)
- 뛰어난 점을 한눈에 알 수 있는 비교표
- 배송료
- 수량 선택
- 카트에 넣는 버튼(쇼핑 바구니 담기 버튼)

● 카트 담기 버튼 주변에서도 최대한 호소

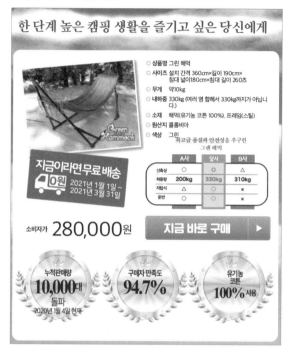

'원하는 상품을 사자!'라고 생각하고도 두 번, 세 번 고민하곤 하는 것이 D 모델 상품입니다. 이런 사용자를 대상으로는 카트 담기 버튼 주변을 보기만 해도 상품의 매력을 알 수 있도록 디자인합니다. 고민하는 순간에도 특징이나 이점을 전달할 수 있도록 합시다.

카트 담기 버튼 주변 자체가 'D 모델 상품의 특징을 집약한 하나의 작은 LP'라고 표현하면 이해하기 쉬울 것입니다. 이 담기 버튼 주변만 보더라도 상품 정보 대부분을 알 수 있도록 하고, 매력을 전하는 표현도 함께 둔다면 반응률은 오릅니다.

필자의 개선 경험 중 인터넷 쇼핑몰에서 카트에 담는 버튼(CTA) 디자인에 화살표(▶)를 추가하기만 했는데도 CVR이 1.44에서 1.68 (16.56%)로 올라 이익이 늘어난 사례가 있습니다. 사소한 듯하지만, 화살표의 효과는 크므로 한 번 시도해보기 바랍니다.

● CTA 개선 사례

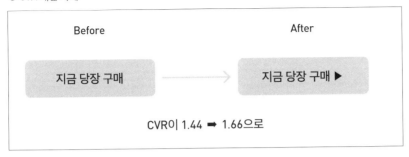

화살표를 추가하기만 해도 CVR이 올랐습니다. 화살표는 문장 오른쪽에 두는 것이 더욱 효과적입니다.

욕망 상품이라면 할인 이벤트, 첫 회 한정 가격, 무료 배송, 첫 달 가입비 0원, 등 구매 시의 심리 저항을 조금이라도 줄일 수 있도록 홍보하도록 합시다. 어차피 살 거라면 '지금' 사는 편이 이득이라고 말해줍시다.

화장품이나 건강식품 등 단품 통신 판매라면 사용자가 얼마나 재구매를 하느냐에 따라 수익이 크게 달라집니다. 이럴 때는 카트 담기 버튼 주변에서 상품을 한 번만 사는 것보다는 계속 구매하는 것이 사용자에게 이득이라는 점을 자세히 설명합니다.

예를 들어 과거의 고객 데이터를 통해 상품의 재구매율이 높고 지속 기간도 길다는 것을 알았다면, 두 번째 이후부터 수익을 확보하면 되므로 처음에는 무료(0원)로 상품을 제공하는 것도 하나의 고객 모집 방법입니다.

욕망 행동을 일으키도록 하려면 '지금 당장 사야 하는 이유'와 '이왕이면 사는 편이 낫겠지.'라는 생각이 들도록 혜택이나 서비스를 제안하는 것이 반드시 필요합니다.

## 회원가입률을 올리는 방법

인터넷 쇼핑에서 자주 보는 것이 구매와 동시에 '회원가입'을 권유하는 카트입니다. 판매자 쪽에서 보면 구매와 동시에 회원을 늘리거나 재구매를 호소하고자 메일을 보내거나 카카오 채널 등으로 고객과의 접점을 늘리고 싶다는 등의 생각이 드는 것은 당연합니다.

그러나 안타깝게도 구매 시 회원가입 버튼이 있는 쇼핑몰이 대부분임에도 회원가입 생각이 들지 않는 구성이 많습니다. 왜냐하면, 회원가입을 권유하는 이유로 '다음 구매 시 주소 입력의 수고로움을 덜 수 있습니다.' 정도만 설명하기 때문입니다.

그러나 애당초 같은 쇼핑몰에서 상품을 살지 어떨지조차 모르는 사용자에게 '주소 입력의 수고를 덜 수 있다.' 정도의, 어떤 의미에서는 크게 도움이 되지 않는 혜택만으로 굳이 회원가입을 하려 할까요? 그들에게 전해야 할 것은 '지금, 이 순간 회원이 된다면 얻을 수 있는 이득이 있다.'라는 점입니다.

이 순간에 전해야 하는 내용은 '지금 회원으로 가입하면 구매 금액에 대해 ○○○포인트(○○원 상당) 적립', '유료인 ○○을 회원가입자를 대상으로 무료 증정' 등 알기 쉬운 혜택에 관한 것입니다.

그 밖에도 할인 혜택이나 신상품 우선 구매권 등 재구매에 대한 장점을 있는 대로 설명합시다. 재구매로 이어지는 기회를 놓치지 않도록 그들이 기뻐할 만한 내용을 제안하도록 하세요.

또한, 빨리 상품을 원하는 사용자에게는 회원가입 과정이 귀찮습니다. 여러 가지 정보를 입력해야 한다는 점에 부담을 느끼게 된다면 가입은 내키지 않는 과정일 뿐입니다. 그 대책으로 '1분으로 끝! 지금 바로 가입'과 같이 가입에 필요한 구체적인 시간을 표시하는 것도 좋은 방법입니다. '1분 정도면 괜찮겠지.'라는 생각이 든다면 큰 부담없이 가입할지도 모릅니다.

● 회원가입을 늘리고자 할 때의 포인트

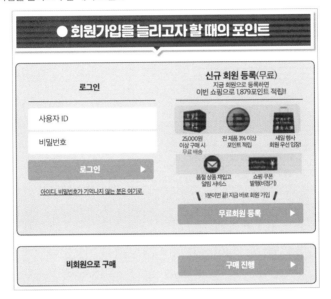

인터넷 쇼핑몰의 생명줄이라 할 수 있는 것이 회원입니다. 그렇지만, 사용자에게는 상관없는 이야기입니다. 회원이 되는 편이 좋겠다는 생각이 들도록 혜택이나 선물을 제공할 때는 전달 시점이 무척 중요하므로 주의하세요.

참고로 비즈니스에서 신규 고객을 확보하는 비용은 기존 고객에게 재구매를 유도하는 비용의 5배 이상이라고 합니다. 따라서 LP를 통해 처음으로 고객이 된 그다음이 더 중요합니다. 재구매로 얼마나 이어질지, 그리고 재구매는 몇 번이나 이루어질지 등은 모두 여러분이 하기 나름입니다.

그러므로 두 번째 주문으로 이어질 수 있는 환경(회원가입, 이메일 등록, 카카오 채널 추가 등)을 먼저 적극적으로 마련토록 합시다.

# 4장

## 잠재 수요형
## L 모델 랜딩페이지

★ ★ ★

# 01 잠재 수요형: Latent demand(L 모델) LP 만드는 방법

## @ 잠재 수요형 L 모델 랜딩페이지란?

잠재 수요형이란 사용자가 상품이나 서비스의 필요성을 느끼지도 못하는(검색도 하지 않는) 상태였다가 어떤 계기로 자신에게 필요한 것이라 깨닫고 상품이나 서비스를 적극적으로 찾기 시작하는(수요가 드러나는) 상태로 바뀌는 형태를 뜻합니다.

잠재 수요형 상품이나 서비스는 이른바 예방 상품이라 부르는 것이 많은데, 환경이나 상황, 문화의 변화에 따라 이를 이용하고 인지하는 경향이 있습니다.

전통적으로는 보험이나 재난대비용품이 있으며, 최근 일본에서는 보복 운전 사고의 영향으로 관심을 받은 차량용 블랙박스(우리나라와 달리 일본에서는 얼마 전까지도 차량용 블랙박스가 보편화되지 않았었음), 게릴라 호우 대책으로 인기를 끈 접이식 우산 등이 이에 해당합니다.

차량용 블랙박스의 경우 일본에서는 TV나 신문에서 보복 운전 동영상이나 사건이 매일 대대적으로 보도되는 바람에 이에 무관심하던 사용자조차도 그 필요성을 느끼고 이를 검색하고 구매하게 된 것이 최근의 흐름입니다.

● 잠재 수요형이 관심을 끌게 되는 상태

평소에는 의식하지 못하던 것도 매일같이 보도되면 다른 사람의 일이라 생각하다가 주변의 일인 것처럼 느껴지기 시작하고, 결국에는 자신의 일인 듯 착각하게 됩니다. 이에 따라 관심을 두기 시작하는 상태입니다.

L 모델의 LP란 필요성을 깨닫게 되면 구매 행동으로 이어질 가능성이 큰 사용자를 위해 만드는 LP를 말합니다. 이런 사용자를 공략하는 데 무엇보다 중요한 것은 상품이나 서비스의 필요성을 깨닫도록 하는 것, 즉 '자신의 일처럼 느끼게 하는 것'입니다.

## @ 잠재 수요를 채우고자 하는 사용자의 인터넷 행동

애당초 그들은 상품이나 서비스의 필요성을 느끼지 못하므로 직접 구글로 검색하거나 인스타그램의 브랜드 계정을 팔로잉하지는 않습니다. 그러다 필요하다고 느끼는 그 순간부터 적극적으로 검색하고 정보를 모으면서 구매와 이용을 검토하게 됩니다.

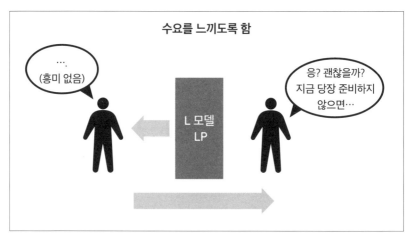

떠오른 수요가 명확해지면 구글이나 SNS로 필요한 정보를 검색하기 시작합니다. L 모델의 LP를 사용하여 필요성을 느끼고 이를 의식하도록 합니다.

이런 사용자를 대상으로 할 때의 최대 장점은 경쟁 상대가 미처 알지 못하는, 아직 경쟁이 일어나지 않은 큰 시장을 먼저 차지할 수 있다는 것입니다. 즉, 지금부터라도 여러분의 비즈니스를 크게 확장할 가능성이 있다는 말입니다.

사용자가 적극적으로 검색하는 단계(널리 알려진 상태)까지 가면 이미 경쟁은 심해진 상태이므로 시장을 두고 서로 다투게 됩니다. 그러나 필요성도 느끼지 못하는, 검색조차 하지 않는 사용자를 가장 먼저 차지할 수 있다면 경쟁 없이 매출을 올릴 수 있습니다.

애당초 흥미가 없는 사용자에게 상품이나 서비스의 필요성을 느끼도록 하는 이 방법은 P 모델이나 D 모델과 비교하면 무척 어렵기는 하지만, 이 방법이 성공했을 때의 영향은 엄청나므로 바라던 매출 증가가 현실이 됩니다.

● 커다란 비즈니스 기회가 잠든 L 모델

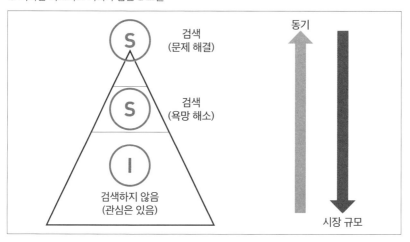

필요성을 느끼지 못하는 계층(구매 의욕이 낮은 사람)을 공략하기는 절대 쉽지 않지만, 경쟁이 없는 시장이 넓어진다고 생각하면 노리지 않을 이유가 없습니다.

## @ 잠재 수요를 채우고자 하는 타깃이 원하는 것

애당초 그들이 필요성을 느끼지 못했던 것은 그들이 가진 상식이나 지식, 자라면서 형성된 가치관 등에 차이가 있기 때문입니다.

여기서는 일본에서의 차량용 블랙박스를 예로 들어 보겠습니다.

● 차량용 블랙박스 검색 키워드의 관심도 변화(일본 사례)

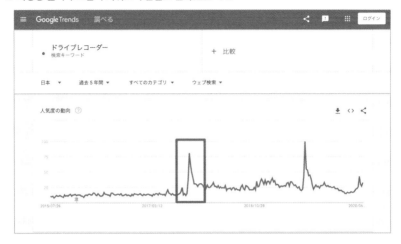

구글 트렌드를 이용하면 구글 검색에서 정해진 기간 '차량용 블랙박스'라는 검색 키워드를 얼마나
검색했는지를 알 수 있습니다.

보는 바와 같이 일본에서는 2017년 7월의 보복 운전 사건을 계기로
차량용 블랙박스 검색이 늘게 되었으며 그 이전과 비교하면 '차량용 블
랙박스'라는 키워드가 두 배 이상 늘어난 것을 알 수 있습니다.

2017년 7월 이전에도 구글로 차량용 블랙박스를 검색하기는 했지
만, 이 급격한 검색 수 변화야말로 지금까지 필요하다고 생각하지 못했
던 사용자의 상식, 지식, 가치관의 차이를 반영하는 것이라 할 수 있습
니다.

차량용 블랙박스의 기능과 목적을 어느 정도 알고 2017년부터 검색
했던 사용자라 하더라도 그 정도로 중요하다고 생각한 사람은 많지 않
을 것입니다.

그럼에도, 이 시기를 경계로 검색이 폭발적으로 늘고 구매가 이어
진 것은 각 미디어의 보복 운전 뉴스가 많이 늘어난 결과입니다. 뉴스를
통해 사용자가 '차량용 블랙박스를 사용하지 않았을 때의 최악의 결과'

를 간접 체험했기 때문입니다.

사건이나 시고에 휘말렸을 때 차량용 블랙박스가 없다면 자신은 잘 못이 없다고 주장해도 증거불충분으로 불리한 상황에 놓이지나 않을까 하는 공포와 불안이 생깁니다.

이런 최악의 결과를 걱정할 바에는 처음부터 차량용 블랙박스를 준 비해두는 편이 '안심'이라 생각했을 겁니다.

즉, 잠재 수요를 채우고자 하는 사람이 원하는 것은 '없을 때 생길 수 있는 최악의 결과는 피하고 싶다.'라는 안심감입니다.

● 잠재 수요형 사용자의 의도

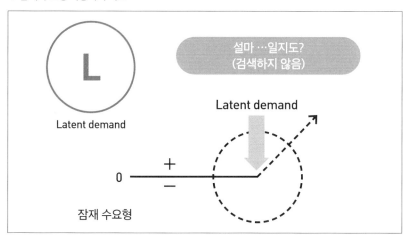

가로 선이 필요성을 느끼지 않는 상태입니다. 어느 정도 알거나 전혀 모르는 등 각각의 상식이나 지식수준에 차이는 있어도, 필요성을 느끼는 순간에는 모두 흥미를 느끼고 검색을 통해 정보를 모으기 시작합니다.

# 02　L 모델의 논리 전개

## @ 잠재 수요를 채우고자 하는 타깃이 읽게 되는 논리 전개란?

여기서는 잠재 수요를 채우고자 하는 사용자가 읽게 되는 LP의 논리 전개를 설명합니다. 다른 두 가지 LP와 마찬가지로 먼저 논리 전개의 큰 흐름을 파악하도록 합시다.

● L 모델 LP의 논리 전개

| |
|---|
| 인지부조화 파트 |

| |
|---|
| 필요성을 느끼도록 하는 파트 |

| |
|---|
| 신용을 얻는 파트 ① |

| |
|---|
| 해결 방법(상품 설명) 소개 |

| |
|---|
| 신용을 얻는 파트 ② |

| |
|---|
| 비교하도록 하는 파트 |

| |
|---|
| 불안을 해소하는 파트 |

| |
|---|
| 구매 이유(변명)를 만드는 파트 |

| |
|---|
| 행동을 촉구하는 파트 |

이러한 순서대로 논리를 전개합니다. 사용자의 심리 상태에 따라 그들이 알고 싶은 것을 전달하는 방법입니다.

## 인지부조화 파트

애당초 이 상품의 필요성을 느끼지 못하는 사용자에게 느닷없이 상품 구매를 권한들 효과는 없습니다. 그러므로 자신(방문자)에게 필요한 것임을 느끼도록 하는 데서 시작합시다.

이를 위해서는 상품의 존재나 장점을 전하기보다는 먼저 사용자의 선입견이나 상식이라 믿어 왔던 것을 뒤집는 흥미로운 '정보'나 '사실'을 알려야 합니다.

예를 들어 갑작스레 '차량용 블랙박스를 가진 사람과 그렇지 않은 사람을 비교하면 없는 사람 쪽이 1,000만 원 손해라는 사실을 알고 계시나요?'라고 묻는다면 깜짝 놀랄 것입니다.

이처럼 '뭐라고요?!'라는 상태(인지부조화)가 되면 사람은 갑자기 그 이유를 알고 싶어져 지금까지 흥미를 느끼지 못했던 것에도 관심이 생깁니다. 이러한 인지부조화 시스템에 관해서는 잠시 후 자세히 설명합니다.

## 필요성을 느끼도록 하는 파트

이 파트에서는 '차량용 블랙박스가 있으면 사고 영상 기록을 증거로 쓸 수 있어 불리해지는 상황을 예방할 수 있습니다.'와 같이 사용자가 자신의 문제(언제든 일어날 수 있는 것)임을 인식할 수 있도록 알기 쉽게 설명합니다. 오래된 상식을 새로운 상식으로 바꾸도록 하여 상품이나 서비스의 필요성을 느끼도록 하는 중요한 장면입니다. L 모델은 이러한 인지부조화 → 필요성의 흐름을 얼마나 잘 만드는가에 따라 반응이 크게 달라집니다.

## 신용을 얻는 파트 ①

P 모델이나 D 모델과는 달리 이 파트에서는 들은 적도 없는, 알지도 못했던 것을 도대체 누가 주장했는지 등을 자세히 이야기합니다. 사용자는 당연하다고 생각했던 것과는 전혀 다른 사실을 듣게 되므로 즉시 믿지는 못합니다.

이러한 의심을 없애도록 누가 주장했는가, 왜 이런 주장을 했는가를 밝혀야 합니다. 정보 제공자가 믿을 만한 사람이라면 주장하는 내용이 놀랄만한 것이라도 신용을 얻기 쉬워집니다.

## 해결 방법(상품 설명) 소개

여기서는 상품이나 서비스를 설명합니다. 필요하다고 느낀 사용자는 지금까지 쳐다보지도 않았던 상품이나 서비스에 갑작스러운 매력을 느끼는 상태이므로 정성을 다해 설명합시다.

## 신용을 얻는 파트 ②

신용 ①은 정보제공자의 신용을 얻는 것이 목적이지만, 신용 ②에서는 상품이나 서비스의 신용을 얻는 것이 목적입니다. P 모델이나 D 모델과 마찬가지로 과거의 실적이나 고객의 목소리 등을 싣도록 합니다. 잠재 수요를 채우고자 하는 사람 역시 실적이 많다면 상품이나 서비스에 대한 신뢰도가 생깁니다.

사용자가 볼 때 이 상품의 진정한 가치는(실제로 자신에게 닥쳤을 때 처음으로 깨닫게 되는) LP를 통해서는 체험할 수 없으므로 어디까지나 투자한다는 느낌입니다. 그러므로 사용자가 투자할 가치가 있는가에 대해 믿음을 가질 수 있는 정보나 사실을 제공합니다.

### 비교하도록 하는 파트

비슷한 상품이나 서비스는 이뿐만이 아니므로 다른 것과는 어떻게 다른가 선택의 이유를 이야기합니다. 자신의 일이라 느낀 사용자가 처음으로 알게 되는 상품이나 서비스이므로 이 시점에 경쟁상대보다 더 낫다는 점을 확실히 호소한다면 선택받기가 쉬울 것입니다.

### 불안을 해소하는 파트

L 모델은 투자에 가까운 행동입니다. 따라서 실패한 구매가 되지 않으려는 기분이 강하므로 내심 불안이 가득합니다. 사용자의 기분을 헤아려 천천히 매듭을 풀듯이 불안 요소를 없애가도록 합시다.

### 구매 이유(변명)를 만드는 파트

필요성을 느꼈다고는 해도 역시 가장 중요한 것은 구매 이유입니다. 예방 상품은 이른바 사치품(D 모델)에 가까우므로 사야 하는 이유가 조금이라도 애매하다면 즉시 이성이 작동하여 구매를 막게 됩니다. 그러므로 감정에 호소하는 것이 아니라 제삼자도 이해할 수 있는 명확한 구매 이유를 준비하도록 합시다.

## 행동을 촉구하는 파트

이 파트에서는 사용자에게 바라는 행동이 무엇인지를 이야기합니다. L 모델은 긴급을 요하는 상품을 다루지는 않으므로 조금이라도 망설임이 생기면 LP에서 나가게 될 가능성이 큽니다.

지금까지와 마찬가지로 각 파트의 순서는 상황에 따라 달라져도 상관없습니다. 전후의 문맥에 따라 순서를 바꾸거나 디자인상의 이유 등으로 변경하거나 각각의 파트를 한꺼번에 표현해도 됩니다. 단, 인지부조화로 시작하여 필요성을 느끼도록 한다는 흐름 자체를 바꿔서는 안 됩니다. 처음에 이를 보여주지 않는다면 자신의 일임을 느끼지 못하기 때문입니다.

# 03   파트별 작성 방법

 **인지부조화 파트**

지금부터는 LP를 소개하면서 각 파트 요소를 자세히 설명합니다.

※ 소개한 상품, 서비스, 명칭 등은 모두 가상입니다.

여기서는 상속 문제를 주제로, 유언장 작성을 제안하는 L 모델을 설명해보겠습니다. 대상은 65세 이상이며 상속할 사람이 있는 분입니다. 이들은 아직 유언을 생각할 나이도 아니라고 생각하고, 애당초 상속 문제는 재산이 있는 사람에게나 생기는 일이라는 선입견을 품고 있습니다.

흥미도 없고 필요성도 느끼지 못하는 사람에게 느닷없이 상품의 훌륭함, 이점을 강조한들 아무것도 느끼지 못합니다. 이런 상태에서는 유언의 필요성부터 이야기해봐야 들을 생각조차 없는 그들에게는 아무런 소용이 없습니다.

이런 그들이 이야기에 귀를 기울이도록 하려면 먼저 '알고 싶다.', '신경이 쓰인다.' 등 적극적인 자세로 바뀌도록 해야 합니다. 이를 위해서는 그들의 '선입견을 어떻게 깰 것인가?'가 중요합니다.

그러나 선입견을 깬다는 것은 상상이상으로 어렵습니다. 지금까지 오랫동안 당연한 것으로 믿고 살았던 상식이나 개념은 어지간히 강력한 자극(역설)이나 충격에도 잘 깨지지 않습니다.

이럴 때 효과적인 것이 이른바 '인지부조화'입니다.

인지부조화란 머릿속에 모순되는 정보나 사실을 동시에 품은 상태를 일컫습니다. 사람은 당연하다고 믿었던 것이 사실은 틀렸다거나 착각이라고 알게 되는 순간, 머릿속에 물음표가 생기며 이러한 의문을 해결하고 그 이유를 알고자 합니다.

브라질을 대표하는 스포츠인 축구를 예로 들어봅시다. 실제로는 브라질의 국기가 축구가 아니라는 사실을 여러분은 알고 있었나요?

**"응? 축구가 국기가 아니란 말이야?"**

**"그렇게 유명한 스포츠인데, 그럴 리가…"**

지금 여러분의 머릿속에는 커다란 물음표가 떠오르지 않았나요? 그리고 그렇게까지 단언할 수 있는 근거를 알고 싶을 것입니다. 이것이 바로 '인지부조화' 상태입니다.

대부분은 전 국민이 열광적으로 즐기는 축구가 브라질의 국기라 생각할 것입니다. 이것이 바로 여러분이 가진 상식이자 선입견입니다. 그러나 실제 법률상 브라질의 국기는 카포에라입니다.

이 예를 통해 말하고자 하는 것은 L 모델의 논리 전개를 진행할 때는 의도적으로 '인지부조화' 상황을 만들어야 한다는 것입니다.

사람은 자신이 생각하는 이상으로 선입견을 갖기 쉽습니다. 상식이라 굳게 믿고 이를 깨닫지 못한 채 매일매일을 지냅니다. 이런 사용자의 흥미를 끌어 LP 내용 속으로 관심을 향하도록 하려면 인지부조화 상황을 만들어야 합니다.

그리고 인지부조화 내용을 생각할 때는 지켜야 할 한 가지 원칙이 있습니다.

선입견이나 상식을 뒤집는 것으로 끝나는 것이 아니라 자사의 상품이나 서비스에 흥미가 생기도록 이끌어야만 비로소 의미가 있다는 사실입니다. LP의 목적은 어디까지나 CV, 즉 고객의 구매입니다.

L 모델은 다음과 같은 순서에 따라 인지부조화가 생기도록 내용을 구성합니다.

① 사용자가 여러분의 상품이나 서비스에 관해 당연하다고 생각하는 것이나 상식이라 생각하는 것을 나열합니다. 그리고 가능한 한 많은 예를 들도록 합시다.

② 상품이나 서비스의 특징, 사양 등을 정리합니다. 실제로는 이런 사용 방법이 있다거나 다른 곳과는 다른 제조 방식이라는 등, 널리 퍼진 가치관이나 선입견과의 '차이'를 발견토록 합니다.

③ 앞의 두 가지를 비교하여 모순되고 지금까지와는 다르며 기대와는 벗어난 상황이라는 것(머릿속에 물음표가 떠오른 상태)을 알립니다.

몇 가지 인지부조화를 일으킬 후보가 떠올랐다면 그중 어떤 것을 전달해야 사용자에게 강한 인상을 줄 수 있을 것인가, 구매로 이어질 것인가를 검토합니다.

다시 샘플 LP 설명으로 돌아갑시다.

이번에 샘플로 준비한 LP는 상속 문제를 다루는 것으로, 이를 해결하는 상품(서비스)인 변호사의 유언장 작성 서비스의 이용자를 늘리는 것이 목표입니다.

"유언장을 만들지 않겠습니까?"라는 직접적인 질문은 필요성을 느끼지 못한다면 의미가 없으며, 사람에 따라서는 오히려 나쁜 인상을 받을 염려도 있습니다('아직 그럴 나이가 아니야!'라며 발끈하는 것도 당연합니다). 그러나 여기서 어려운 점은 상속 문제가 생기고 나서는 유언장 작성 서비스를 제공하는 경쟁 상대가 너무 많아진다는 것입니다.

고령사회에서는 75세 정도가 되어야 유언 등을 심각하게 고민합니다. 이에 더해 인터넷으로 정보를 찾는 경우는 많지 않습니다. 이런 사람을 대상으로 유언장 작성 서비스를 홍보하고자 한다면 종래의 신문, 라디오, TV, 광고지 쪽이 훨씬 효과적일 것입니다. 단, 경쟁이 심해지므로 아무리 노력해도 드러나지 못할 염려가 있습니다.

이럴 때 아직 유언장 작성에 흥미가 없으며 오히려 제2인생을 지금부터 즐기려는 65세 이상이 관심을 둘 수 있도록 L 모델을 이용해 호소하도록 합니다.

65세 정도라면 "유산 상속이나 상속 문제, 유언장에 대해 고민은 하시나요?"라고 물었을 때 그 대답이 "아직은 젊지.", "나중 일은 지금 생각할 필요 없어."라는 것은 쉽게 상상할 수 있습니다. 심지어는 거부반응을 보일 수도 있습니다.

그러나 '지금 유언장을 만들어두지 않으면 만약의 경우 당신의 가족이 엄청난 곤란을 겪을 가능성이 큽니다.'라는 경고성 메시지를 던진다면 어떨까요?

게다가 유산이라면 고액 자산가를 떠올리는 사람이 많은데, 오히려 '유산 상속 금액이 적을수록 상속 분쟁이 일어나기 쉽습니다.'라는 사실을 알려준다면 남의 이야기로만 치부하지는 못할 것입니다.

지금까지 한 귀로 흘려들었던 그들도 이러한 사실을 알게 된다면 '뭐?', '그런 이야기는 들어본 적도 없는데.'라며 그 이유를 알고 싶어할 것입니다.

이에 이번 L 모델 샘플에서는 사용자가 몰랐던 것 중에서 그 이유를 알게 되면 필요성을 깨닫게 될 것 중 앞서 이야기한 내용 자체를 광고 카피로 채용했습니다.

● 유언장 작성 서비스 샘플 LP

평소 유언에 대해서 깊게 생각하지 않던 사람을 대상으로 그 필요성을 깨닫도록 하고자 먼저 인지부조화를 일으키도록 합니다.

어떻습니까? 지금까지 거의 신경 쓰지 않았던 상속 문제가 어느샌가 자신의 일처럼 느껴지지는 않나요?

이처럼 일반적이며 보편적일수록 선입견은 확고하며 그만큼 상식에 얽매이기 쉬우므로 이를 뒤집는 정보를 제공한다면 상당한 충격을 줄 수 있습니다.

L 모델의 성패는 도입부의 '인지부조화'에 달렸습니다.

도입부에서 흥미를 끌지 못한다면 그 이후는 아무리 열변을 토하더라도 쳐다보지도 않습니다. 그 정도로 중요한 역할이라 생각하세요.

아무리 노력해도 인지부조화 아이디어가 떠오르지 않는다면 지금까지 상품이나 서비스를 이용했던 고객에게 물어보도록 합시다. 아마 치우친 '상식' 몇 가지를 발견할지도 모릅니다.

덧붙여 L 모델에서는 다른 두 가지와는 달리 키 비주얼 안에서는 CTA를 유도하지 않도록 합시다.

왜냐하면, 아직 상품이나 서비스를 원하는 단계가 아님에도 키 비주얼 안에서 구매를 재촉해버리면 보던 페이지에서 나가버릴 가능성이 크기 때문입니다. 아직은 계속적인 스크롤만을 최우선으로 생각합시다.

## ⓐ 필요성을 느끼도록 하는 파트

L 모델의 대상은 애당초 상품이나 서비스의 필요성을 느끼지 못합니다. 필요가 없으므로 당연히 흥미도 없고 돈을 내면서까지(아픔을 동반하는 행위) 이를 갖고자 하지도 않습니다.

P 모델이든 D 모델이든 '내가 필요하므로', '누군가에게 필요하므로' 돈을 내면서까지 사는 것입니다.

그러므로 L 모델의 사용자에게 우선 '이 상품은 내게 필요한 것 같아.'라고 느끼게 하고 이에 대해 생각하도록 설득합시다.

예를 들어 요즘 코로나 19 때문에 필수품이 된 미세먼지용 마스크를 떠올려봅시다. 미세먼지용 마스크 자체는 오래전부터 판매된 상품이지만, 근래의 사태가 없었다면 이렇게까지 팔리지는 않았을 것입니다. 그리고 이전에는 필요 없었던 마스크를 산다는 것은 '이 상태로는 좋지 않은 미래가 기다릴 수' 있으므로 '나에게 꼭 필요하다'고 절실하게 느꼈기 때문입니다.

마찬가지로 상속 문제에서도 유언장 작성이 필요하다고 느끼게 하려면 '지금 이대로는 좋지 않은 미래가 일어날 가능성이 크므로 빨리 대응책을 마련하는 편이 좋다.'라고 이야기해야 합니다. 그리고 그 대응 방법이 '유언장을 만드는 것'임을 알려야 합니다.

이를 위해서는 우선 도입부의 광고 카피에서 전달한 '사실'의 '근거'를 통해 설득력을 높이고 이와 함께 현실감을 느낄 수 있도록 합시다.

● 근거를 제시해야 비로소 효과가 생김

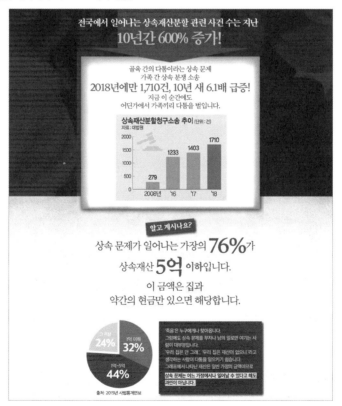

인지부조화 상태를 만들려면 근거가 필요합니다. 정부나 지자체 등 관계 기관이 발표한 데이터를 인용하여 그 근거가 사실임을 알립니다. 단, 정보제공자의 편견이 지나치게 들어가면 거꾸로 의심하게 되므로 주의합시다.

이처럼 유산 문제와 관련된 충격적인 사실을 밝히게 되면 사용자는 지금까지 믿어왔던 것(안심했던 것)을 믿을 수 없게 되고 점점 불안을 느낍니다.

이런 사람에게 '이뿐만 아니라 이대로라면 상당한 확률로 좋지 않은 미래가 일어난다.', '좋지 않은 미래에서는 이런 괴로운 일이 기다린다.'라는 것을 상상하도록 하여 그 필요성을 깨닫도록 합니다.

● 지금의 상태를 의심하도록 함

유산 상속 문제와 관련된 선입견이나 상식을 깼다면 그다음은 유언장이라는 문제 해결책을 제시합니다. 유언장 제도 자체를 어렴풋이 아는 사람을 대상으로 올바른 지식을 제시하여 그 필요성을 강조합니다.

지금까지 몰랐던 사실을 눈앞에서 접하고 불안을 느끼게 된 사용자에게 문제 해결책을 제시합니다. 이 샘플 LP에서는 사전에 유언장을 작성해두면 만에 하나 무슨 일이 생기더라도 상속 문제는 거의 일어나지 않으리라는 것(법정 유류분 등이 있을 때)을 설명합니다.

● 사용자가 몰랐던 사실을 전달하는 장면

그림 도대체
어떻게 하란 말인지…

안심하세요.
남은 가족이 행복해지는 방법
바로 그것은 '유언'입니다.

미리 유언장을 마련해두면 이것만으로도 만일의 사태에도 상속 다툼의 염려를 덜 수 있습니다.

게다가 유언은 언제든 수정할 수 있으므로

> 유언장은 몇 번이든 갱신, 재작성할 수 있습니다. ※ 정해진 규칙에 따른 방법으로

지금까지 믿어왔던 것이 자신의 선입견이었음을 깨닫고, 더불어 자신이 몰랐던 방법으로 최악의 상태를 피할 수 있다는 것을 알게 되면 사용자는 그 필요성을 절감합니다.

애당초 유언장이라 하면 한 번밖에 쓸 수 없다(두 번 이상 쓸 수 없다)고 생각하지는 않았나요? 어지간히 유언장을 잘 아는 사람 이외에는 일반적으로 유언은 한 번밖에 쓸 수 없는 것으로 생각합니다. 게다가 65세 정도라면 이후의 환경이나 자산 상황이 크게 달라질 수도 있으므로 쓰라고 해서 간단히 쓸 수 있는 것은 아니라고 생각하며 망설이는 모습도 쉽게 상상할 수 있습니다.

그러나 실제 유언장은 몇 번이든 고쳐 쓸 수 있습니다. 언제든 유언장의 내용을 갱신하여 최신의 자산 상황에 맞는 내용으로 수정할 수 있

습니다. 이 사실을 알게 되는 순간 유언장 작성에 대한 심리적인 부담이 줄게 되므로 안심하고 유언을 남기도록 설득할 수 있습니다.

즉, '이 순간에' 오랜 상식(유산이 많은 사람만 유언장을 써야 하며 유언장은 한 번밖에 쓸 수 없다.)이 새로운 상식(유산이 적은 사람일수록 다툴 가능성이 있으며 유언장은 몇 번이든 고쳐 쓸 수 있다.)으로 바뀐다고 할 수 있습니다.

언제 어디서나 상속 문제가 일어난다는 사실을 알게 됨 → 게다가 자산이 적은 쪽이 다투는 경우가 많음 → 아무것도 안 한다면 남은 가족끼리 상속 문제로 불행해질지도 → 지금 바로 유언장을 써둔다면 안심

이러한 논리 전개로 진행한다면 아직은 유언장이 필요 없다고 생각했던 사람이라도 필요한 행동을 취하도록 설득할 수 있습니다.

## @ 신용을 얻는 파트 ①

필요성을 느꼈다고는 하지만 사용자가 볼 때는 지금까지의 선입견이 뒤집혔을 뿐으로, 그 정보를 곧바로 다 받아들이기는 어렵습니다.

제공한 정보를 믿도록 하려면 이 정보나 사실을 '누가' '어떤 상황에서' 말하는가와 '무엇 때문에' 이런 것을 말하는가를 전달해야 합니다.

정보 제공자의 정체가 확실할수록 믿기가 쉬워집니다. 이번 예제에서 서비스를 제공하는 사람은 변호사입니다. 따라서 상속 문제가 전문이라는 사실뿐 아니라 유언장 작성 서비스를 통해 얼마만큼의 도움을 줄 수 있는지 등도 함께 이야기하며 정보 제공자를 소개하도록 합니다.

● 정보 제공자를 명확히

유언 작성 서비스로 상속 문제를 해결하고
가족을 지키고 행복할 삶을 누립시다.

반갑습니다. 상속 문제 전문으로 트러블을 미리 방지해온 PROPO 법률사무소 대표 변호사 홍길동입니다. 저는 지난 10년동안 다양한 상속 문제를 다루었습니다. 그리고 여러분이 상상하는 이상으로 유족끼리 서로에 대한 원망이 남습니다.

"유언장의 필요성을 미리 알았더라면
이런 일은 없었을 텐데…"

저는 상속이 자식에 대한 부모의 마음이라고 믿습니다. 건강할 때 할 수 있는 일을 해두면 사회에 더 많은 웃음이 넘치리라 생각하고 유언 작성에 관한 정보를 적극적으로 제공했습니다. 그리고 앞으로도 많은 분에게 도움이 되도록 노력할 것입니다.
PROPO 법률사무소 대표변호사 홍길동

● PROPO법률사무소    상속 문제가 전문인 변호사 사무소
200건 이상의 실적과 신뢰를 통한 절대적인 안심감

전국 강연 활동, 다양한 TV 출연을 통해
상속 문제 전문가로서 많은 분의 지지를
얻었습니다.

강연회        TV 출연

같은 내용을 전달하더라도 누구인지에 따라 영향력이 달라집니다. 필요성을 느끼게 된 사용자가 볼 때 정보 제공자가 누구냐에 따라 이후 신뢰도는 크게 달라집니다.

L 모델에서는 새로운 지식이나 정보 제공을 통하여 사용자가 필요성을 느끼도록 하는 것이 중요한데, 이 정보 제공을 누가 했느냐에 따라 그 효과는 크게 달라집니다.

만약 유언장 작성 서비스의 정보 제공자가 변호사가 아니라 필자와 같은 무자격자라면 어떻게 될까요? 과연 설득력이 있을까요?

요컨대 아무리 인지부조화로 사용자의 주의를 끌고 새로운 정보나 지식을 제공한다 하더라도, 그 제공자가 설득력 없는 비전문가라면 그 내용을 믿을 사람은 없다는 것입니다. 인지부조화를 이용해 필요성을

설명할 때는 먼저 여러분의 경력이나 주변의 평가 등을 분명히 밝혀 설득력이 생기도록 합시다.

그렇다면 도대체 어떤 경력이라면 설득력이 생길까요?

사람은 업계의 권위자, 자격취득자, 전문가 등의 말을 신뢰하려는 경향이 있습니다. 그중에서도 교수, 변호사, 의사, 프로 스포츠 선수 등 업계에서도 잘 알려진 사람이나 국가자격을 가진 사람을 신뢰합니다. 이 밖에도 과거에 수상 경력이 있거나 TV나 신문 등의 미디어 출연 경험이 있다면 제삼자의 평가가 높다고 생각하여 믿게 됩니다.

이와 함께 최근에는 트위터, 인스타그램의 팔로워 수가 많거나 메일 매거진이나 블로그 구독자 수가 많다는 것도 신용할 수 있는 정보(근거)가 됩니다. 인플루언서나 유튜버 등이 그 대표적인 예라 할 수 있습니다.

그렇다고 해서 '나에게는 이런 화려한 경력이 없는데…'라며 낙담할 필요는 없습니다. 접근 방식이나 시점을 바꾸기만 해도 고객으로부터 신용을 얻을 수 있는 프로필을 만들 수 있기 때문입니다.

믿을 만한 프로필로 만드는 데 중요한 점은 다음과 같습니다.

- 누구나 아는 직함의 전문가
- 경력(학력이나 이력, 취득 자격 등)
- 실적(어떤 일을 했는가, 공적, 강연 실적 등)
- 미디어 취재 대상 경험
- SNS 팔로워
- 블로그, 메일 매거진 구독자 수
- 신념(동기나 방침)

특히 직함, 전문가 부분은 처음 본 사람이 보자마자 어떤 일을 하는지, 어떤 업종인지를 쉽게 상상할 수 있는 것으로 정합시다.

필자는 홈페이지 전문가보다는 LP 전문가 쪽이 분야를 특화한 직함이라 생각합니다. 단, LP라는 단어를 모르는 사람이 볼 때는 전혀 친숙하지 않은 말이라는 점이 문제입니다.

직함을 정하는 데 고민이 없었던 것은 아니지만, 필자가 평소 업무에서 접하는 대상은 홈페이지나 인터넷 쇼핑몰을 운영하는 경험자가 대부분으로, 지금부터 시작하려는 사람은 아닙니다.

왜냐하면, 지금부터 만들려는 사람보다는 이미 운영 중이면서 매출 향상이 쉽지 않은 일임을 체감한 사람 쪽이 적극적으로 매출 향상 방법을 검색하거나 다양한 세미나 등에 참가하므로 누군가의 도움을 바랄 확률이 높습니다.

이러한 사람이라면 LP라는 말과 이 말의 의미와 이미지를 대체로 이해하므로 LP 전문가라는 직함을 써도 어떤 전문가인지를 쉽게 알 것으로 판단했습니다. 요컨대 매출 향상 방법의 하나로 이미 일반화된 LP라는 뜻을 아는지 모르는지는 회사에서 볼 때, 원활한 비즈니스 진행을 위한 일종의 필터 역할이므로 일부러 'LP 전문가'라는 명칭을 선택한 것입니다.

프로필 하나쯤이야 라고 쉽게 생각해서는 안 됩니다. 회사나 자신을 어떻게 보이느냐에 따라 전하는 정보의 신용도가 결정되므로 끝까지 신중하게 작성하도록 합시다.

## @ 해결 방법(상품 설명)을 소개

정보 제공자가 누구인지를 명확히 한 다음에는 상품이나 서비스를 구체적으로 소개합니다. 여기서는 변호사가 제공하는 유언장 작성 서비스가 됩니다.

● 상품을 설명하는 파트(필요성을 느낀 사용자의 문제를 해결)

상속 문제 프로에게 맡기세요.
여러분을 도와드립니다.

유언 작성
**100**만 원

유언 보관
**5**만 원/연

유언장 집행
**300**만 원~

상담료
착수금
**0**원

후불
OK

부담 없이 ⊕ PROPO 법률사무소 24시간 365일 접수
상담 전화
주세요. ☎**0120-000-000**

24시간
365일
접수

전국
어디서나

구매 진행 ▶

> 이번 예제에서 유언장 작성 서비스를 제공하는 사람은 변호사입니다만, 변호사는 많습니다. 그중에서 선택을 받을 수 있도록 특징이나 강점을 알기 쉽게 설명합니다.

상품을 소개할 때는 특징과 강점을 모두 보여주는 것이 효과적입니다.

- 착수금 0원
- 24시간 365일 접수
- 전국 어디서든 가능

- 후불 OK
- 첫 상담은 무료

이처럼 사용자가 안심할 수 있는 특징이나 강점, 특전을 간략하게 정리하여 상품 설명으로 디자인한다면 한눈에 무엇인지 알 수 있으므로 안심입니다.

P 모델, D 모델과 마찬가지로 자사의 강점이나 우위성은 적극적으로 호소합시다.

## @ 신용을 얻는 파트 ②

신용 ① 파트에서는 어디까지나 정보 제공자를 믿도록 하는 데 필요한 요소를 전달했습니다. 신용 ② 파트에서는 제공할 상품이나 서비스의 품질, 효과에 대해 믿음을 줄 수 있도록 설명합니다.

● 상품이나 서비스에 대한 믿음 얻기

이용하신 분의 목소리를 들어보세요.

안심하고 부탁할 수 있었어요. 정말로 많은 도움이 되었습니다.
(경기도 A씨)

무엇이든 상담할 수 있어 많은 공부가 되었습니다. 주위의 친구에게도 소개했습니다.
(부산 B씨)

고민만 하던 시간이 아까울 정도로 속이 시원합니다. 일이 벌어지고는 이미 늦을 텐데 지금은 가족 모두 안심합니다.
(광주 C씨)

신용 ②에서는 상품이나 서비스를 믿을 수 있도록 근거를 제시합니다. 고객의 목소리나 인터뷰 동영상 등 다른 모델과 마찬가지로 다양한 근거를 모으도록 합시다.

고객의 목소리나 리뷰를 게재해서 안심감을 연출함과 동시에 상담 (판매) 실적, 해결 사례 등으로 한층 더 안심할 수 있도록 합니다. 특히 L 모델에서는 사용자가 지금까지 전혀 몰랐던 세계나 가치관, 규정 등을 갑작스레 접하게 되므로 강한 거부 반응을 보이거나 상품이나 서비스에 대해 더 많은 의심을 보이는 경향이 있습니다.

그러므로 동영상 인터뷰나 고객의 SNS 등을 가능한 한 많이 실어 사용자의 신용을 얻도록 합시다.

## ⓐ 비교하도록 하는 파트

상품이나 서비스의 내용을 알게 된 사용자는 경쟁 상대와는 어떻게 다른가를 비교하기 시작합니다. 모처럼 새로운 상식을 갖췄다 하더라도 고가의 상품이나 서비스라면 신중히 비교할 수밖에 없습니다.

비교 파트에서는 다른 LP와 마찬가지로 특징이나 강점을 한눈에 알기 쉽게 디자인하도록 합니다.

● 비교 시의 우위성을 전달

▌ 잠재 수요자가 필요성을 느낀 이후에는 자사 상품이나 서비스의 우위성을 전달합니다.

이때 해결(상품 설명) 파트에서 설명한 내용과 중복이어도 상관없습니다. 이곳에서는 간단한 정보만 실었던 해결 파트보다 더 자세하게 설명합니다. 그렇게 하면 사용자는 경쟁 상대와 무엇이 다른가, 왜 선택해야 하는가에 대해 자세히 알 수 있으므로 이해도 역시 높아집니다.

## @ 불안을 해소하는 파트

지금까지 읽어온 사용자라면 최초 접속했을 때와 비교해 상당한 수준으로 여러분의 상품이나 서비스의 필요성을 느끼고 있을 겁니다.

그러나 다른 LP와 마찬가지로 구매나 이용을 신중히 검토하면 할수록 여러 가지 불안이 생깁니다.

L 모델의 불안 해소 파트에서도 실제로 상품을 구매하거나 이용할 때 사용자가 가질 수 있는 의문이나 불안에 미리 답하는 '자주 하는 질문'이 효과적입니다. 다른 두 모델에서 활용했던 것처럼 미리 사용자의 불안 요소를 추출하고 이에 답함으로써 불안을 해소하도록 합시다.

● 의뢰할 때 생기는 불안을 해소

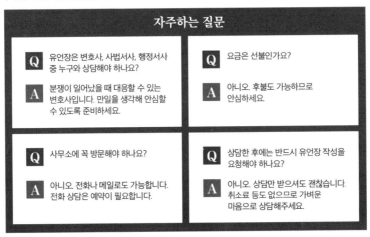

다른 모델과 마찬가지로 이미 이용했던 고객에게서 확인한 불안 요소나 네이버 지식인 등을 통해 어떤 불안을 느끼는가를 검색하여 자주 하는 질문 형식으로 이에 미리 답하도록 합시다.

## @ 구매 이유(변명)를 만드는 파트

L 모델에서도 구매를 위한 '가장 그럴싸한 이유'를 준비해두는 것이 효과적입니다. L 모델도 D 모델과 마찬가지로 '있으면 좋은', '있으면 안심인' 상품이나 서비스를 다루므로 지금 당장 필요한 것은 아닙니다.

그렇지만, 자신도 그 필요성은 느끼고 있으므로 이후 등을 살짝만 밀어준다면 결단하고 행동을 일으킬 상태라 할 수 있습니다. 이러한 사용자에게는 역시 '자신을 정당화할 수 있는 이유(변명)'가 효과적입니다.

예를 들어 이번 유언장 작성 서비스에서 사용자가 원하는 것은 유언장 자체가 아닙니다. 어디까지나 자신이 죽은 후 소중한 가족이 다툼 없이 행복한 관계를 이어갈 수 있었으면 하는 바람에서 비롯했을 뿐이라는 사실에 주목하세요. 즉, 그들이 원하는 이유로는 '가족을 위해'라는 것이 가장 설득력 있는 것임을 쉽게 알 수 있습니다.

● 논리뿐 아니라 감정 또한 헤아림

지금 여러분의 결심만으로도
소중한 가족이
행복하게 지낼 수 있습니다.

하루라도 빨리 안심할 수 있도록
지금 바로 무료 상담을 이용하세요.

필요성을 느끼더라도 행동으로 이어지기에는 아직 주저함이 있습니다. 이런 사용자의 등을 가만히 떠밀 수 있는 이유가 필요한데, 여기서는 행복한 삶을 이어갈 자신의 가족을 떠올리도록 했습니다.

짧은 한 마디라도 상관없습니다. 자신을 위해서가 아니라 제삼자를 위한 선택(결과적으로는 자신을 위함)이 될 수 있는 가장 그럴 듯한 이유를 만들어내기 바랍니다. L 모델에서는 '논리적으로 읽기 시작하여 논리로 구매'합니다. 그러므로 처음부터 끝까지 논리적이고 알기 쉬운 이야기로 사용자를 설득해야 합니다.

## @ 행동을 촉구하는 파트

드디어 마지막 파트입니다. 여기서 확실하게 신청까지 유도할 수 있다면 매출은 큰 폭으로 늘어납니다.

지금까지의 CTA와 마찬가지로 사용자가 무엇을 했으면 하는지를 알기 쉽게 설명합니다. 또한, 신청 양식도 가능한 한 쉽게 만듭시다.

여기서는 타깃의 연령층을 고려하여 신청 양식 입력보다는 일단은 상담 전화를 걸도록 하는 것에 중점을 두도록 했습니다.

상품이나 서비스에 따라서는 쇼핑 카트에 담거나 신청 양식을 입력하는 등 바라는 행동이 다를 수 있지만, 그중에서도 간단한 행동, 계약으로 이어지기 쉬운 행동을 강조하여 호소한다면 매출 향상을 꾀할 수 있습니다.

P 모델이나 D 모델보다 훨씬 손이 많이 가는 L 모델 논리 전개지만, 마지막까지 집중하여 제대로 된 CTA를 만들기 바랍니다. 분명하게 지시하지 않으면 지금까지의 고생이 물거품이 될 수 있습니다.

물론 전화, 신청 양식, 쇼핑 카트 등 필요한 행동 수단을 준비하고 이를 모두 제시해도 상관없습니다. 접수창구가 많을수록 하나의 기회라도 잃을 염려가 줄어듭니다.

또한, 다른 LP와 마찬가지로 특전이나 할인 등을 제안해도 상관없습니다. 아울러 메일 주소나 카카오톡 등으로 고객과 이어질 수 있다면 이후 홍보 메일 발송이나 웹 광고 추적(리마케팅 광고) 등 다양한 방법으로 고객을 관리할 수 있다는 장점이 있습니다. (홍보 메일과 관련해서는 메일 주소 입력 시 홍보 메일 수신 여부를 선택할 수 있도록 합시다. 허락 없이 보내면 부정적인 인상을 줄 수 있습니다.)

세상에는 여러분의 상품이나 서비스의 필요성을 느끼지 못하는 사용자가 압도적으로 더 많습니다. 그러므로 상품의 존재만을 전하는 것이 아니라 필요성을 느끼도록 해야만 비로소 CVR 향상으로 이어질 수 있습니다.

# 5장

## 랜딩페이지의
## 효과를 배로 늘리는
## 전달 방식

★ ★ ★

# 01 남녀별: LP에서 CVR을 올리는 방법

## @ 전달 방식에 따라 효과가 배로 늘어남

사용자의 심리 상태에 따라 세 가지 LP로 나누어 사용하는 방법에 대해서는 어느 정도 이해했으리라 생각합니다. 이것으로도 지금까지의 LP와는 다른 효과를 충분히 기대할 수 있지만, 더욱 효과를 높이려면 전달 방식 또한 더 정밀하게 다듬어야 합니다.

이번 장에서는 LP의 효과를 배로 늘리는 전달 방식을 알기 쉽게 설명하고자 합니다.

## @ 남성과 여성이 감동하는 문장은 다름

지금까지 세 가지 유형(P 모델, D 모델, L 모델)의 LP를 이용한 사용자별 호소 방법을 살펴보았습니다. 그러나 애당초 대상 고객이 남성이냐 여성이냐에 따라 문장 표현이나 전달 방식은 달라야 합니다.

왜냐하면, 남성과 여성은 가치관이나 사고방식 등이 다르므로 같은 내용을 본다 하더라도 느끼는 방식이나 감정이 서로 다르기 때문입니다.

일반적으로 논리적 사고가 강한 남성 대상 문장은 '좌뇌형', 감정이나 센스를 우선하는 여성 대상 문장은 '우뇌형'이라 부릅니다. 물론 남성임에도 우뇌형 문장, 여성임에도 좌뇌형 문장을 좋아하는 사람 또한 당

연히 있습니다만, 이 책에서는 알기 쉽게 간단히 '남성 대상', '여상 대상'
이라 표기하겠습니다.

그러면 실제 어느 정도로 전달 방식을 달리해야 하는지 애플사의
맥북(MacBook) 시리즈를 예로 설명해보겠습니다.

● 남녀별로 다른 가치관이나 감정

같은 콘텐츠를 보더라도 남녀는 받아들이는 방식, 느끼는 방식이 다릅니다. 영웅이 악당을 계속 쓰러뜨리는
영화를 보며 통쾌함을 느끼는 남성이 많은 데 비하여 폭력적이고 야만스럽다며 거부 반응을 보이는 여성도
많습니다.


### 남성 대상(좌뇌형)

맥북으로는 불가능하리라 여겼던 것에 도전합니다. 바로 역사상 가
장 얇고 가장 가벼운 맥북으로 풀 사이즈를 경험하도록 한다는 목표입
니다. 게다가 새로운 7세대 Intel Core m3, i5, i7 프로세서와 최대 50%
빨라진 SSD 스토리지를 탑재했습니다.

그 결과 최대 20% 향상된 성능과 속도와 함께 어디서든 컴팩트함을

유지하며 더욱 파워를 발휘할 수 있는 노트북, 이것이 바로 새로운 맥북입니다.

### 여성 상대(우뇌형)

슬림한 바디에 아름답게 빛나는 로즈 골드. 바로 일하는 여성을 더욱 아름답도록 하는 디자인으로 새로 태어난 맥북입니다.

간편한 휴대 덕분에 카페든 사무실이든 어디든 여러분과 함께합니다. 개인 일이든 업무든 이제 어디서든 나와 떨어지지 않습니다. 정성스레 가꾼 네일이 상하지 않도록 특별히 설계한 키보드와 오랜 작업에도 눈이 피로하지 않은 레티나 디스플레이의 새로운 맥북 시리즈와 함께라면 여러분의 내일은 빛납니다.

어떻습니까? 둘 다 맥북 구매를 권하는 문장이긴 하지만, 우뇌형을 대상으로 한 내용과 좌뇌형을 대상으로 한 내용이 어떻게 다른지를 알 수 있을 것입니다. 여러분은 어느 쪽이 더 매력적인가요?

이처럼 같은 상품이라도 대상 고객이 남성인지 여성인지에 따라 표현을 달리해야만 CVR을 높일 수 있습니다.

● 같은 상품이라도 접근 방식이나 시점을 달리함

똑같은 상품이라도 접근 방식이나 시점, 전달 방법을 달리하지 않으면 사용자의 마음을 움직이지 못할 수도 있습니다. 노트북 컴퓨터는 남녀 모두 사용하는 제품이므로 균형 잡힌 문장으로 LP를 구성합시다.

## ◎ 남성에게 어울리는 문장 작성법

기본적으로 남성은 논리적인 문장을 선호합니다. 논리적인 문장이란 문장에 정합성이 있고 독자가 행간을 읽어야만 하는 부담이 적은 것을 뜻합니다. 예를 들어 10인이 읽었을 때 10인 모두 똑같이 이해할 수 있는 표현으로 이루어진 문장입니다.

독자에 따라 받아들이는 방식이나 해석이 다르거나, 감정에 호소하는 듯한 정서적이고 서정적인 문장은 논리적인 문장과는 완전 대칭입니다.

● 논리적 사고의 남성 뇌

남성(좌뇌)

- 논리적 사고를 선호
- 행간에서 감정이나 배경을 읽지 않음

남성(좌뇌)은 논리적인 문장을 선호합니다. 논리 모순이 생기면 의문을 품고 의심합니다. 또한, 행간에서 상대의 감정이나 배경을 적극적으로 읽으려 하지는 않습니다.

여성과는 달리 남성은 행간에서 그 배경을 읽어내는 데 그리 익숙하지 않아 적힌 문자 그대로 의미나 정보를 받아들이곤 합니다.

다음 예문을 읽어보세요.

① 신형 노트북의 디스플레이 프레임이 종전 제품보다 30% 얇아졌으므로 블로그나 뉴스 사이트 등을 볼 때 한층 더 콘텐츠에 집중할 수 있습니다.

② 새로운 노트북은 디스플레이 프레임이 지금보다 훨씬 얇아졌으므로 화면이 매우 보기 좋아졌습니다.

예문 ①에서는 뭐가(프레임이) 얼마나 변했는지(30% 얇아짐)에 따라 어떻게 되었는지(콘텐츠 집중이 쉬워짐)를 알기 쉽게 간략히 표현했습니다.

이에 비해 예문 ②는 뭐가(프레임이) 얼마나 변했는지(사람에 따라 '훨씬'이라는 말을 받아들이는 방식이나 이미지가 다름)에 따라 어떻게 되었는지

(화면이 보기 좋아졌다는 말의 의미가 너무 넓음)가 애매하게 표현되었으므로 어떻게 받아들이느냐에 따라 그 의미가 크게 달라집니다.

물론 ② 문장 그대로도 충분히 의미가 통하지만, 남성에게는 이 내용만으로는 구체적인 모습을 떠올릴 수 없으므로 흥미가 생기기 어렵고 욕구를 자극하지 못하는 문장으로 받아들입니다.

논리적이고 모든 것을 포함하는 문장을 선호하는 남성에게는 추상적인 표현이 아닌 가능한 한 구체적으로, 그리고 간결한 문장이 되도록 합시다. 특히 '숫자'를 사용한 표현이 효과적입니다.

다음 공기청정기 소개 예문을 살펴봅시다.


③ 이 공기청정기는 PM 0.1 수준의 미세먼지를 99.99% 제거합니다.
④ 이 공기청정기는 방 안에 있는 미세먼지 대부분을 제거합니다.


같은 상품의 기능 설명이지만, 예문 ③은 수치를 포함하나 예문 ④는 애매한 표현에 머무릅니다.

남성은 상품의 기능 설명에 있는 애매한 표현은 믿지 않습니다. 왜냐하면, 다른 상품과 기능을 비교할 수 없어 스트레스를 느끼기 때문입니다. 남성이 대상이라면 상품이나 기능 설명은 가능한 자세하게 적도록 합시다.

이것만 보면 남성에 대해서는 철저하게 논리적 근거만 제시한다면 해당 상품이 팔릴 듯하지만, 실제로는 그렇지 않습니다.

왜냐하면, 남성은 이성적으로 생각하고 행동할 것 같지만 실은 뜻밖에 스토리(이야기)에 약하므로 상품 설명이 보잘 것 없더라도 충동구매를 하곤 합니다.

특히 남성은 모험이나 영웅을 동경하며 자신이 그 모험의 주인공인듯한 사명감을 느끼거나 영웅에 도취하거나 하면, 지금까지의 냉정한 상품 구매 검토와는 달리 충동적으로 구매를 결정하기도 합니다.

- 대형 스크린 한가득 박력 넘치는 할리우드 영화를 보며 한 손에는 와인 잔을 든 채 느긋하게 홀로 주말을 보낸다. 그 누구에게도 방해받지 않는 사치스런 시간을 즐길 수 있는 것은 당신만의 특권. 치열한 비즈니스 전쟁에서 살아남아 손에 넣은 극상의 나만의 공간.
- 이 상품을 개발할 당시 주위는 반대로 넘쳐났다. 영세기업이라 충분한 예산도 없었고 도움을 줄 사람도 없었다. '어차피 그런 기획은 금방 무너져.', '아무리 해본들 소용없어.'처럼 사내에서도 포기하자는 분위기가 넘치던 중 개발자 혼자 10,000번이 넘는 실험과 검증을 거듭한 끝에 기록한 대 히트작이었다.

마치 성공한 상품 개발에 얽힌 뒷이야기를 전하는 TV 다큐멘터리를 보는 듯한 느낌입니다.

이런 의미에서 보자면 남성의 뇌는 여성의 뇌와 비교하여 더 순수하고 단순할지도 모르겠습니다. 기분에 따라서 고액의 물건을 쉽게 구매하기도 하니까요.

그러나 역시 남성은 감정보다 이성을 우선시하고 근거나 데이터를 중시한다는 사실에는 변함이 없습니다. 그러므로 우선은 그들을 이해시킬 수 있는 논리적인 문장을 준비하는 데 신경을 쓰도록 합시다.

● 합리적이면서도 비합리적인 남성의 뇌

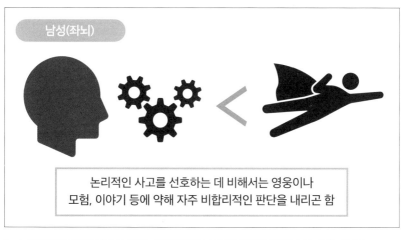

남성(좌뇌)

논리적인 사고를 선호하는 데 비해서는 영웅이나
모험, 이야기 등에 약해 자주 비합리적인 판단을 내리곤 함

논리적이고 합리적인 사고를 선호하는 데 비해 한번 스토리에 집중하면 주위에서 볼 때 비논리적이고
비합리적인 사고방식이라도 자신만 이해하면 된다는 모습을 보이기도 합니다.

## @ 여성에게 어울리는 문장 작성법

여성은 남성보다 행간을 읽어내는 능력이 뛰어나고 감정적이고 서
정적인 문장을 좋아하는 경향이 있습니다. 앞서 본 노트북 설명 문장을
예로 살펴봅시다.

① 신형 노트북의 디스플레이 프레임이 종전 제품보다 30% 얇아
   졌으므로 블로그나 뉴스 사이트 등을 볼 때 한층 더 콘텐츠에 집
   중할 수 있습니다.
② 새로운 노트북은 디스플레이 프레임이 지금보다 훨씬 얇아졌으
   므로 화면이 매우 보기 좋아졌습니다.

남성이 볼 때 ②번 문장의 '훨씬'이나 '매우'와 같은 애매한 단어로는

상품 사양의 구체적인 수치나 성능을 알 수 없으므로 멀리 하게 됩니다.

반대로 여성은 이 말의 느낌으로부터 상품의 이미지를 떠올리거나 사용 모습까지 상상하곤 하므로 설명이 조금 부족하다 하더라도 그 의도를 충분히 이해합니다.

● 감성이 풍부한 여성 뇌

여성(우뇌)

· 행간에서 상대방의 기분이나 배경, 상황을 읽어내는 능력이 뛰어남

▌ 여성(우뇌)은 문자 정보나 영상 정보와 같은 주어진 정보의 행간을 읽어내는 데 필요한 상상력이 뛰어납니다.

직접적인 표현으로 전하지 않더라도 감각적으로 '이해'하는 여성 특유의 능력이 발휘되므로 여성 대상의 LP에서는 직접적이고 단정적인 표현보다는 '일부러 모호하게' 표현하거나 '조금은 에둘러' 표현하는 편이 좋습니다.

특히 의성어나 의태어 등을 사용한 표현 방법은 상상력을 더욱 자극하여 좋은 인상을 주게 되므로 기억해 둡시다.

예를 들어 거품의 질감을 전할 때는 의태어를 사용하여 다음과 같이 표현할 수 있습니다.

촉촉한 거품

푹신푹신한 거품

쫀득쫀득한 거품

톡톡 터지는 거품


같은 거품임에도 의태어를 사용하면 이처럼 다양한 표현이 가능하므로 각각의 특징을 감성적으로 전달할 수 있습니다.

여성은 행간이나 문맥에서 여러 가지 정보를 읽어내는 능력이 뛰어나지만, 한편으론 그 문장의 의미나 해석을 자신 나름대로 정하고 싶어 합니다. 그러므로 단적인(일종의 느닷없는) 결론을 내밀거나 단언해버리면 자신의 의견이 부정된다는 안 좋은 인상을 받습니다. 그 결과 LP나 상품에 좋은 이미지를 미처 갖지도 못한 채 나가버립니다.

여성을 대상으로 한 문장을 작성할 때 중요한 점은 문장의 의미 해석은 여성에게 맡겨야 한다는 것입니다. '우리는 이렇게 생각하는데, 여러분은 어떻게 생각하세요?'와 같이 여성에게 결정권을 주는 듯한 표현이 바람직합니다.


- 이 에센스는 여러분의 인생을 '풍요롭게' 하고자 태어났습니다.
  언제나 당신 곁에.


'풍요'의 정의는 사람마다 제각각입니다. 즉, 정신적인가 물질적인가 등 사람에 따라 느끼는 내용이 다릅니다. 그러므로 해석은 읽는 사람에게 달렸습니다. 게다가 '언제나 당신 곁에 있고 싶다.'라는 의미의 메시지를 억지스럽지 않고 부드럽게 전할 수 있다면 여성이 쉽게 받아들이는 문장을 쓸 수 있습니다.

이처럼 상품이나 서비스의 장점을 굳이 언어화하지 않아도 이해하고 행간을 읽는 수준이 높은 것이 여성이지만, 막상 구매 순간에는 매우 신중해지곤 합니다.

남성은 구매 시 수치를 따지고 사양을 철저하게 비교하지만, LP를 읽는 중 일단 모험이나 낭만을 느끼게 되면 정체 모를 사명감이나 모험심에 자극을 받아 충동적으로 구매하곤 합니다.

이와는 달리 여성은 상품에 대해 처음부터 좋은 이미지를 갖고 있어도 구매를 검토하는 단계에 이르면 상품 라벨 뒤편의 주의 사항까지 꼼꼼하게 확인할 정도로 현실적이 됩니다.

요컨대 감정적이기 쉬워 보이지만, 결국은 논리적으로 냉정하게 상품을 선택하는 것이 여성 구매 행동의 특징이라 할 수 있습니다.

● 비합리적인듯하지만 실제로는 합리적

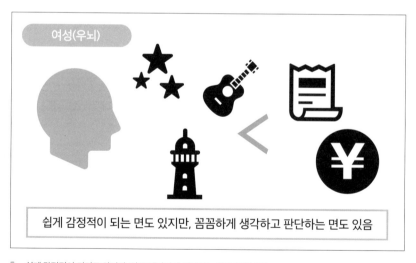

여성(우뇌)

쉽게 감정적이 되는 면도 있지만, 꼼꼼하게 생각하고 판단하는 면도 있음

▎쉽게 감정적이 되기도 하지만, 아주 냉정하게 선택하는 면도 있습니다.

여성 대상의 LP를 만들 때 중요한 점으로는 이점이나 상품 설명 파트에서는 분위기를 중시하여 부드럽게 표현하면서도 쇼핑 카드 주위에는 상품의 성분표 등 관련 정보를 꼼꼼하게 표시해야 한다는 것입니다.

실제 필자가 만든 LP 중에는 상품 라벨 사진(텍스트가 아닌 실제 사진)을 함께 올리기만 했음에도 CVR이 올라간 사례가 있었습니다.

그 밖에도 자사 상품을 '대단해!'라며 직접 칭찬하는 것보다는 '대단하대.'라는 식으로 다른 사람에게 들은 듯한, 소문으로 들은 듯한 느낌(제삼자 평가)으로 전하는 편이 CVR 향상에 도움이 됩니다.

여성을 대상으로 추천의 말 등을 선택할 때 참고하기 바랍니다.

# 02 매력적인 가격표·성능표로 CVR 올리기

## @ CVR을 크게 좌우하는 가격표·성능표

LP를 만들 때는 감동적인 광고 카피 작성 방법이나 사용자가 스크롤하도록 하는 테크닉 등과 같은 부분에만 집중하기 쉽지만, 실제로는 상품의 가격표·성능표를 어떻게 보여주느냐에 따라 CVR이 크게 바뀔 수 있다는 것을 알고 있나요?

아무리 멋진 설명을 하더라도 피할 수 없는 것이 '가격'입니다. 바로 지금까지 열심히 설명했던 상품의 가치와 실제 사용자가 머릿속에 그린 가치가 일치하는가를 평가하는 순간입니다.

**'가격표나 성능을 알기 쉽게 설명했으니까 문제없을 거야!'**

이처럼 안심한 사람일수록 제조사가 배포하는 PDF를 그대로 첨부하거나 간단히 가격을 '정리한' 표만 제공하는 등, 타깃이 이를 어떻게 볼 것인지에 대해서는 전혀 신경 쓰지 않습니다.

가격표나 성능표가 부실하면 상품이나 서비스의 가치를 제대로 드러내지 못하며, 이에 따라 비싼지 싼지 가격만으로 판단하는데, 그 결과 팔리지 않게 됩니다.

특히 스마트폰일 때 가격표를 PDF로 확인하는 것이 얼마나 귀찮고 보기 어려운지를 시험해보기 바랍니다. 보고 싶은 부분을 핀치 아웃

(두 손가락으로 열기)으로 확대하면서 몇 번씩 필요한 부분을 다시 보아야 합니다. 이런 작업은 사용자에게 부담이 되며 결국 다른 곳으로 이동하는 이유가 됩니다.

열심히 만든 LP를 통해 진정한 가치를 전하기도 전에 '가격 하나만으로' 결정되는, 그런 쓰라린 경험은 하기 싫을 겁니다. 이에 이번 절에서는 CVR을 올리는 가격 제시 방법과 성능표 전달 방법을 설명합니다.

## ⓐ 남성이 선호하는 가격표와 성능표

남성은 상품 구매를 검토할 때 다른 상품과 철저하게 비교합니다. 조사하고 분석하는 능력이 뛰어나므로 세세한 데이터로 증거와 근거를 대조하며 생각하기를 좋아합니다. 또한, 어차피 살 거라면 더 좋은 기능과 성능을 선택하려 합니다. 에누리나 다나와 같은 가격비교 사이트를 즐겨 찾는 것은 이런 이유에서 입니다.

이처럼 동시에 여러 개를 비교할 수 있는 능력이 있는 남성에게는 자사 상품의 성능, 기능, 크기뿐만 아니라 타사와도 한눈에 비교할 수 있는 도해나 그림을 활용합니다.

타사 상품의 가격과 사양만 적어서는 효과가 없습니다. 가능한 한 많이 비교하고자 하는 남성은 다른 상품은 어떤지 비교해보고 싶어 LP를 떠나게 됩니다. 반대로 한눈에 비교할 수 있도록 표로 만들어두면 사이트를 이동하며 타사와 비교하는 수고를 덜 수 있으므로 좋은 인상을 주게 되고 자세히 읽어보게 되므로 머무르는 시간도 늘어납니다.

● 비교가 쉬운 가격표의 예

| | A사 | B사 | C사 |
|---|---|---|---|
| 해상도 | 1,680×1,050 | 1,920×1,080 | 1,600×900 |
| 무게 | 1.25kg | 2.4kg | 2.1kg |
| 메모리 | 8GB | 16GB | 8GB |
| 가격 | 640,000원 | 720,000원 | 598,000원 |

단순히 가격만 싣는 것이 아니라 경쟁 회사의 상품에 대한 정보도 함께 기재하면 이동 없이 비교할 수 있으므로 남성은 이를 선호합니다.

특히 남성은 세세한 숫자까지 표기된 것을 좋아합니다. '자세하게 적어봐야 읽지도 않을 텐데.'라고 지레짐작하기보다는 오히려 상품 사양의 자세한 부분까지 확실히 적어 둡시다.

또한, 성능표를 만들 때는 그 근거나 누가 말했는지도 밝히도록 합니다. 남성은 여성에 비해 권위나 명예에 약하므로 근거나 인용이 믿을 수 있는 연구 기관이나 교수 등에 의한 것이라면 더욱 신뢰하게 됩니다.

이처럼 남성을 대상으로 가격을 전달할 때는 한눈에 다른 상품과 비교 검토할 수 있도록 수치를 제시하고, 성능을 비교할 때는 근거와 증거를 함께 제시하도록 합시다.

## @ 여성이 선호하는 가격·성능표

여성은 상대적으로 쇼핑에 익숙하므로 '같은 상품이라면 이 가게가 더 싸!', '지금은 저 가게가 세일 중이니 거기서 사는 게 득이야!' 등 자신만의 쇼핑 정보가 있습니다.

이런 그녀에게 가격표를 제시한다는 것은 어차피 살 것이라면 어느 정도 이득인가를 '철저하게 알기 쉽도록 하는 것'이라 할 수 있습니다.

제모 서비스를 예로 들어 봅시다. 제모 범위가 같을 때 A와 B 중에 어느 쪽을 더 이득이라 느낄까요?

제모 A 코스 ⋯ 시술 1세트 328,000원

제모 B 코스 ⋯ 10 부위 시술 328,000원

아마 대부분 B를 고를 것입니다. 그 이유로는 반사적으로 328,000 원을 10으로 나누려 하기 때문입니다. 즉, 1세트라고만 쓴 A와 비교했을 때 B 코스 쪽이 싸다고 느끼게(이득이라 느끼게) 됩니다. A와 B 둘 다 똑같은 제모 서비스임에도 어떻게 전달하느냐에 따라 무척 싸다거나 이익이라는 느낌을 연출할 수 있습니다.

즉, 제모 서비스를 제공하는 쪽에서 보자면 '1세트는 당연히 10 부위 시술이잖아.'라고 생각하지만, 처음으로 이 서비스를 이용하려는 사람에게는 '시술 1세트가 어느 정도지? 잘 모르겠네.'라는 불안이 생기기 때문입니다.

상품이나 서비스를 제공하는 쪽과 받는 쪽에서 일견 공통의 언어라 생각했던 것이 실제로는 그렇지 않을 때가 흔합니다. 조금 상세하게 설명하기만 해도 고객을 기쁘게 할 정보는 많으므로 모처럼의 기회를 놓치지 않도록 합시다.

앞의 예라면 B 코스는 10 부위 시술이라는 것뿐 아니라 모든 부위를 일러스트나 사진으로 알기 쉽게 표현하면 이득이라는 느낌을 더욱 생생하게 전달할 수 있고, 이에 더해 정성을 다해 설명하는 가게라는 생각에 믿음이 생깁니다.

이것이야말로 사용자에게 전달하는 '가치'이며 가격만으로는 느낄수 없는 부분입니다. 하나하나 알기 쉽게 알린다는 것은 상대방을 배려하는 다정한 마음가짐과 마찬가지입니다.

필자가 컨설팅하던 인터넷 쇼핑몰 중에서도 이런 일이 있었습니다. 여기서는 주로 식품을 판매했는데, 상품 설명 페이지에는 대략적인 내용의 성분표만 있었을 뿐이었습니다.

구매자의 설문 조사를 보던 중 아이가 알레르기라서 마지막 순간까지 구매를 주저했다는 의견을 발견하게 되었습니다. '상품이 좋다는 건 알겠지만, 우리 아이가 먹어도 되는 건지…'라며 망설이는 사람이 많을지도 모른다는 가설을 세우고 지금까지와는 달리 성분표를 보기 쉬운 일러스트로 표시하기로 했습니다. 이처럼 어떤 성분이 포함되었는지를 정성스레 설명하고, 이와 더불어 실제 제품 라벨도 별도 사진으로 넣었더니 그 결과 CVR이 올라간 예가 있었습니다.

라벨로 객관적인 사실, 가치와 근거를 표시했다는 의미에서는 남성과 마찬가지지만, 여성의 경우 이뿐만 아니라 같은 것을 보더라도 상품을 사용했을 때의 상황이나 감각을 상상하며 자신의 머릿속에서 그 모습을 구체적으로 떠올립니다. 이야말로 행간에서 많은 정보를 읽어내는 능력이 높다는 증거라 할 수 있습니다.

'상품 설명이 알기 쉽다.'라는 것만으로 판매자가 친절하며 나쁜 사람이 아니라고 상상하기도 하므로 더 많은 가치를 더할 수 있습니다.

그러나 여성은 득이 된다는 느낌이나 표현 방법을 통해 판매자의 의도를 읽어내기도 하지만, 한편으로 혼자서는 결정을 망설이곤 하는 상반된 모습도 함께 보입니다.

이런 모습을 흔히 볼 수 있는 것이 성능이나 성분을 비교하는 표를 볼 때입니다. 남성은 그래프로 표시한 수치의 의미나 의도를 읽어내는 능력이 뛰어나지만, 여성은 여기에 전혀 관심이 없으며 '그 결과 어떻게 된다는 거지?'에만 흥미가 있으므로 숫자로 가득 찬 딱딱한 그래프에는 아무런 반응도 보이지 않습니다.

따라서 같은 그래프로 표현할 때라도 풍선 도움말이나 그림 문자 등을 추가하여 '결국 뭐가 얼마만큼 대단한가?'를 요약하도록 합시다.

● 그래프 요약

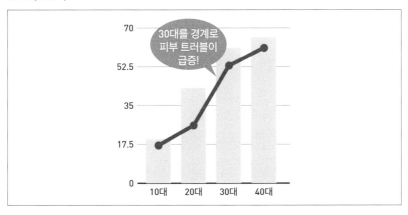

피부 트러블에 관한 설문 조사를 그래프로 나타낸 것입니다. 30대부터 피부 트러블이 많아진다는 것을 그래프뿐 아니라 풍선 도움말로 함께 요약했다는 것이 중요합니다.

여성은 그래프에 있는 숫자를 이용한 비교에 그리 익숙하지 않습니다. 그 결과 정말로 원하는 것임에도 결단하지 못할 때가 있습니다. 이런 여성에게는 '한마디로 이 상품은 이 부분이 대단하므로 추천합니다!'라고 단정적으로 말하는 편이 오히려 안심하게 할 수 있습니다. 이처럼 친절한 가격표와 성능표에 여성의 등을 살짝 떠미는 듯한 추천의 말 한마디를 덧붙여 완성하도록 합시다.

# 03 　 스토리로 감동 스위치 온!

## ⓐ 사람의 마음을 움직이는 것은 스토리와 뒷이야기

사람은 바른말만이 전부가 아닙니다. 왜냐하면, 감정이 있기 때문입니다.

> '저 사람이 하는 말은 맞아. 하지만, 이유없이 싫은 사람이라…'
> '상품은 써보고 싶지만 사용하는 사람의 이미지가 왠지 안 좋아서…'

이런 느낌이 든 적은 없나요? 감정이 행동을 억누르는 듯한 패턴입니다. 그러면 반대로 감정을 억누를 수 없는 패턴은 어떤 것일까요?

> '이 상품의 개발에 이런 감동적인 일화가
> 있었다니…. 엄청나게 좋아하게 됐어!'
> '재해가 닥쳤을 때 신속하게 먹을거리를 지원해준 저 빵집.
> 지금까지는 가본 적도 없었는데 한번은 꼭 가봐야지!'

지금까지 몰랐던 개발 비화나 심금을 울리는 감동적인 이야기를 듣고 이미지가 180도 변해 '꼭 가봐야지!', '한 번 사봐야지!'라는 기분이 든 적이 한 번쯤은 있을 겁니다.

이처럼 지금까지 아무런 느낌이 없었던 평범한 상품이 갑자기 가치가 있어 보인다든지 이제까지와는 달라 보여 호감도가 한순간에 오른 다든지 했던 경험은 없었나요? 이는 스토리와 뒷이야기를 알고는 시선이 달라져 마음이 움직였기 때문입니다. 바른말만으로는 사람을 움직일 수 없습니다. 특히 지금까지 자신이 못했던 것에 대해서는 경계심이 생기므로, 이론만으로는 마음을 움직일 수 없어 행동으로 이어지지 못합니다.

LP도 마찬가지입니다. 사용자가 행동하도록 하려면 바른말뿐 아니라 웃을 수도 울 수도 있고 존경할 수 있으며 사랑스럽게 느낄 수 있는, 그런 추억과 이념에 공감하도록 하여 매력을 느끼도록 해야 합니다.

좋아하는 사람의 말이라면 불합리한 것도 받아들이는 것이 바로 사람입니다. 그러므로 감정의 스위치를 눌러 호감을 느끼도록 하는 것이 중요합니다. 이럴 때 스토리와 뒷이야기가 큰 역할을 합니다.

앞선 PDL 유형 모두에 이런 스토리와 뒷이야기를 넣을 수 있도록 지난 날을 한번 뒤돌아 봅시다. 반드시 누군가는 이에 공감할 것입니다.

● 감정 스위치를 '온'으로

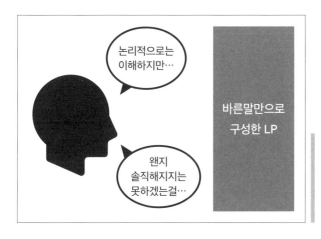

논리적으로는
이해하지만…

바른말만으로
구성한 LP

왠지
솔직해지는
못하겠는걸…

감정 스위치를 켜지 않는 한 바른말만으로는 사람을 움직일 수 없습니다. 그러므로 공감이나 호감을 얻을 수 있는 스토리를 생각해냅시다.

## @ 남성이 좋아하는 스토리

남성과 여성이 좋아하는 스토리나 뒷이야기는 다릅니다. '남성에게 어울리는 문장 작성법'에서 살펴본 것처럼 마지막 순간까지 비교하며 실패하지 않는 구매를 하려는, 한눈에 보기에는 냉정하고 침착한 행동을 하는 남성이라도 들려준 이야기에 따라서는 지금까지가 모두 거짓인 듯 한순간에 구매해버리곤 합니다.

비밀은 바로 '모험'입니다. 남성은 모험을 통해 목적을 달성하는 이야기에 자극을 받고, 목적을 달성해야 한다는 사명감에 취한 흥분 상태에서 그 기세대로 행동을 일으킬 때가 있습니다.

잘 알려진 게임인 '드래곤 퀘스트'의 영웅담을 아시나요? 이 이야기 속에서는 용사의 자손이 마왕을 쓰러뜨리고 세계를 구합니다. 이처럼 남성은 거대한 적을 물리치고 목적을 달성하는 이야기에 반사적으로 반응합니다.

세계를 구한 영웅이 된 자신을 인정해주길 바라는 욕구가 바로 남성의 특징입니다. 쉽게 달성할 수 있는 목표에는 흥미가 없고 오히려 땀으로 범벅진 노력과 동료와의 우정과 함께 자신을 기다리는 역경이 많을수록 쉽게 감정을 이입하는 것이 남성이라는 동물입니다.

남성은 자신뿐 아니라 주위 사람과 세계를 아우르는 장대한 사명감에 강렬하게 이끌립니다.

- 주위의 반대를 무릅쓰고 피와 땀의 노력으로 개발한 신상품
- 오랫동안 병으로 고생하는 어머니를 위해 고안해낸 서비스
- 어릴 때부터 동경했던 꿈을 드디어 실현한 성공 스토리

여러분의 상품이나 회사에도 타깃의 마음을 감동시킬 스토리나 뒷이야기는 있습니다. 여러분이 당연하다 여길 뿐입니다. 남성의 마음을 움직이는 힌트는 바로 여기에 있습니다.

여기 하나의 스토리가 있습니다.

"키워드 광고의 광고비는 줄이면서도 매출은 2배로! 키워드 광고 운용 방법을 몰라 고민 중인 당신에게

매일 관리 페이지를 열고 입찰 가격을 조정하고 광고 문구를 작성하고…. 이처럼 키워드 광고 운용은 쉽지 않습니다. 키워드 광고 운용 전문회사인 주식회사 PROPO에 월 단위로 관리를 맡긴다면 광고비를 줄이면서도 매출은 올릴 수 있습니다.

왜냐하면, 당사는 키워드 광고 운용 대행뿐만 아니라 Google Analytics를 이용해 웹 사이트 개선이나 LP 개선을 신속하게 수행하여 결과를 내기 때문입니다.

광고를 운용하는 것은 10년 이상 키워드 광고를 운영하면서 2권의 전문서 출판, 전국 강연 등의 경험이 있는 주식회사 PROPO의 대표입니다. 1달 만에 인터넷 쇼핑몰 매출 2배, 3달 만에 수리업 매출 3배, 게다가 지금까지 10년간 90종 이상의 다양한 업종의 고객이 매출을 올릴 수 있도록 도움을 준 실적이 있습니다.

당사는 일반적인 운용 회사처럼 광고비의 20%를 관리비로 받지는 않습니다. 어디까지나 월정액 70만 원으로 운용을 대행하므로 광고비가 늘더라도 정해진 가격으로 안심하고 이

용할 수 있습니다.

문의하시면 여러분의 고민에 대한 무료 조언과 함께 최적의 광고 전략을 제안해 드립니다. 아울러 내용을 충분히 이해하신 후 대행을 맡겨주세요. 제안한 전략이 마음에 들지 않는다면 거부하셔도 됩니다. 물론 무료입니다.

마지막으로 한 마디 덧붙이고자 합니다.

어릴 적 부상 때문에 경찰관을 그만두신 아버지는 혼자 작은 인쇄회사를 시작하게 되었습니다. 경영에 익숙하지 않던 아버지는 가족을 위해 많은 사람에게 머리를 숙이며 일감을 받아 오는 등, 매일매일 매출에 필사적이었습니다. 밤낮을 가리지 않고 일한 그런 아버지를 어릴 때부터 지켜봐 온 저는 '이렇게 노력하는 데도 그 가치를 전하지 못하는 게 너무 아쉬워. 더 많은 사람이 알았으면 좋겠어. 그러면 매출은 더 오를 거야.'라고 생각하게 되었습니다.

지금 이렇게 마케팅을 직업으로 삼게 된 것도 전국의 사장님을 응원하고 싶은 그런 마음에서 입니다.

여러분은 키워드 광고가 목적인가요? 아닐 겁니다. 여러분의 머릿속은 한시라도 빨리 매출을 올리고 싶다는 생각으로 가득 찼을 겁니다.

'약은 약사에게'라는 말처럼 키워드 광고도 전문가에 맡겨야 합니다. 그리고 남는 시간은 여러분 자신의 업무에 투자하세요.

상담이 늦어질수록 매출 목표 달성까지의 시간은 길어집니다. 지금 당장 무료 상담을 받아보세요."

어떻습니까?

당사가 제공하는 깃처럼 키워드 광고 운용을 내행하는 회사는 전국에 수없이 많습니다. 그리고 어떤 의미에서는 일반화된 업무 내용이 많으므로 결국은 가격 경쟁이 되고 맙니다.

이런 환경에서 벗어날 방법으로 앞서 다룬 스토리를 이용하여 타사와는 다른 이미지를 심고, 타깃의 감정 스위치를 움직이도록 합시다. 그 결과 사용자가 행동을 일으킬 확률은 높아집니다.

## @ 여성이 좋아하는 스토리

강력한 적을 쓰러뜨린다는 목표를 향해 노력을 거듭하고 때로는 부상을 당하면서도 동료의 응원을 받으며 계속 전진하는 영웅적 스토리가 남성의 마음을 자극한다면, 이와는 달리 '한순간에 이상적인 자신으로 변신'하는 이야기에 여성은 감동합니다.

대표적인 예로는 신데렐라 이야기가 있습니다. 불우했던 신데렐라가 우연한 기회로 무도회에 참가하게 되고 그곳에서 왕자를 만나 해피엔드로 끝나는 이야기입니다. 그렇습니다. 여성은 남성과 비교해 노력이나 과정은 중시하지 않고 '가능한 한 빨리 멋진 자신으로 거듭나고 싶다.'라고 갈망합니다.

온종일 방송되는 TV 홈쇼핑 프로그램을 본 적이 있나요?

처음은 괴로웠던 과거의 일화로 시작합니다. 학교 수업 참관에 갔던 날, 돌아온 아이가 '다른 엄마와는 달리 할머니 같아. 차라리 안 왔으면 좋았을 텐데.'라며 투덜거리는 말에 충격을 받은 여성이 입가 주름을 개선하는 크림을 사용하자마자 젊어진 피부를 갖게 되고 빛나는 하루하루를 보냅니다. 이런 거짓말과 같은 일화를 본 적이 있을 겁니다.

노력이나 과정을 경시하는 것이 결코 아닙니다. 그것이 필요한 것임은 잘 알고 있습니다. 다만, 가능하다면 자신이 보고 싶은 세계에서는 현실적인 말이나 표현은 피하고 싶다, 그뿐입니다.

남성은 문제를 해결함으로써 가치를 느끼게 되므로, 해결하고자 원인을 추적하고 문제가 되는 요소나 원인을 구체적으로 밝혀내려 합니다. 그러므로 현실적인 표현도 받아들입니다.

이와는 달리 여성은 적어도 쇼핑할 때만이라도 일상적이지 않은 세계를 맛보고자 하며, 이것이 현실적이지 않다는 것을 알아도 그 순간만큼은 행복한 기분에 둘러싸이고 싶습니다.

LP도 마찬가지입니다. 처음에 그녀에게 보여주어야 하는 것은 빛나는 미래와 반짝이며 생동감 넘치는 자신을 투영한 세계입니다. 그리고 지금의 상황을 전하고 스스로 이를 느끼도록 하면 그 결과 공감으로 이어집니다. 일단 공감이 이루어지면 남은 것은 백마 탄 왕자가 곧 올 것임(달라질 미래가 바로 그곳에 있음)을 전하는 것뿐입니다. 그러면 자연스럽게 기대가 오르고 행동으로 옮길 가능성은 단숨에 커집니다.

● 여성에게는 큰 변화가 효과적

마법에 걸린 것처럼 한순간에 이상적인 자신이 되고자 하는 여성은 큰 변화에 약한 경향이 있습니다.

# 04 기한 설정

## @ 기한 설정

만약 방학 숙제에 제출 기한이 없다면 여러분은 방학 숙제를 하시 겠습니까?

대부분 '야호! 그럼 하지 말고 맘껏 놀아야지!', '음, 그럼 어디로 놀러 가지?'처럼 머릿속이 놀 생각으로 가득 차리라 생각합니다. 물론 그 중에는 '기한이 없다고 해도 나 자신의 성장에 중요한 방학 숙제를 소홀히 할 수는 없지.'라며 자신을 다스려 계획적으로 하려는 사람도 있을 것입니다.

그러나 일반적으로 기한이나 마감에서 벗어나자마자 나태해지고, 해야 할 일이나 예정했던 일을 내팽개쳐버리곤 합니다. 왜냐하면, 애당초 사람은 누군가의 지배를 받거나 통제되는 것을 매우 싫어하며 자유 의지로 행동을 정하고자 하는 욕구가 있기 때문입니다.

LP에도 이러한 기한을 정해두지 않으면 구매할까 말까를 당장 정할 필요가 없어 쉽게 나가버리곤 합니다. 그러므로 CV를 늘리려면 문의를 유도하거나 구매를 재촉할 때는 반드시 '기한'을 설정하도록 합시다.

'언제든 상담 기다리겠습니다!'라고 쓴 것은 '언제든지 친절하고 정중하게 대응하겠습니다. 곤란한 일이 있다면 언제든지 이야기하세요.'라는 뜻을 전하고 싶었기 때문이지만, 듣는 사용자는 이를 '언제든지 상담할 수 있다면 지금이 아니라도 상관없겠지…'라고 이해하여 마감이나 기한이 없는 상태가 되므로 아무런 행동도 일으키지 않습니다.

이와는 달리 기한이 정해지면 기한을 의식하지 않을 수 없게 됩니다.

특히 어릴 때부터 기한을 지켜야 한다고 교육받은 사람은 무의식적으로 그 기한을 지키려 노력합니다.

'망설이고 있다면 지금 당장 상담을 받아보세요.

하루라도 빨리 그 고민을 해결할 수 있습니다!'

'24시간 이내에 회신 부탁합니다.'

이처럼 구체적인 숫자를 사용하여 기한을 설정하면 사람은 이를 기준으로 행동 여부를 검토합니다. 이는 심리학에서 잘 알려진 '앵커링 효과(Anchoring Effect)'라 불리는 것입니다.

모처럼 LP를 읽으면서 욕구 단계까지 이르게 되었음에도 기한을 정하지 않아 기회를 잃는 일은 없도록 합시다.

● 앵커링 효과

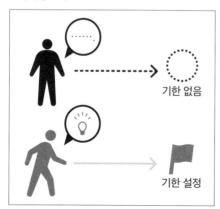

기한 없음

기한 설정

앵커링 효과를 활용하면 사람은 신기하게도 이를 기준으로 여러 가지를 생각합니다. 따라서 기한이 없다면 결국 아무런 행동도 하지 않을 가능성이 큽니다.

**명확한 기한이 없을 때의 기한 설정 방법**

기한을 설정하면 사용자에게 행동을 재촉하는 효과가 있기는 하지만, 해당 상품이나 서비스 자체에 정해진 기한이 없을 때는 어떻게 해야 할까요? 변호사 사무실에서 매일 이벤트를 개최하는 것도 아니고 아이들 책가방은 1년 내내 팔리는 것이므로 업종이나 직종에 따라서는 명확한 기한을 설정할 수 없을 때도 있습니다.

이럴 때의 기한 설정 요령은 '사용자가 원하는 미래를 의식하도록 한다.'라는 데 있습니다.

예를 들어 다이어트 상품을 판매한다고 합시다. 다이어트 상품 구매를 검토하는 사람은 다이어트에 성공해 머릿속에 그린 이상형(체형)에 가까워지고자 하는 바람이 있습니다.

애당초 이 사람은 단시간에 살을 빼고자 했을 뿐일까요? 아닙니다. 여기에는 반드시 이유가 있고 그 이유가 다이어트를 해야겠다고 생각한 계기가 되었을 뿐입니다.

예를 들어 다음과 같은 이유를 생각해볼 수 있습니다.

- 여름에 친구와 바닷가에 가기로 했는데 그때까지 어떻게든 뱃살을 줄이고 싶다.
- 10년 만의 동창회에서 예전과는 많이 달라진 자신의 모습을 보곤 풀이 죽었다.
- 비만 때문에 혈압이 높아져 의사로부터 체중을 줄이라는 말을 들었다.
- 옛날에 즐겨 입던 청바지를 더는 입을 수 없었다.
- 살을 빼고 예뻐져서 나를 찬 남자친구가 후회했으면 좋겠다.

행동 뒤에는 반드시 원인과 이유가 있습니다. 다이어트를 하고 싶다는 것은 어디까지나 자신의 이상에 가까워지기 위한 수단입니다.

다이어트 상품을 판매할 때의 기한 설정 예는 다음과 같습니다.

- 여름이 오기 전에 살을 빼자.
- 동창회 전에 예뻐지자.
- 다음 건강진단 전까지는 체중을 줄이자.
- 한 번 더 그때처럼 날씬한 자신을 되찾자.
- 다음 그를 만날 때까지는 예뻐져서 후회하게 하자.

이처럼 숫자를 사용하지 않아도 사용자의 의식 속에는 명확한 기한이 앵커링 효과를 일으키므로 그 바람을 이루고자 진지하게 검토하게 됩니다.

욕구 상품(D 모델) 중 검토 기간이 긴 상품(자동차, 집 등의 고가 상품)도 마찬가지입니다.

- 이상적인 집에서 지내는 시간은 하루라도 빠른 편이 좋다.
- 이날부터 여러분은 주변의 시선을 끄는 존재로.

욕구 상품은 애당초 꼭 사야 하는 것이 아니므로 갖고 싶다는 생각은 있어도 행동으로 옮기는 데는 주저하게 됩니다.

그러나 일부러 기한(또는 기준이 되는 날)을 설정하면 가족과 함께 지낼 수 있는 남은 시간을 의식하거나 동경하던 모습이 될 날이 빨리 왔으면 하는 생각에 진지하게 검토하게 됩니다.

문제 해결(수리, 상담 등)에서는 이러한 기한 설정이 효과적입니다.

- 하루라도 빨리 고민에서 벗어나고 싶지는 않나요?
- 1초라도 빨리 해결하고 언제나처럼 일합시다.
- 상담이 하루 늦어지면 해결도 하루 늦어집니다.

이처럼 명확한 기한을 정하기 어려운 업종이나 직종이라도 '사용자가 목표로 하는 미래를 의식'하도록 하는 앵커링 효과를 활용하면 행동을 재촉할 수 있습니다.

# 05  첫 번째도 아니고 마지막도 아니고 싶음

## @ 억지로 정한 기한은 효과 없음

기한을 정할 때 생기는 앵커링 효과에는 타깃의 행동을 재촉하는 효과가 있다고 했습니다. 그러나 억지로 정한 기한은 역효과만 일으킵니다. 특히 별생각 없이 사용하는 것이 '수량 한정'이나 '선착순'입니다.

얼마 남지 않았다는 소리에 쉽게 행동을 일으키게 되는 '희소성 원리'라는 심리를 이용한 홍보는 효과가 있다고 알려졌으므로, 실제로 판매 수량에 제한이 있거나 대응할 수 있는 숫자가 한정적일 때는 사용해도 문제가 없습니다.

그러나 최근의 LP에서는 특별한 사정도 없으면서 단지 행동으로 이어지기를 바라는 단순한 생각에 '수량 제한'이나 '선착순'의 희소성 원리를 이용하는 곳이 있습니다.

너무 많은 LP에서 사용하는 바람에 보는 쪽에서도 '또 수량 제한이야? (실제로는 충분할 텐데?)'라며 싫증을 느끼므로 반응은 당연히 나빠집니다.

수량 제한이나 선착순이라는 설정이 효과적인 경우는 그 가치나 희소성을 충분히 전달했을 때뿐입니다. 일단 쓰고 보자는 얄은 생각에 억지로 기한을 정해도 매력적이라는 느낌이 들지는 않습니다.

## ⓐ 동조 압력이 작동할 때 사람은 행동함

상품의 매력을 충분히 전달하고 이해를 얻었다고 해도 '지금까지 본 적 없는 미지의 것'에 대해서는 경계심을 느끼게 되므로 바로 구매 행동을 일으키지는 않습니다.

왜냐하면, 인간은 위험을 피하고자 하는 동물이기 때문입니다. 생존본능에 따른 이 행동은 정체를 모르는 것에 대한 위기 회피 행동의 하나이므로, 근거 없이 억지로 설정한 기한(수량 제한, 선착순 등)은 전혀 효과가 없습니다.

본 적도 없고 알지도 못하는 것을 접한 사람은 위험을 피하고자 하므로, 자신이 그 상품을 구매(또는 이용)하는 첫 번째 사람이 아니기를 강하게 원합니다.

그중에서도 형태가 없는 상품(컨설팅, 강의 등)은 이러한 거부 반응이 강한 분야입니다. 실제로 무의미한 수량 제한이나 선착순을 자주 설정하는 분야이기도 합니다.

LP에 아무리 멋진 말을 쓴다 해도 마지막 순간 '혹시 나 혼자라면 싫은걸…', '나중에 비싼 물건을 억지로 사라고 하면 어쩌지…'라는 생각에 주저하게 됩니다.

이처럼 잘 알려지지 않은 상품이나 서비스를 판매하고자 할 때는 '여러분 주위에 이미 구매(신청)한 사람이 있습니다.'라는 내용을 전달합시다.

사람은 자신 이외의 많은 주변 사람들이 자신은 선택하지 않은 행동을 하기 시작하면, 주위로부터 뒤처지지는 않을까 하는 착각에 빠져 따라서 행동하게 됩니다. 심리학에서는 이를 '동조 행동(Conforming Behavior)'이라 하는데, 인식하지도 못한 채 상대방의 행동을 따라 하려는 경향을 일컫습니다.

- 뉴스에서 본 적이 있는 타피오카 밀크티를 일단은 마셔본다.
- 지나가던 중 대기 줄이 긴 가게라면 궁금해서 줄을 서본다.
- 많은 사람이 한 방향을 바라보기에 나도 그쪽으로 고개를 돌렸다.
- 실제로는 자신의 생각과 달랐지만, 대다수가 고른 것이므로 의견을 바꿨다.

지금까지 이러한 행동을 무의식적으로 한 적이 없었나요? 첫 번째가 되기도 싫고 마지막 한 사람이 되기도 싫다는 이런 모순적인 심리는 특히 지방에서 나타나기 쉽습니다. 그러므로 지방이 대상이라면 이러한 동조 행동이 쉽게 일어날 수 있다는 점을 염두에 두기 바랍니다.

대도시에서는 누구보다도 빠르게 그 누구도 하지 않은 미지의 것에 도전한다는 것 자체에 가치를 두는 사람이 많습니다. 하지만, 지방에서는 다른 누군가가 해본 다음이라도 늦지 않고, 나중에 해보더라도 괜찮다는 보수적인 생각이 강하므로 위험 회피 성향이 더 심합니다.

처음 시도해보는 것이 무섭다고 생각하는 이면에는 마지막까지 남는 것도 싫고 비협력적이라는 평가도 싫다는 모순적이고 복잡한 심리가 있습니다. 이처럼 자신의 행동 이유가 타인의 행동에 따라 달라지는 때를 자주 경험합니다.

LP에서도 억지로 기한을 정하지 않고도 '여러분 외 많은 분이 이 상품을 이미 구매(신청)했습니다.'라고 느낄 수만 있다면 사용자가 행동을 일으킬 가능성은 커집니다.

고객의 목소리, 상품을 사용한 사람과의 인터뷰, 실제 상품을 사용하는 사람 수 등을 얼마나 많이 실을 수 있는가에 따라 CVR은 달라집니다.

● 고객의 선택을 받았다는 점을 적극 어필

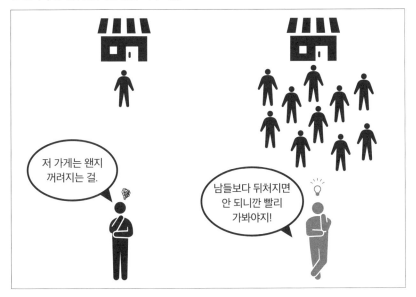

흥미는 있어도 자신이 첫 이용자거나 사용하는 사람이 없다면 주저하게 됩니다. 반대로 흥미가 없더라도 동조 압력에 굴복하여 행동을 일으킬 때도 흔합니다.

# 06   잃게 될 이익을 알려 행동을 촉구

## 🎯 전망 이론이란?

여기서 문제입니다. 여러분은 어느 쪽 복권을 고르겠습니까?

> A: 100% 당첨되는 50,000원 복권
>
> B: 85% 확률로 80,000원 당첨이지만 15% 확률로
>
> 아무것도 못 받는 복권

어떻습니까? 아마 대부분이 A를 고를 것입니다.

그러면 하나 더, 조금 억지스런 조건이긴 하지만, 둘 중 한 가지는 선택해야 한다고 가정합시다.

> A: 100%로 60,000원을 잃는 복권
>
> B: 85% 확률로 100,000원을 잃지만, 15% 확률로
>
> 아무것도 잃지 않는 복권

이번에는 B를 선택한 사람이 대부분일 겁니다.

사람은 '플러스 선택'을 할 때는 확실하게 플러스를 얻는 선택지를 고릅니다.

첫 번째 질문을 예로 들면 기댓값 면에서는 실제 B 쪽이 A보다

18,000원 많은 금액(80,000원×85% = 68,000원)을 받을 가능성이 있음에도 15%의 0원을 두려워해 100%의 플러스가 나오는 A를 선택합니다.

두 번째 질문에서 사람은 '마이너스 선택'을 해야 할 때는 위험을 감수하더라도 마이너스는 피하고자 하므로 가능한 한 플러스가 되는 선택을 고르려고 합니다.

냉정하게 생각하면 기댓값은 B 쪽이 85,000원(100,000원×85%)이므로 A보다 25,000원 더 손해 볼 가능성이 있지만, 이보다는 15% 확률로 0원이 될 가능성을 선택합니다. 즉, 최소 수준에서 멈출 방법이 있다면 다소 위험을 감수하더라도 이를 선택합니다.

'플러스 선택'을 할 때는 위험을 회피하려 한다. →
득이 되는 패턴일 때는 '확실한 이득을 선택하려 함'

'마이너스 선택'을 할 때는 위험을 추구하는 경향이 있다. →
손해가 되는 패턴일 때는 '위험을 안더라도 손해는 보고 싶지 않음'

이런 일련의 행동을 '전망 이론(Prospect Theory)'이라 부르며 영업 상담이나 마케팅 등에 활용합니다.

위험을 피하고는 싶으나 눈앞에 있는 이익, 즉 플러스를 얻을 기회는 잃고 싶지 않은 이러한 심리를 이용하면 CVR을 올릴 수 있습니다.

● 고액 강연회 모집 LP에서도 큰 효과

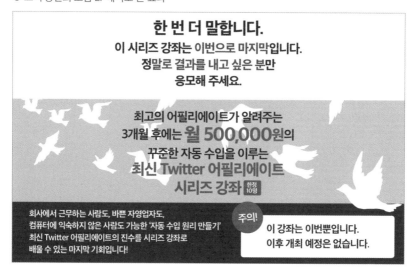

**한 번 더 말합니다.**
이 시리즈 강좌는 이번으로 마지막입니다.
정말로 결과를 내고 싶은 분만
응모해 주세요.

최고의 어필리에이트가 알려주는
3개월 후에는 월 **500,000**원의
꾸준한 자동 수입을 이루는
최신 **Twitter** 어필리에이트
시리즈 강좌 한정 10명

회사에서 근무하는 사람도, 바쁜 자영업자도,
컴퓨터에 익숙하지 않은 사람도 가능한 '자동 수입 원리 만들기'
최신 Twitter 어필리에이트의 진수를 시리즈 강좌로
배울 수 있는 마지막 기회입니다!

주의!
이 강좌는 이번뿐입니다.
이후 개최 예정은 없습니다.

> 이전 시행했던 제휴 마케팅 세미나 모집 LP입니다. 전망 이론을 이용한 모집 광고로, 고액임에도 금방 정원을
> 채웠습니다.

## @ 좀처럼 행동하지 않는 사람을 움직이게 하는 방법

- 이 상품을 사용하면 이런 좋은 점이 있는데…
- 이렇게 장점이 많은 서비스를 왜 이용하지 않는 거지?
- 분명히 경쟁상대보다 더 뛰어난데…

이런 식의 아쉬움을 느낀 적이 있을 겁니다. 그럼에도, 움직이지 않는 사용자를 볼 때면 좀처럼 이해를 못 합니다. 그러나 사람은 감정의 동물이므로 머리로는 이해한다고 해도 마음이 따르지 않아 결국 주저하며 행동하지 않을 때가 흔합니다.

이는 자신도 충분히 알고 있습니다. 그러므로 행동하지 않는 사용

자에 대해 행동을 일으키도록 하려면 앞서 이야기한 전망 이론을 이용하여 필요성을 느끼도록 해야 합니다.

갑작스럽지만, 여기서 나카보 코헤이(中坊公平)라는 일본의 한 변호사에 대해 이야기하고자 합니다. 모리나가 비소 우유 사건이나 토요타 상사 사건 등 여러 사건에서 피해자를 위해 대표 변호사, 파산 관리인으로 일하며 피해자 구제를 위해 노력한 변호사입니다.

나카보 씨는 사기 사건으로 뺏긴 피해자의 돈을 범죄인 줄 모르고 받아버린 선의의 제삼자로부터 돌려받기 위한 교섭을 날마다 벌였다고 합니다. 법률상 받은 돈이 범죄로 얻은 것임을 알지 못했다면(선의의 제삼자) 이를 돌려줄 의무는 없습니다. 하지만, 범죄 피해자 중에는 노인이 많았고 소중한 노후 자금을 사기당하는 바람에 경제적인 어려움을 겪었다고 합니다. 그리고 나카보 씨는 이런 사람들을 위해 쉽지 않은 교섭을 벌였습니다. 한 번 받은 돈은 돌려주고 싶지 않은 것이 사람의 마음입니다.

이런 경험을 통해 나카보 씨가 남긴 말이 있습니다.

'앞에서는 논리, 옆에서는 정, 뒤에서는 공포'

즉, 교섭할 때는 먼저 정론으로 상대의 이해를 구하고 그래도 안 된다면 정에 호소합니다. 이것마저도 실패라면 강한 자세로 나가야 한다는 뜻입니다.

LP를 통해 사용자의 이익이나 장점을 이것저것 알렸음에도 반응이 없을 때 행동을 일으키도록 하려면, '지금 이 순간 행동하지 않으면 얻을 수 있는 이익을 잃게 된다.'라고 강조합시다.

- 이대로라면 머지않은 미래에 1,000만 원을 잃게 됩니다.
- 여러분의 시간을 매순간 빼앗기게 됩니다.
- 정원이 찬 시점에 마감합니다. 이 세미나는 이후 개최 예정이 없습니다.

  참가에 대한 결정권을 어느 순간엔가 개최 쪽이 쥐게 되고, 당연하게 느꼈던 시간이 갑자기 소중하게 느껴지며, 세상 둘도 없는 것이 되는 등 사용자의 감정이 무언가를 얻기보다 잃게 되는 건 아니냐는 쪽으로 중심이 이동합니다. 이에 따라 결과적으로 사용자가 판단을 서두르는 효과가 생깁니다.

  이러한 방법은 무척 효과적이긴 하지만, 사용자가 봤을 때는 강요하는 느낌이 들어 브랜드나 기업 이미지를 훼손할 가능성이 있습니다. 따라서 사용 시점이나 실시 횟수 등에 충분히 주의해야 합니다. 명심할 것은 어디까지나 사용자의 등을 살짝 민다는 생각입니다. 억지로 떠밀어서는 안 됩니다.

# 07 본문은 PREP 법칙으로 알기 쉽게

## @ 성급한 사람도 집중할 수 있는 LP

스마트폰이 널리 퍼진 지금, 인터넷을 이용하는 사용자는 빠르게 정보를 알고 싶어 합니다. 출퇴근 중, 식사 중, 카페에서 친구와 잡담 중에도 스마트폰을 이용해 열람이나 검색을 멈추지 않습니다.

한정된 시간을 최대한으로 사용하면서 가능한 한 빨리 자신이 원하는 정보만을 얻고자 하므로 집중력이 짧아 긴 문장은 피하려 합니다. 그리고 바라는 답을 즉시 얻을 수 없다면 투덜거리며 바로 다른 곳으로 이동하여 정보를 찾기 시작합니다.

여러분도 이런 경험이 있을 겁니다. 블로그나 동영상에는 흥미가 많아서인지 이웃을 맺거나 등록한 채널이라면 오랫동안 보곤 하지만, 그날 검색을 통해 처음 접한 콘텐츠에 자신이 원하는 답이 없다면 즉시 나가버리지 않나요?

LP도 마찬가지입니다. 아무리 많은 이미지를 사용해 매력적으로 디자인했다 하더라도 지루한 설명에 더해 끝까지 읽기 전에는 결론조차 알 수 없다면 타깃은 싫증을 느끼고 나가게 됩니다.

세 가지 유형별로 준비한 논리 전개를 각 파트에 적용하여 LP를 구성하게 되는데, 구조상 제목 → 본문 → 다음 제목 → 본문 식으로 연속해서 표현하므로 다음으로 이어지는 흥미로운 본문을 만들어야 합니다.

이를 위해서는 문장 첫 단락부터 타깃이 알고자 하는 해답이나 중요한 내용을 써야 합니다. 결론을 마지막에 두는 구성은 바쁜 현대인에게는 어울리지 않습니다.

각 파트의 본문에서도 꼭 전해야만 하는 중요한 내용이나 결론을 첫 단락부터 쓰면 이탈이 줄게 됩니다.

## @ PREP 법칙이란?

각 본문에서 타깃이 집중력을 잃지 않고 마지막까지 읽게 하려면 결론을 첫 단락에 제시하는 PREP(프렙) 법칙이라는 문장 구성법을 이용합니다.

PREP 법칙은 네 가지 부분으로 구성되며 다음과 같은 요소 순서에 따라 작성합니다. ※ PREP은 각 요소의 첫 글자를 딴 것입니다.

① Point … 요점·결론
② Reason … 이유
③ Example (Evidence) … 예·증거·근거
④ Point … 요점·결론

검색하거나 흥미가 있어 접속한 사용자가 원하는 것은 자신이 알고 싶은 것을 빠르게 찾는 것입니다. 정보를 제공하는 쪽에서 보면 요점이나 결론 부분이 되므로, 처음부터 이 요점이나 결론을 제시합니다.

요점이나 결론을 제시한 다음 왜 이렇게 말할 수 있는지 그 이유를 설명합니다. 그리고 그 이유의 신뢰도를 높이고자 구체적인 예, 증거, 근거를 준비하여 설득합니다. 그리고 마지막으로 한 번 더 본문 안에 요점

과 결론을 제시하고 글을 마무리합니다.

그러면 PREP 법칙을 사용하지 않은 문장(연역법)과 PREP 법칙을 사용한 문장이 얼마나 다른 느낌인지 한 번 살펴봅시다.

예를 들어 '블로그 마케팅'이라 검색한 사람에 대해 연역법을 사용한 설명은 다음과 같습니다.

> "주위나 책에서는 블로그로 마케팅하려면 매일매일 글을 올려야 한다고 해서, 부담을 느껴 좀처럼 시도해보지 못한다는 고민을 자주 접합니다.
>
> 그러나 저는 1년에 단 25개 글만으로도 월평균 8건 정도 블로그를 통해 업무 의뢰를 받습니다.
>
> 이 정도 글만으로도 업무를 계속할 수 있는 것은 왜일까요? 그것은 블로그 마케팅은 글 개수가 아닌 믿음을 주는 글 내용으로 결정되기 때문입니다.
>
> 매일매일 블로그를 써야 한다는 압박감을 느끼는 당신에게 효율적이고 효과적으로 고객을 모집할 수 있는 블로그 글 쓰기 방법을 알려 드립니다."

PREP 법칙을 사용하여 설명하면 다음과 같습니다.

(Point) 블로그로 마케팅하고자 매일 글을 쓸 필요는 없습니다.

(Reason) 블로그로 마케팅할 때는 믿을 수 있는 글 내용이 더 중요한 것이지 글 개수가 많다고 고객 모집이 잘 되는 것은 아닙니다.

(Evidence) 실제로 저 같은 경우 올리는 글은 1년에 25개뿐이지만, 블로그를 통해 월평균 8건의 업무 의뢰를 받습니다.

(Point) 매일매일 블로그를 써야 한다는 압박감을 느끼는 당신에게 효율적이고 효과적으로 고객을 모집할 수 있는 블로그 글쓰기 방법을 알려 드립니다.

빨리 결론을 알고자 하는 타깃이라면 어느 쪽에 반응할까요? 결론이 마지막에 등장하는 연역법은 사용자가 '마지막까지 읽는다.'라는 것을 전제로 한다면 전혀 문제없습니다. 결론을 아무리 뒤쪽에 배치하더라도 그 결론에 이를 때까지 계속 읽으며 기다리려는 마음이 있기 때문입니다.

그러나 성급한 사람이나 여러분을 처음 알게 된 사용자는 이처럼 느긋하게 기다리지 못합니다. 이럴 때 PREP 법칙을 사용하면 긴 설명이 필요한 LP라도 집중력을 유지한 채 계속 읽게 할 수 있습니다.

이처럼 각 본문 첫 단락에 결론을 제시하는 PREP 법칙을 반복하여 전체 LP의 문장을 구성하면 사용자가 볼 때도 알기 쉬운 내용이 되고 CVR을 올리는 데도 효과적입니다.

# 08 장점과 단점은 솔직하게

## @ 기본적으로 사람은 불신의 동물

사람은 위험을 피하려는 동물이므로 모르는 것, 믿을 수 없고 의심스러운 것은 경계합니다. 얼굴도 모르는 처음 만난 사람이 '이 상품 사세요.'라고 말한다고 살 사람은 없습니다. 게다가 좋은 점만 늘어놓는다면 의심스러워져 더욱 피하게 됩니다.

사람은 기대한 만큼 돈을 내려 하지만, 무작정 기대감만 오르게 되면 거꾸로 냉정하게 생각하기 시작하고 '이 사람 말이 정말일까?', '좋은 말만 있는데, 나쁜 점은 숨기는 걸까?'라며 의심이 심해져 믿지 않게 됩니다.

지마켓이나 쿠팡에서 쇼핑하기, 호텔 예약하기, 근처 맛집 찾기, 점심 영업 식당 찾기처럼 평소의 검색 행동 중에도 손님의 목소리나 리뷰를 살펴본 후 행동을 결정할 때가 있습니다. 이때 평가 점수가 5점 투성이라면 역으로 '조작 아냐?'라고 생각하는 사람도 생기므로 역효과입니다.

중요한 것은 LP에서도 '기본적으로 사람은 불신의 동물'이라는 가정하에 장점뿐 아니라 상품 사용에 따른 단점이나 할 수 없는 부분도 솔직히 설명해야 한다는 것입니다.

나쁜 평가나 단점을 보고 '역시 그만두는 게 좋겠어.'라며 나가는 사람도 있을 겁니다. 이를 기회 손실이라 생각하면 마음이 아프지만, 좋은 점만 알고 구매한 후 단점이나 주의할 점을 제대로 설명하지 않아 불만이 생긴다면 오히려 더 나쁜 인상을 주게 됩니다.

오히려 장점뿐 아니라 단점까지도 제대로 전달하면 신용도가 오르고 마이너스 부분도 고려하여 구매하게 되므로 불만이 사라지게 됩니다.

기대를 올리는 것도 중요하지만, 이를 위해서는 장점뿐 아니라 단점 역시 솔직히 밝히도록 합시다.

● 단점이나 결점도 솔직히 밝히자

| 장점 |
| --- |
| 제삼자의 시선으로 지금의 마케팅이나 웹 담당자가 적절한지를 판단할 수 있습니다.<br>좀처럼 나아가지 못했던 다음 단계에 대해 자신을 가질 수 있습니다.<br>일일이 상담할 곳을 찾아야 하는 노력을 줄일 수 있습니다.<br>생각했던 것 이외의 방법을 발견할 수 있습니다. |

| 단점 |
| --- |
| 상담 내용을 별도로 정리하여 제공하지는 않으므로 메모를 이용하거나 음성 녹음, 동영상 녹화 등을 통해 직접 기록해야 합니다. |

P 모델의 샘플 LP로 소개한 LP에서도 상품 설명 파트에 장점과 단점을 함께 실었습니다. 솔직한 내용 전달은 사용자의 신용을 얻는 데 필수입니다.

## @ 단점을 통해 자사의 우위성을 드러내는 방법

장점뿐 아니라 단점까지 모두 적으면 처음 접속한 사람이라도 진지한 판매자라는 느낌을 받게 됩니다.

필자가 이전에 담당했던 농가직송 현미 판매 LP에서도 처음으로 현미밥에 도전하는 분을 위해 미리 현미밥과 어울리는 요리, 어울리지 않는 요리를 설명했더니 그 결과 CVR이 오르기도 했습니다.

상품이나 서비스 설명에서는 할 수 없는 것, 되지 않는 것뿐 아니라 부작용도 빠짐없이 모두 설명합시다. 단점도 함께 적는 편이 신용을 얻게 되므로 결과적으로 판매가 늘게 됩니다. 이때 단점이나 부족한 점을 이용해 자사의 우위성을 드러나게 하는 방법을 알아두면 불만 예방뿐 아니라 고객 만족도 향상에도 큰 도움이 됩니다.

다음 예문을 비교해봅시다. 여기서는 글쓰기 강좌 모집 글 두 가지를 준비했습니다.

① 당사가 개최하는 '웹 글쓰기 시리즈 강좌'는 어떤 글쓰기 강좌보다 뛰어납니다. CVR 향상은 물론 SEO와 키워드 광고 등, 다른 인터넷 마케팅에까지 활용할 수 있는 멋진 내용으로 수강 내용이 구성됩니다. 이런 강좌는 어디에도 없습니다. 이 강좌를 수강하지 않을 이유 역시 어디에도 없습니다.

② 당사의 글쓰기 강좌는 시리즈이므로 이어지는 여러 번의 수강에 따른 경제적 부담이라는 단점이 있습니다.

확실히 전국 여러 곳에서 좋은 글쓰기 강좌가 개최되며 배우는 내용도 충실합니다. 그러나 웹 글쓰기 기술을 제대로 배우려면 한 번의 강좌로는 부족한 것 또한 현실입니다.

왜냐하면, 한 번의 강좌로 이해했다는 느낌은 들어도 그 노하우를 자신의 것으로 만들려면 '몇 번씩 문장을 써보고 이를 다른 사람에게 보여준 다음 피드백을 받는 것'이 필요하기 때문입니다. 당사의 강좌는 참가자끼리 자신이 만든 문장을 발표하고 기탄없이 의견을 교환하는 등 충분한 피드백을 받도록 구성됩니다.

어떻습니까? ①에서는 단점은 전혀 언급하지 않고 장점만 나열했습니다. 서비스에 자신이 있으므로 강좌의 장점만을 강하게 홍보합니다.

이와는 달리 ②는 시리즈 강좌라는 비용 부담 측면의 단점도 언급합니다. 그럼에도 ②의 모집 글 쪽을 더 호의적으로 받아들인 사람이 많을 겁니다.

②의 모집 글에 단점을 언급했기 때문만은 아닙니다. 실은 이 모집 글이 '단점이나 부족한 점을 이용하여 자사의 우위성을 드러내는 전달 방법'을 사용했기 때문입니다.

그 방법은 다음과 같습니다.

① 자사(상품이나 서비스)의 약점

⬇

② 경쟁 상대 칭찬

⬇

③ (그럼에도) 자사(상품이나 서비스)의 강점이나 세일즈 포인트

먼저 약점(단점이나 부족한 부분)을 솔직히 이야기합시다. 이 예에서는 시리즈 강좌 수강에 따른 비용 부담이 크다는 점입니다. 그다음으로 경쟁 상대의 상품이나 서비스의 우위성을 칭찬했습니다. 결코 험담을 해서는 안 됩니다. 진지하게 솔직하게 경쟁 상대의 뛰어난 부분을 이야기합시다. 이렇게 하면 신뢰도가 높아집니다.

마지막으로 이러한 상황 인식을 바탕으로 자사의 좋은 점을 호소하

도록 합시다. 경쟁 상대는 못 하는, 자사만이 제공할 수 있는 장점이나 가치를 마음껏 이야기합시다.

이러한 구성으로 문장을 만들면 나쁜 이미지는 없애고 좋은 이미지를 줄 수 있으므로 긍정적인 인상을 줍니다.

어차피 단점까지 솔직히 말할 거라면 좋은 이미지를 줄 수 있는 문장으로 구성하여 CV로 이어지도록 합시다.

● 단점이라 느끼지 못하는 문장 구성

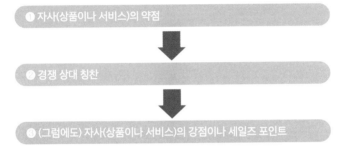

① 자사(상품이나 서비스)의 약점

② 경쟁 상대 칭찬

③ (그럼에도) 자사(상품이나 서비스)의 강점이나 세일즈 포인트

> 단점을 잘 활용하면 자사의 우위성을 더욱 드러낼 수 있습니다. 단, 순서가 달라지면 효과 또한 전혀 달라지므로 주의하세요.

# 09 집중력을 유지하는 단락당 문자 수

## @ 사람의 집중력은 8초

　　LP에는 매출을 올리려면 어떻게 호소해야 하는가를 철저하게 고민한 내용을 표현합니다. 이는 구매 행동을 유발하는 마케팅 활동의 축소판이라 할 수 있습니다.

　　그러므로 일반적인 웹 페이지와 비교할 때 정보량이 늘어나기 쉬우므로 읽는 사람에게 부담으로 느껴지게 됩니다.

　　갑작스럽겠지만, 2015년 마이크로소프트의 캐나다 연구팀이 인간의 집중력은 8초라고 발표한 내용을 알고 있는지요(약 2,000명 참가자의 뇌파를 측정하여 발표한 숫자입니다. 2000년에는 12초였던 집중력이 점점 줄어들고 있다고 합니다)? 참고로 금붕어의 집중력이 9초라고 하니 인간의 집중력 유지 시간은 금붕어보다 짧다고 할 수 있습니다.

　　문장을 읽을 때는 집중력이 필요하지만, 8초라는 짧은 시간은 LP의 긴 문장을 읽는 데 부족합니다. 언뜻 눈으로 훑어보는 듯해도 실제로 이해까지 이르지는 못합니다. 이처럼 인간의 집중력은 점점 줄어들고 있으므로 LP를 읽게 하려면 상당한 노력이 필요합니다.

## @ 60자~100자를 기준으로 줄 바꿈

　　웹 사이트를 보는 단말기 대부분이 스마트폰인 이상, LP도 스마트폰에서 보기 쉽고 읽기 쉬운 환경이 되어야 합니다. 인간의 집중력은 짧으므로 긴 문장 덩어리를 보기만 해도 '굳이 다 읽어야 하나?'라며 읽을 마음이 사라집니다.

아주 중요한 내용이 적혔음에도 단지 문장 덩어리를 보기만 해도 피하게 된다면, 이는 무척 아쉬운 노릇입니다. 이러한 기회 손실을 막으려면 60자~100자 정도를 기준으로 줄 바꿈 하는 등 스마트폰으로 보더라도 문장 덩어리가 커 보이지 않도록 하여 심리적 부담을 줄이도록 합시다.

8초 안에 읽음 → 8초 안에 읽음 → 8초 안에 읽음 → 8초 안에 읽음 → …

이처럼 문장 덩어리를 작게 만들면 사용자에게 부담을 주지 않으므로 LP를 계속 읽을 확률이 높아집니다.

● 8초 집중력 계속 유지

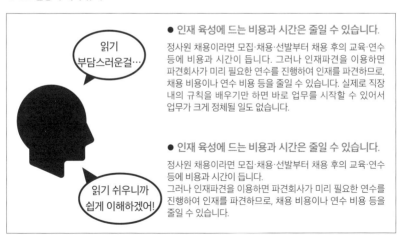

같은 의미의 글이라도 8초 규칙에 따라 줄 바꿈 하거나 알기 쉽게 문장을 바꾸기만 해도 받는 인상이 달라집니다.

# 10 마지막까지 읽었을 때의 느낌을 상상

## @ 마지막까지 읽었을 때 행복함을 느낄 수 있도록

고민이 있는 사람, 문제를 해결하고자 하는 사람, 갖고 싶은 것이 있는 사람 등 LP를 방문하는 목적은 다양합니다. 그들에게는 원하는 미래가 있고 이를 손에 넣고 싶고 이루고 싶다는 생각이 있습니다. 그리고 바라는 미래를 손에 넣을 수 있을 거라는 '기대'를 안고 LP를 읽습니다.

만약 끝까지 읽고 나서도 자신이 그리는 미래상을 발견할 수 없다면 어떤 느낌일까요? 실망감을 안고 어깨를 축 늘어뜨린 채 다시는 여러분의 LP를 방문하지 않으려 할 것입니다.

기대에 대해 돈을 내는 사람은 결코 나쁜 결말을 바라지 않습니다. 우울한 기분이 되려고 귀중한 시간을 쪼갠 것은 아니니까요.

논리 전개나 설명 방식에 따라서는 사용자가 알고 싶지 않은 충격적인 사실이나 현실을 전해야만 할 때가 있을 겁니다. 그러나 중요한 것은 읽고 나서 행복감을 느낄 수 있고 희망을 품을 수 있는 결말이 되어야 한다는 것입니다.

# 11 주문 완료 화면에서 크로스셀링을 노림

## @ 구매 완료 순간을 노려 매출을 늘림

상품이 팔렸을 때 여러분은 다음과 같이 생각하지 않으시나요?

**'좋았어! 하나 팔았어! 다행스러워!'**

고생해서 만든 LP로 첫 매출을 올렸을 때의 기쁨은 이루 말할 수 없을 것입니다. 그러나 여기서 만족하기는 아직 이릅니다. 상품을 산 바로 다음이야말로 그 구매자에게 하나 더 판매할 기회이기 때문입니다.

평소 갖고 싶었던 것을 고민 끝에 산 다음 들었던 기분을 떠올려 보세요. '드디어 샀어!', '정말로 질러버렸어…', '조금만 기다리면 도착이야! 못 참겠는걸!' 등 기쁨이나 후회가 뒤섞인 느낌이 아니었나요?

그렇습니다. 사람은 물건을 손에 넣은 직후 일종의 흥분 상태에 빠지므로 기분이 고양됩니다. 특히 고액 상품을 산 다음이라면 흥분이 가라 않지 않은 채로 긴 시간 두근거리는 기분에 휩싸입니다. 정말 산 것 맞는지라며 말입니다.

돈을 내는 행위에는 아픔을 동반한다고 했습니다. 그 아픔을 각오하고 비싼 돈을 낸 것이므로 무리도 아닙니다. 아드레날린이 다량으로 분비되고 두근거림이 멈추지 않습니다.

기쁘긴 하지만 정말 사도 괜찮은 걸까? 실제 사용해보고 만족하지 못하면 어쩌지? 모순된 기분이 뒤섞인 그 모습은 그야말로 인지부조화 상태입니다.

스스로 구매 행동은 옳았다고 자기를 합리화하는 고객에게 '그렇습니다. 당신의 행동은 올바릅니다. 그리고 이 상품을 선택한 당신을 위해 이런 상품(서비스)도 준비했습니다.'라고 바로 눈앞에 새로운 상품을 소개해보기 바랍니다. 점점 더 많은 상품이 팔리기 시작할 겁니다.

맥도날드에서 햄버거를 사면 '감자튀김은 어떠세요?'라며 점원이 추천할 때가 있습니다. 이때 '기왕이면 같이 사지, 뭐.'라며 함께 산 적은 없나요?

이런 행동을 하는 것은 자신의 행동을 정당화하고 싶기 때문입니다. 이는 심리학에서 말하는 '일관성의 원리'라는 것으로, 구매라는 자신의 행동을 정당화하고 틀린 행동이라고 생각하지 않고자 자신을 인정하려 합니다. 이 타이밍에 '이 상품도 당신에게 꼭 어울립니다.'라고 추천하면 자신의 판단이 틀리지 않다고 굳게 믿으므로 이 역시 충동적으로 구매하게 됩니다.

바로 이런 이유로 구매가 완료된 순간이야말로 구매 단가를 올려 매출을 늘릴 좋은 기회입니다. LP의 신청 양식 마지막이나 구매 완료 화면에 다른 상품도 함께 광고해보기 바랍니다.

'이 상품을 선택한 당신에게 꼭 맞는 과정은 바로 이것!'

'구매한 상품과 함께 이 ○○을 사용하면 더욱 효과적!'

지금이라면 ○% 할인된 가격으로 제공!'

'어차피 살 거라면 함께 사는 것이 이득이지.'

'모두 같은 걸 산다면 나도 한 번 사볼까?'

'언젠가는 필요하므로 지금 사두자.'

구매 직후 기분이 고양된 고객은 이런 기분이 됩니다.

● 주문 완료 화면에서 크로스셀링

## 주문해주셔서 고맙습니다.

상품이 도착할 때까지 잠시 기다려주시기 바랍니다.

상품이 도착할 때까지 잠시 기다려주시기 바랍니다.
구매한 상품과 함께 이 ○○을 사용하면 더욱 효과적!           **상품 사진**
지금이라면 ○% 할인된 가격으로 제공!

※ 이 주문 완료 화면을 닫으면 이벤트 가격 혜택도 함께 사라지므로 주의하세요.

▐ 주문 완료 화면에서 추가로 상품을 추천하면 함께 구매할 확률이 높으므로 주문 단가를 올릴 수 있습니다.


게다가 그 상품을 추천하는 화면에 '이 주문 완료 화면을 닫으면 이벤트 가격 혜택도 함께 사라지므로 주의하세요.'라며 기한을 설정하면 CVR은 더욱 오르게 됩니다.

하나의 상품이 팔렸다고 좋아할 것이 아니라 바로 다음 상품을 팔 수 있도록 제안합시다. 이러한 노력 하나하나가 고객 단가를 올리게 되어 결국 전체적인 이익으로 이어집니다.

# 12 검토 기간이 긴 고액 상품 홍보 포인트

## @ 한 번으로는 행동을 일으킬 수 없는 고액 상품

주택이나 자동차, 보석, 전자제품 등 고액 상품이나 검토 기간이 긴 상품이라면, LP에 접속 후 바로 구매로 이어지는 때는 매우 드뭅니다. 갖고 싶다는 생각은 있지만 좀처럼 그 금액에는 손이 가지 않는다는 것이 솔직한 심정이겠죠.

그렇다고 해서 모처럼 접속한 잠재 고객이 빠져나가는 것을 그대로 지켜보고만 있는 것은 크나큰 기회 손실입니다. 웹 광고를 통한 접속이라면 더욱 그렇습니다. 비싼 광고비가 모두 소용없어지니까요.

이처럼 잠재 고객을 구매 행동까지 이끌려면 순서에 따른 단계를 이용해 구매 의욕을 일으키도록 합시다.

● 고액 상품이나 검토 기간이 긴 상품을 홍보하는 시점

아무리 갖고 싶다 한들 고액 상품 구매는 결국 사용자의 경제적 능력에 크게 영향을 받습니다.
그러므로 '예'나 '아니오', 두 가지 선택이 아닌 순서에 따른 구매 과정을 밟도록 합시다.

**LP로 고액 상품을 홍보하는 방법**

고액 상품이나 검토 기간이 긴 상품을 판매하려면 목표를 세분하는 것이 좋습니다.

예를 들어 집을 판다고 할 때 수천만~수억 원이 드는 집을 클릭 한 번으로 살 사람은 없습니다. 중요한 것은 집에 흥미를 느꼈다면 그다음 행동을 취하도록 하는 것입니다.

예를 들어 모델 하우스 방문, 주택 카탈로그 요청, 미래 설계와 금전 문제에 관한 자산관리사와 상담 등, 집 구매라는 최종 목표에 다다를 때까지는 여러 과정이 필요합니다.

LP에서도 마찬가지입니다. 갑자기 집을 사도록 하는 것이 아니라 세세한 목표(KPI, Key Performance Indicator, 핵심 성과 지표)를 설정하고 이를 거쳐 최종 목표(KGI, Key Goal Indicator, 중요 목표 달성 지표)에 도달하게끔 합니다.

KGI와 KPI 설정과 전략적인 판매 방법을 고려하여 행동을 일으키기 쉬운 목표를 설정하고 나서 카카오톡, 메일링, 자료 요청 등 단계를 밟아 행동하도록 합시다. 이렇게 하면 사용자의 욕구 단계에 따른 마케팅이 가능하므로, 검토 기간이 긴 상품이라도 팔리는 흐름을 만들 수 있습니다. LP를 통해 얻은 개인 정보를 활용하여 일관적이고 중장기적인 판매 전략을 만들도록 합시다.

이때 중요한 것은 LP를 통해 하기 바라는 행동으로 한 가지가 아닌 두 가지를 제시한다는 것입니다.

예를 들어 행동을 환기하는 배너로는 '무료 상담 신청'과 '무료 카탈로그 요청' 이렇게 두 가지를 준비합니다.

사람은 선택지가 하나뿐이면 '예'나 '아니오'로만 생각합니다.
따라서 무료 상담만 가능하다면 '지금 당장 상담할 건 아니라서…
'라며 다른 곳으로 이동해버립니다. 그러나 선택지를 하나 더
준비하면 '지금 당장 상담은 아니더라도 카탈로그 정도라면 받아
둘까?'라며 심리적인 장벽이 낮아지므로 행동하기 쉬워집니다.

LP를 통해 고액 상품을 판매하고자 할 때는 구매할 때까지의 행동을 세분화하고, 이를 단계별 KPI로 지정한 다음, 행동 환기 장면에서는 심리적인 장벽이 낮은 것 하나를 추가하면 반응률은 올라갑니다.

● 심리적인 장벽이 낮은 CTA를 준비

고액 상품 또는 검토 기간이 긴 상품이나 서비스일 때는 흥미를 느낀 사용자와의 접점을 계속 유지하도록
합니다. 상담까지는 아니더라도 요청한 자료를 보내거나 카카오톡 채널, 메일로 이벤트 개최나 체험전 등의
정보를 꾸준히 제공하여 다음 단계로 옮겨가도록 합니다.

# 6장

## 랜딩페이지 디자인

★ ★ ★

# 01 랜딩페이지에서 디자인의 역할

## ⓐ 사용자의 기대를 높임

LP에서 디자인의 역할은 사용자의 기대를 높여 마지막까지 집중력을 잃지 않고 읽도록 하는 데 있습니다.

검색을 통해 찾아온 사람, 배너 광고를 통해 방문한 사람, 모두 접속한 의도가 있으므로 클릭했을 때 무언가를 '기대'하게 됩니다. 그러므로 그 기대를 저버리는 내용이어서는 안 됩니다.

예쁜 상품을 원하는 사람에게는 예쁜 디자인을, 멋진 것을 찾아온 사람에게는 멋진 디자인을 보이는 등, 사용자가 원하는 이미지 그대로를 표현합니다.

기대를 채우지 못하면 읽는 사람은 흥미를 잃고 나가게 됩니다. 이렇게 되지 않도록 상품 이미지에 맞는 디자인으로 기대를 높이도록 합시다.

● 사용자의 기대를 높이는 디자인

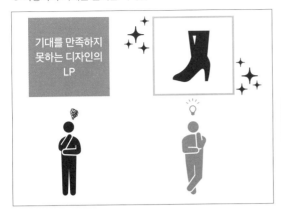

기대를 만족하지 못하는 디자인의 LP

같은 상품이나 서비스라도 사용자가 원하는 이상의 기대에 부응하는 디자인에 이르지 못하면 안 좋은 반응을 보입니다. 그러므로 사용자가 원하는 것이 무엇인지를 생각한 다음 디자인하도록 합시다.

## @ 1단으로 LP를 만드는 이유

LP는 1단으로 구성합시다. 1단이란 웹 사이트에서 자주 보는 사이드바가 없는 구조로, 단이란 '열'이나 '난'을 의미하므로 쉽게 말하면 페이지 좌우에 사이드바가 없는 페이지라 생각하면 됩니다.

● 웹 사이트의 단이란?

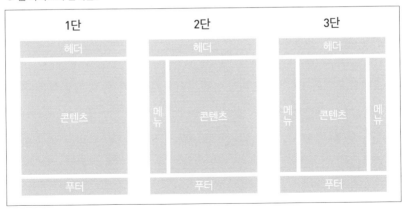

| 1단 | 2단 | 3단 |
|---|---|---|
| 헤더 | 헤더 | 헤더 |
| 콘텐츠 | 메뉴 / 콘텐츠 | 메뉴 / 콘텐츠 / 메뉴 |
| 푸터 | 푸터 | 푸터 |

단이 늘어나면 2단, 3단 등 레이아웃 명칭이 달라집니다. 그리고 이 책에서 이야기하는 논리 전개나 본문은 콘텐츠 안에 표현합니다.

1단 구성의 최대 장점은 사용자가 화면에 집중하기 쉽다는 것입니다. 2단이나 3단에서는 사이드바에 링크나 기타 콘텐츠가 있으므로 시선이 분산되어 집중력이 떨어집니다.

● 1단 구성의 장점

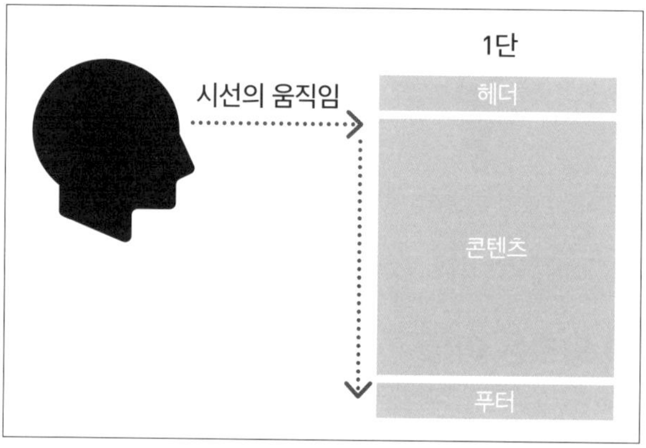


1단이라면 사용자의 시선이 상하로 고정되므로 LP 내용이 보기 쉬워집니다.

도움이 되는 정보를 제공하여 잠재 고객을 모으고자 하는 콘텐츠 마케팅이라면, 링크를 이용하여 다양한 콘텐츠로 이동할 수 있도록 단이 여러 개라도 문제없습니다.

이와는 달리 LP는 접속한 사용자의 빠른 반응이 목적이므로 LP에 머무르는 동안 행동으로 이어지는가가 중요합니다. 이 점에서 1단 구성은 스마트폰이든 PC든 화면 가득 표시되므로, 보기 쉽고 집중력을 유지할 수 있어 행동을 유발하는 효과가 큽니다.

LP를 만들 때는 꼭 1단으로 구성하여 읽기 쉬운 환경을 제공하도록 합시다.

# 02 LP 전체의 디자인 요령

## @ LP 전체의 톤앤매너를 고려

톤앤매너(Tone and Manner)란 완성된 디자인을 통해 전달하려는 분위기나 세계관이라 할 수 있습니다. 예를 들어 맥도날드는 주로 빨간색과 노란색을 사용하여 활발, 건강, 식욕을 자극하는 이미지를 표현하고자 합니다. 나이키는 스워시라인 로고를 통해 스포츠의 속도감, 운동선수의 약동감, 단단한 각오 등을 표현하며 자사를 브랜딩합니다.

실제 LP를 만들 때도 여러분의 회사나 상품·인물의 브랜딩에 도움이 되는 톤앤매너를 설정하여 대상이 이를 어떻게 바라볼 것인지를 생각해야 합니다.

- 진지하고 믿을 수 있는 변호사 사무실이라는 이미지를 주려면 파란색을 기본으로 하여 상쾌하고 성실한 인상을 주도록 연출
- 액세서리 전문점은 밝은 색을 위주로 여성스럽고 사랑스러운 인상을 주도록 연출(고급스러운 느낌은 검은색과 금색 등으로 연출)

LP의 톤앤매너를 통일하면 상품이나 서비스 전체의 이미지를 일정하게 유지할 수 있으므로 전하고자 하는 내용을 쉽게 전할 수 있습니다. 반대로 통일감이 없다면 좋은 이미지를 줄 수 없어 반응이 나빠지므로 주의 바랍니다.

# @ 퍼스트뷰의 중요성

퍼스트뷰란 웹 페이지에 접속했을 때 가장 먼저 접하는 화면으로, 스크롤하기 전 표시하는 부분을 일컫습니다.

● 퍼스트뷰

스마트폰으로 필자의 웹 사이트에 접속했을 때의 퍼스트뷰입니다. 스마트폰은 PC와는 달리 화면이 좁고 정보량이 적습니다.

처음으로 접하는 내용의 범위는 사용하는 기기(PC, 스마트폰, 태블릿 등)에 따라 다릅니다.

특히 스마트폰은 화면이 PC보다 훨씬 좁으므로 주의해야 합니다. 화면이 넓은 PC와는 달리 시야가 좁아지므로 한 번에 제공할 수 있는 정보량이 적을 수밖에 없습니다. 그러므로 PC보다 스크롤이 쉬운 스마트폰에서는 전달하려는 정보가 순식간에 사라질 수 있습니다.

퍼스트뷰는 사용자가 계속 머무를 것인가 떠날 것인가에 큰 영향을 미치는 부분이므로, LP뿐 아니라 웹 사이트를 만들 때도 중요합니다.

다음 항부터는 퍼스트뷰의 중요성과 어떻게 보여줘야 좋은지를 알아보겠습니다.

● 스마트폰으로 봤을 때

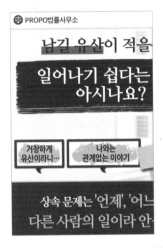

변호사 사무실 샘플 LP의 퍼스트뷰를 스마트폰으로 본 모습입니다. 이 디자인대로라면 퍼스트뷰만으로는 키 비주얼 정보를 알 수 없습니다.

## @ 퍼스트뷰에 필요한 요소

일반적으로 웹 사이트(또는 LP)에 방문하는 사람은 자신에게 필요한 내용인지를 3초 안에 판단한다고 합니다. 따라서 퍼스트뷰에는 종류별로 달리 제작한 키 비주얼을 두어야 하는데, 스마트폰은 화면이 좁으므로 똑같은 정보량을 퍼스트뷰로 전달하기는 어렵습니다.

그러므로 스마트폰의 퍼스트뷰를 정할 때는 키 비주얼 중 특히 우선순위가 높은 정보(광고 카피나 타깃 카피)를 배치하는 것이 포인트입니다.

디자인할 때는 한 번의 스크롤로 어디까지 볼 수 있는지와 한눈에 확인할 수 있는 내용인지 등을 고려해야 합니다.

또한, 사람의 시선은 무의식적으로 왼쪽부터 시작하므로 퍼스트뷰에서 중요한 내용은 가능한 한 왼쪽에 두도록 합니다. 게다가 인물 사진이 있다면 그 인물의 시선을 따라가기 쉬우므로 왼쪽에는 광고 카피를 두고 오른쪽에는 왼쪽을 바라보는 인물을 두는 것도 효과적입니다.

● 퍼스트뷰에 필요한 요소

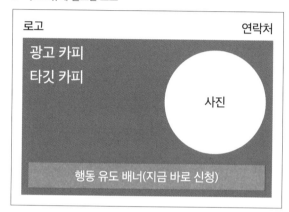

접속자는 자신이 원하는 정보인지를 가장 먼저 판단합니다. 그러므로 중요한 내용은 반드시 보게 되는 퍼스트뷰에 두도록 합시다.

## @ 요소별 디자인 요령

LP의 각 요소를 디자인할 때는 해당 부분이 어떤 인상을 주며 어떤 식으로 보일 것인가를 의식해야 합니다.

예를 들어 P 모델의 논리 전개 중 타깃의 고민을 함께 느끼는 부분에서 '이런 이유로 고민 중인가요?'라고 묻는 장면을 떠올려봅시다. 이 부분의 디자인이 이유 없이 밝고 고민 따위는 전혀 느낄 수 없는 분위기라면 어떨까요? '판매자가 정말로 나를 걱정하긴 하는 건가?'라며 불신이 생길 겁니다.

또한, 상품이나 서비스를 이용했던 고객의 경험담을 통해 믿음을 주도록 하는 부분을 검은색이나 회색 위주로 어둡게 디자인한다면 오히려 나쁜 인상을 주게 됩니다. 특히 논리 전개를 담당하는 사람과 디자인을 담당하는 사람이 다르다면 각 요소의 의도가 잘못 전달될 수 있습니다.

직접 디자인하지 않는다면 LP 작성 도구를 이용하거나 누군가에게 디자인을 의뢰해야 합니다. 이때 어떤 소재나 템플릿을 선택해야 할지 망설이게 되고, 디자이너에게 의뢰할 때도 '아무튼 멋지게 보이도록', '좋은 느낌이 들도록'과 같은 표현으로는 사람마다 다른 가치관이나 미의식 때문에 디자이너가 난처해합니다.

● 디자인 의뢰 시의 요령

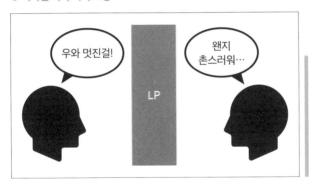

사람마다 가치관이나 미의식이 다릅니다. 말로만 디자인을 의뢰할 것이 아니라 구체적인 디자인 예나 사진, 잡지 등을 함께 보면서 어떤 형태로 만들 것인가를 의논하도록 합시다.

그러므로 각 요소에서 무엇을 느꼈으면 하는지와 어떻게 전달해야 할지를 언어화와 시각화를 통해 명확히 정리하여 의도했던 바와 실제 디자인 사이에 차이가 발생하지 않도록 합시다.

물론 LP 전체의 기본 톤앤매너는 지켜야 합니다. 각 요소의 디자인 방향성이 톤앤매너와 일치하지 않으면 오히려 읽기에 불편한 LP가 되므로 디자이너와는 충분히 의논하도록 합시다.

# 03    CVR에 영향을 주는 색상 선택

## @ 색상 선택의 중요성

톤앤매너 부분에서도 잠깐 살펴봤지만, LP에서 사용한 이미지나 색에 통일감이 없다면 이탈할 확률은 높아집니다.

애써 만든 논리 전개나 상대방을 이해한 표현을 사용하더라도 방문자가 싫어할 만한 색으로 LP를 만든다면 모두 소용없어집니다. 오히려 CVR은 나빠질 뿐입니다.

이런 일을 예방하려면 올바른 색상을 선택하여 이를 LP의 색상으로 정해야 합니다. 정해진 색상이 있다면 디자이너와의 의사소통도 원활해집니다.

색상 선택 시 가장 중요한 것은 색 조합입니다. 보기 안 좋고 위화감이 드는 LP 대부분은 색 조합이 안 좋은 것이 그 이유입니다.

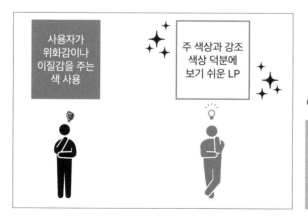

● 주 색상과 강조 색상

색상으로 통일감을 준 LP는 접속한 사람에게 좋은 인상을 줍니다. 읽기 쉬운 LP는 스크롤 가능성뿐 아니라 CVR도 높아집니다.

예를 들어 크리스마스 상품이 아님에도 LP를 빨간색과 녹색으로 꾸몄다면 처음 접속한 사용자는 '크리스마스 이벤트인가?'라고 착각하기 쉽고, 고급스러운 느낌을 의식하여 명도나 채도가 없는 검은색 하나로만 LP를 만든다면 어두운 인상을 주기 쉽습니다.

이러한 오해나 착각을 일으키지 않도록 주 색상과 강조 색상을 고려하여 색상을 선택합시다. 상품이나 서비스를 '떠올리기 쉬운' 주 색상과 '색의 어울림'을 고려한 강조 색상의 두 가지 색을 사용하면 LP에 강조나 강약을 줄 수 있습니다. 다음 항에서 주 색상과 강조 색상은 어떻게 정하는지 알아보겠습니다.

## @ 주 색상 선택 방법

주 색상 선택 방법에는 두 가지가 있습니다.

① 기업 이미지 색상(Corporate Color)을 사용
② 상품이나 서비스에 대해 사용자가 떠올리는 색상을 사용

주 색상은 LP 전체의 기본이 되는 색입니다. 주 색상이라 부를 만큼 LP 전체에 미치는 영향도 크고 특정 이미지를 떠올리도록 하는 효과가 있습니다.

방법 ①에서 말한 기업 이미지 색상이란 이른바 회사의 로고 마크나 상품 패키지, 포장지 등에 사용하는 것입니다. 예를 들어 필자가 운영하는 회사는 빨간색을 기업 이미지 색상으로 정하여 공식 사이트나 명함 등에 사용합니다.

다른 말로는 브랜드 컬러라고도 하는 기업 이미지 색상의 목표는 기업이나 상품·서비스를 상징하는 색으로 인식되는 것이 목표입니다.

● 기업 이미지 색상 활용

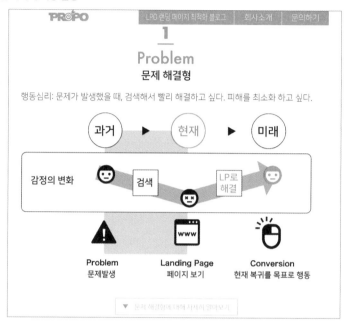

필자의 LP에서는 기업 이미지 색상인 빨간색을 주 색상으로 한 디자인을 사용합니다. 명함, 웹 광고, 강의용 슬라이드에도 빨간색을 사용하여 통일감을 주었습니다.

방법 ②는 예를 들어 '음식이 대상인 LP에는 식욕을 자극하는 따뜻한 색을 사용'한다든가 '변호사 사무실 LP라면 신뢰와 함께 이성적인 느낌이 들도록 차가운 색인 파란색이나 보라색을 사용'하는 것처럼 상품이나 서비스의 이미지를 쉽게 떠올릴 수 있는 색으로 정하는 방법입니다.

LP의 목적이나 대상을 고려하여 주 색상을 정하도록 합시다.

## @ 강조 색상 선택 방법

강조 색상은 주 색상을 돋보이게 하거나 LP 전체에 강조나 강약을 주거나 집중력을 유지토록 하는 효과가 있습니다.

정보가 많은 LP는 길어지기 마련이므로 집중력을 읽기 쉽습니다. 특히 같은 색으로만 만들어 변화가 없는 LP라면 싫증을 느끼고 나가버리는 방문자가 늘게 됩니다.

강조 색상은 주 색상과는 다른, 이른바 보색이나 반대색을 사용하도록 합시다. 보색이란 빨간색과 청록색, 주황색과 파란색, 노란색과 남색 등과 같은 쌍을 말하고, 반대색이란 흰색과 검은색과 같은 쌍을 말합니다.

강조 색상이 반드시 한 가지 색일 필요는 없습니다. 두 가지 색을 사용하여 주 색상을 돋보이게 해도 됩니다. 또한, 같은 계열 색이라도 채도나 명도를 달리하여 강약을 주기도 하므로 다양한 패턴을 시도해보고 알맞은 강조 색상을 선택합시다.

● 강조 색상: 보색과 반대색

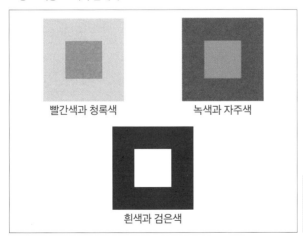

빨간색과 청록색

녹색과 자주색

흰색과 검은색

보색과 반대색을 사용하면 주 색상을 강조하고 돋보이게 하는 효과가 생깁니다.

## @ LP에 사용하는 색의 수에 주의할 것

LP에 사용할 색의 수에도 조심해야 합니다. 디자인 작업 경험이 부족한 사람일수록 많은 색을 쓰려 합니다. 그리고 너무 많은 색을 쓰면 오히려 촌스럽고 이른바 '세련되지 못한' 느낌이 듭니다.

기본적으로는 주 색상, 강조 색상의 2색을 사용하여 디자인할 것을 추천합니다. 물론 글자 색, 손 글씨, 밑줄 등을 통해 꾸미거나 보기 쉽도록 하는 데 사용하는 색상은 상관없습니다.

참고로 팝아트처럼 밝은 이미지를 주고자 일부러 색 수를 늘려 그런 분위기를 만들 수도 있고, 반대로 색 수는 줄이고 대신 명도를 조절하여 연출한 멋진 디자인도 있습니다.

색이 끼치는 영향은 엄청납니다. 그러므로 이 정도 색상이면 괜찮겠지라며 아무렇게나 선택하지 말고, 처음 LP를 접한 사람이 어떻게 느낄지를 예상하면서 디자이너와 충분히 의논하여 결정하도록 합시다.

# 04　각 요소를 매력적으로 연출

## @ LP의 각 요소를 명확히 연출

　　3 패턴 LP 각각의 필요한 요소를 모두 준비하더라도 전달하지 않으면 의미가 없습니다. 일반적인 웹 페이지와는 달리 LP는 설명이 길어지기 쉬우므로 부담이 늘어납니다. 마찬가지로 아무리 멋진 내용이라도 읽기 어렵거나 이해하기 어렵다면 효과는 줄어듭니다.

　　가능한 한 부담을 느끼지 않도록 신경 쓰면서 이와 동시에 흥미를 일으킬 수 있도록 연출하는 것이 필수입니다. 부담을 줄이는 방법으로는 이미지나 동영상, 텍스트 문자 표현 방법 등이 있는데. 이에 대해서는 다음 항부터 살펴보겠습니다.

## @ 그림 문자와 HTML 텍스트를 구분하여 사용

　　LP의 각 요소를 표현하는 방법으로는 HTML 텍스트와 그림 문자, 두 가지가 있습니다.

　　HTML 텍스트로 만든 문자는 일반적인 문자로 LP에 표시됩니다. 이와는 달리 그림 문자는 디자인을 활용하여 꾸민 문자입니다.

● 그림 문자와 HTML 텍스트

## 웹 마케팅 세컨드 오피니언의 상담 내용

인터넷 쇼핑 매출 향상, BtoB 자료 요청 건수 증가, 키워드 검색 광고(네이버 광고, 구글 광고)나 페이스북 광고, 인스타그램 광고 등 SNS 광고 설정과 운용 외에도 블로그나 SEO 컨설팅, 웹 사이트 분석 방법, 목표 설정 방법 등 알고 싶은 내용이 있다면 시간이 허락하는 한 알려 드립니다.
당일 시간을 효율적으로 쓰고자 신청하실 때 미리 설문을 받도록 하겠습니다(엑셀이나 구글 스프레드시트).
Skype나 ZOOM을 이용한 상담도 진행합니다. (※얼굴을 노출하지 않는 기능도 있으므로 안심하세요.)

그림 문자로 꾸민 제목은 눈에 띄기 쉽습니다. 설명 부분과 같이 내용이 많은 곳에는 HTML 텍스트가 적합합니다.

HTML 텍스트와 그림 문자를 구분하여 사용하는 방법은 다음과 같습니다. 광고 카피나 제목 등 강조할 말이나 문장에는 그림 문자를 사용하고, 그 외 주로 설명으로 구성되는 본문에는 HTML 텍스트를 사용합니다.

퍼스트뷰 안에 광고 카피나 타깃 카피, 각 요소의 제목을 그림 문자로 하면, 흘려서 읽거나 빠른 스크롤에도 사용자의 눈에 띄기 쉽습니다.

중요한 곳만 그림 문자로 만들면 가령 흘려서 읽더라도 내용 요약 부분이 자연스럽게 눈에 들어오므로 LP의 개요를 전달할 수 있게 됩니다. 글을 잘 읽지 않는다면 제목을 눈에 띄게 꾸미고, 스크롤하더라도 제목의 의미를 알 수 있도록 큰 글씨와 눈에 띄는 색을 사용하여 주의를 끌도록 합니다.

단, 그림 문자는 수정할 때마다 이미지 파일을 교체하는 수고가 필요합니다. 디자이너에게 의뢰하고 확인한 다음, 서버로 파일을 올리는 데는 아무래도 시간이 걸릴 수밖에 없습니다.

한편, HTML 텍스트로 만든 곳이라면 수정도 간단하고 업데이트도 빠릅니다. 구글의 크롤러(검색 로봇)가 내용을 읽는 데도 문제없으므로 SEO에도 효과가 있습니다. 그러나 그림 문자보다는 임팩트가 약하므로 광고 카피나 제목 등, 눈에 띄어야 하는 부분보다는 본문이나 설명 등에 주로 사용합시다.

## @ 문자의 크기와 가독성

CVR을 높이려면 LP를 보는 사람이 얼마나 쉽게 읽을 수 있는지를 고려해야 합니다. 여기서 중요한 것이 글꼴 크기(폰트 사이즈)입니다. 글 읽기가 어렵다는 이유로 애써 만든 LP에서 떠나버린다면 지금까지의 노력은 물거품이 됩니다.

이를 위해서는 너무 크지도 너무 작지도 않으며, 가독성 또한 높은 글꼴 크기를 선택해야 합니다. 크지도 작지도 않은 글꼴 크기로 구글이 추천하는 것은 16px(픽셀)로, 14.6px 미만은 피하라고 합니다.

단, 안드로이드는 18px를 추천하므로 16~18px로 만들면 문제없을 것입니다.

● CSS로 텍스트 글꼴 크기를 바꿔본 모습

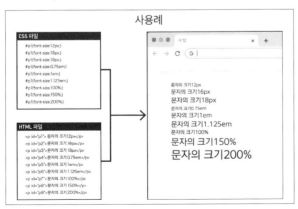

글꼴 크기를 다양하게 바꿔본 모습입니다. 크지도 작지도 않으며 읽기 쉬운 크기를 선택합시다.

## ⓐ 굵은 글씨의 효과

일반적으로 본문은 광고 카피나 제목과 비교하면 문자 수가 많으므로 부담됩니다. 그렇다고 LP 안의 모든 문자를 그림 문자로 한다면 전체가 너무 화려해져 중요한 부분이 무엇인지 알 수 없게 되므로 이 또한 부담입니다.

그러므로 본문에서 꼭 읽었으면 하는 중요한 부분에는 굵은 글씨의 HTML 텍스트를 사용하는 것이 좋습니다. 같은 크기의 문자 중 굵은 글씨로 꾸며진 문자나 문장은 사용자의 주의를 끄는 효과가 있습니다.

흘려 읽거나 대충 읽기 쉬운 LP에서는 읽는 사람의 주의를 끌 수 있다면, 그만큼 꼼꼼하게 읽을 확률이 높아지므로 꼭 시도해보도록 합시다.

분문 안에서 굵은 글씨를 써야 할 곳은 꼭 전하고 싶은 단어나 문장 등 강조하고 싶은 부분입니다.

LP 안의 문장 모두를 읽었으면 좋겠지만, 이는 쉬운 일이 아닙니다. 바쁘고 항상 어디론가 이동하려는 방문자가 조금이라도 상품이나 서비스에 흥미를 갖도록, 눈이 가거나 관심이 있을만한 단어나 문장은 굵은 글씨로 꾸밉시다.

남성을 대상으로 한 본문에는 수치, 증거, 근거, 논리적으로 중요한 부분을, 여성을 대상으로 한 본문이라면 분위기, 다른 여성의 감상, 기분이나 감정, 의성어나 의태어로 표현한 부분 등을 굵은 글씨로 꾸며 강조하도록 합시다.

이렇게 하면 관심이 가는 부분, 알고 싶은 부분에 눈이 머물게 되므로 본문 전체를 읽지 않더라도 '기억했어.', '왠지 알 것 같아.'와 같은 느낌이 들 수 있습니다.

굵은 글씨를 잘 활용하면 흘려서 읽거나 대충 읽더라도 강조한 부분은 인상에 남기 쉬우므로 CVR을 올리는 데 도움이 됩니다. 그러므로 활용법을 꼭 익혀두기 바랍니다.

● 텍스트 강조 효과

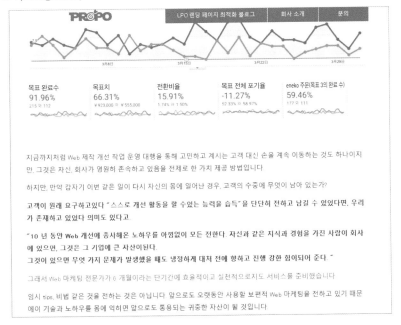

필자의 공식 사이트 일부로, 자신의 생각을 말하는 부분 중 읽기를 바라는 부분, 강조하고 싶은 부분을 굵은 글씨나 빨간 글씨로 꾸몄습니다. 한순간이나마 사용자의 눈이 제대로 머물 수 있도록 합시다.

## @ 사용 글꼴에 따라 인상이 달라짐

글꼴이란 활자나 컴퓨터에서 다루는 문자 중 통일된 서체나 크기의 문자 세트를 뜻합니다. 일반적으로 많이 사용하는 글꼴은 바탕체(명조체)와 돋움체(고딕체)입니다.

● 글꼴 효과

나눔 명조

# 광고

나눔 바른 고딕

# 광고

같은 문장이라도 글꼴에 따라 인상이 상당히 달라지므로 주의하기 바랍니다.

신뢰감이 중요한 유언 작성 서비스 샘플 LP의 글꼴을 고딕체로 한 번 바꾸어 보았습니다.

● 폰트에 따라 달라지는 인상

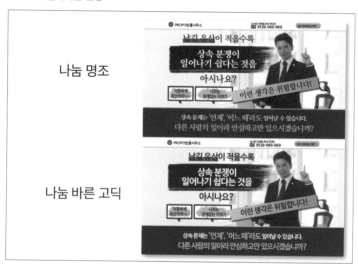

원래 키 비주얼에서는 명조체를 사용했는데, 확실히 이쪽이 더 성실하다는 느낌이 듭니다. 고딕체는 부드러운 느낌은 들지만 조금은 신뢰가 떨어지는 듯합니다.

어떻습니까? 변호사에 대해 가졌던 신뢰감이 꽤 줄어든 느낌입니다. 이 정도로 극단적인 선택 실수를 범할 경우는 거의 없지만, 전체 톤 앤매너나 각 요소에서 전달해야 하는 인상을 생각할 때는 글꼴에 관해서도 고민해야 합니다.

## @ 동영상 활용

LP에서 상품이나 서비스를 매력적으로 연출하려면 동영상을 활용하도록 합시다. 동영상에 포함된 정보량은 단순 텍스트나 사진뿐일 때와 비교하여 약 5,000배 정도 많다고 합니다.

예를 들어 '사내 분위기는 밝습니다.'라고 문장으로 전하는 것보다 실제 사내에서 웃는 얼굴로 즐겁게 일하는 동영상을 보여주는 편이 그 분위기를 더 선명하게 전할 수 있습니다.

소리나 빛 등 문자로는 좀처럼 전하기 어려운 상품이나 서비스라면 동영상을 사용하여 그 이미지와 움직임, 분위기 등을 시각적으로 전할 수 있습니다. 게다가 움직임, 이미지, 소리, 빛, 시즐링(지글지글 소리를 내는) 등을 느낄 수 있는 동영상만으로도 사용자의 시선을 끌 수 있습니다.

동영상을 활용하고자 할 때 가장 편한 방법은 유튜브입니다. 유튜브로 동영상을 만들어 올린 다음, 관리자 화면에서 제공하는 동영상 삽입 태그(또는 링크 삽입)를 LP에 넣기만 하면 되므로 무척 간단합니다.

일반적으로 LP가 있는 서버에 용량이 큰 동영상을 올리게 되면 LP 자체의 표시 속도가 느려질 수 있습니다. 하지만, 유튜브를 활용하면 외부 서버이므로 LP가 있는 서버에 부담을 적게 주면서도 안정적으로 동영상을 이용할 수 있습니다.

게다가 무엇보다 무료로 이용할 수 있다는 장점이 있습니다. 물론 긴 동영상일 때는 동영상 안에 유튜브 광고가 들어갈 수 있으므로 주의하기 바랍니다. 모처럼 접속한 사용자가 이 광고를 보고 다른 곳으로 이동해버릴 염려가 있기 때문입니다.

회사 내부 정책이나 동영상 내용에 따라 유튜브를 사용하지 못할 때는 직접 동영상을 올려 서비스해야 합니다. 이때는 파일 형식이 MPEG4라면 플랫폼 대부분에서 재생 가능하므로 문제없습니다.

짧은 시간에 많은 정보를 전할 수 있는 동영상을 활용하면 지겨움을 덜 느끼며 LP를 읽을 수 있습니다.

## ⓐ 스마트폰에서 주의할 점

동영상을 활용한 LP에서 주의할 점은 스마트폰 사용자에게는 어떻게 보여줄 것인가입니다.

PC로 동영상을 볼 때는 주위에 와이파이 환경이 갖추어진 경우가 대부분이므로 데이터 통신 부담이 적으리라 예상할 수 있지만, 스마트폰이라면 그렇지 않습니다.

실외에서 사용하는 사람도 많은데 이때는 데이터 통신량이 많은 동영상에 부담을 느끼고 재생하지 않을 가능성도 있습니다. 그렇다고 해서 동영상을 자동 재생으로 설정하면 스팸 동영상이라 오해하고 바로 페이지에서 벗어나려 할 것입니다.

그러므로 스마트폰용 동영상은 굳이 풀 HD 등의 고해상도가 아닌 보기에 충분할 정도의 크기로 만들도록 합시다. 데이터를 낭비하지 않도록 화질을 줄인다든가 재생 시간을 줄여 용량을 작게 하는 등, 가능한 한 사용 환경에 부담되지 않아야 합니다.

LP에 접속한 사용자의 환경을 고려하여 가능한 한 통신에 부담을 주지 않도록 구성합니다.

또한, 어떤 곳에서 보더라도 괜찮도록 소리는 무음(뮤트) 상태로 합시다. 동영상에 소리가 포함되었을 때는 '음성주의' 등 소리가 있다고 표시하는 것이 기본 예의입니다. 방문자는 동영상을 보고 싶은 것이 아닙니다. 어디까지나 매력을 전달하는 수단으로 동영상을 사용하는 것뿐이므로 싫어할 만한 내용은 없애야 합니다.

이후 5G 서비스가 확대되면 사용자의 통신 환경이 극적으로 변한다고들 합니다. 그러나 모두가 이 서비스를 이용하는 것은 아니므로 동영상을 활용할 때는 여전히 스마트폰 사용자의 사용 환경을 충분히 배려해야 합니다.

## @ 텍스트만으로는 집중력을 유지하지 못함

인간의 집중력은 짧아 그 지속 시간이 8초 정도라 합니다. 게다가 집중력이 부족해서 문장을 읽지 못하거나 문장의 의미를 이해하지 못하는 사람도 많습니다.

그래서인지 문장 덩어리를 보기만 해도 질린 듯이 고개를 돌리며 나가버릴 때도 흔합니다.

이를 예방하려면 다음 그림처럼 제목 → 사진(또는 동영상) → 본문을 하나의 세트로 구성하여 설명하는 것이 좋습니다. 잘 꾸민 제목(그림문자)으로 시선을 모으고 전하고자 하는 내용을 시각적으로 표현합니다. 이것만으로도 인상에 남지만, 본문에서 보충 설명하면 방문자는 이를 친절하게 느낍니다.

● 집중력을 유지하는 방법

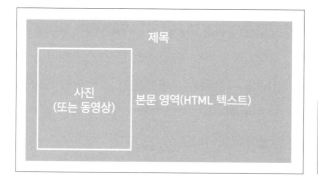

키 비주얼 이외의 콘텐츠 부분은 이러한 패턴으로 만들면 집중력을 유지하는 데 도움이 됩니다.

특히 정보량이 너무 많은 문장은 그래프나 표로 정리하여 알기 쉽도록 합니다. 문장만으로는 의미나 목적을 전달하기 어렵기 때문입니다.

관광지나 유적지 등을 방문했을 때를 떠올려봅시다. 현지에 도착하면 우선 주변 경치를 둘러봅니다. 아름다운 풍경을 즐기고 맑은 공기를 충분히 마신 후에야 비로소 근처에 있는 안내 간판을 통해 자세한 정보를 얻습니다. 이러한 흐름이 여기서도 적용됩니다. 그러므로 강한 인상을 준 다음 자세한 본문을 제시한다는 흐름을 의식하며 내용을 구성합시다.

● 시선의 움직임

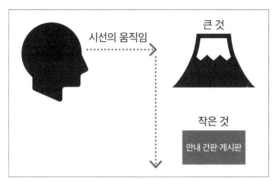

시선의 움직임은 큰 것 → 작은 것의 반복입니다. 콘텐츠 제시 방법도 마찬가지이므로 강조하고 싶은 것부터 눈에 띄도록 디자인합니다.

또한, 그래프나 그림을 사용할 때도 중요한 요소(예: 자사 상품 사양)는 눈에 잘 띄도록 꾸밉시다. 경쟁 상품과의 비교를 그림으로 나타낼 때도 똑같은 톤으로 설명하는 것이 아니라, 일부러 자사 상품이 눈에 잘 띄도록 꾸미면 이를 더 주시하게 됩니다.

● 자사를 강조한 비교표

해먹 샘플 LP에서 사용한 비교표로, 자사 상품을 가운데 두고 우위성을 강조하도록 표를 꾸몄습니다.

그 밖에도 사진이나 일러스트뿐만 아니라 만화를 이용하여 LP를 연출하는 방법도 있습니다. 이럴 때는 만들어 둔 논리 전개를 기준으로 만화 내용을 구성하는 것이 좋습니다.

문장만으로 모든 것을 전하려 하지 말고 적절한 사진이나 일러스트도 함께 섞어 각 요소를 만들도록 합시다.

## ⓐ 이미지 파일 선택과 수집 방법

텍스트로는 전달할 수 없는 현장감이나 색채, 세계관을 연출하고자 할 때는 이미지 사진이 중요합니다. 말로 표현할 수 없는 것을 한순간에 전달할 수 있는 것이 사진의 매력이지만, 이런 의도와는 달리 조금이라도 어색함을 준다면 오히려 거부감이 생깁니다.

멋진 것을 기대하고 접속한 사람에게 아무리 봐도 촌스럽고 세련되지 않은 사진이 나타난다면 역효과입니다. 그러므로 전체 이미지와 잘 어울리는, 가능하면 문맥을 잘 드러낼 수 있는 사진을 준비하도록 합시다.

'말은 쉽지만, 어떤 사진을 써야 할지 잘 모르겠어요.'

필자도 세미나 등에서 자주 듣는 말입니다만, 이럴 때는 경쟁 회사의 웹 사이트나 LP를 방문해서 좋아 보이고 마음에 드는 것이라면 일단 저장해두고 자신의 상상력을 자극하도록 합시다. 참고한다는 의미에서 가능한 한 많은 웹 페이지를 연구합시다.

똑같은 스니커즈 판매라면 어떤 식으로 상품을 촬영했는지, 상품만 확대해 촬영했는지 아니면 모델을 기용해 거리에서 촬영했는지 등, 참고가 될 만한 내용은 많습니다.

사진을 모으는 도구인 핀터레스트(Pinterest)도 참고 사이트로 추천합니다. 세계의 다양한 사진이 저장되어 있으므로 찾고자 하는 사진이 있다면 검색해보기 바랍니다. 반드시 마음에 드는 이미지나 사진을 찾을 수 있을 겁니다.

세계적으로 유명한 이미지 공유 서비스인 핀터레스트에는 디자인 시 영감을 얻거나 도움이 될 만한 사진이나 동영상이 많습니다.

🔗 핀터레스트(Pinterest)  https://www.pinterest.co.kr/

## @ 이미지, 사진 제공 서비스

다른 사이트나 LP, 핀터레스트 등에서 참고용 이미지를 찾는 것 외에 이미지 제공 사이트를 이용해도 좋습니다. 이미지 제공 사이트에는 사진이나 일러스트 등 제공하는 소재가 많으므로 마음에 드는 것이 있다면 LP에 사용하도록 합니다.

단, 사진이나 이미지 사용에 비용이 들 때도 있고 무료 사진이라도 상업용으로 이용하지 못할 때도 있습니다. 그러므로 이용할 때는 먼저 약관을 잘 확인하도록 합시다. 무단으로 사용하면 저작권이나 초상권 침해가 될 수 있습니다.

이미지 제공 사이트

- Shutterstock(셔터스톡)    https://www.shutterstock.com/ko/
- PIXTA(픽스타)         https://kr.pixtastock.com/
- Pixabay(픽사베이)    https://pixabay.com/ko/
- iStock(아이스톡)      https://www.istockphoto.com/kr/
- picjumbo(픽점보)     https://picjumbo.com/

이미지 제공 사이트는 이외에도 많으므로 여러분이 원하는 이미지나 사진이 많은 사이트를 선택하세요.

## @ 무거운 사이트가 되지 않으려면

사진이나 일러스트를 많이 사용하는 LP에서는 표시 속도가 느려질 위험이 있습니다.

표시 속도에 관해 구글은 다음과 같은 예측을 발표했습니다.

표시 속도가 1초에서 3초로 떨어진다면 이탈률은 32% 증가

표시 속도가 1초에서 5초로 떨어진다면 이탈률은 90% 증가

표시 속도가 1초에서 6초로 떨어진다면 이탈률은 106% 증가

표시 속도가 1초에서 7초로 떨어진다면 이탈률은 113% 증가

표시 속도가 1초에서 10초로 떨어진다면 이탈률은 123% 증가

페이지 요소(텍스트, 제목, 이미지 등) 개수가 40개에서 600개로 늘면 CVR은 95% 하락

🔗 https://www.thinkwithgoogle.com/marketing-resources/
data-measurement/mobile-page-speed-new-industry-benchmarks/

표시 속도가 늦어질수록 이탈률이 높아지므로 커다란 기회 손실이 됩니다. LP를 만들 때도 마찬가지이므로 가능한 한 무거운 페이지가 되지 않도록 주의합시다.

참고로 구글이 제공하는 도구를 이용하면 페이지 표시 속도를 확인할 수 있습니다. 알아보고 싶은 URL을 입력하여 조사해보기 바랍니다.

● 웹 페이지 속도 측정 도구

PageSpeed Insights는 웹 페이지 구성을 분석해 웹 페이지 읽기 시간을 줄일 방법을 제안합니다. 최고점은 100점으로, 표시 속도를 개선하는 데 많은 도움을 얻을 수 있습니다.

점수가 낮다면 이미지 파일이 주된 원인일 수 있으므로 이미지 압축 도구로 용량을 줄이도록 합시다. 또한, 특별한 이유가 없다면 이미지 파일 형식은 JPEG로 합니다(무거운 PNG 형식은 피합니다).

표시까지 걸리는 시간이 길면 길수록 이탈하는 사람은 늘어납니다. 이를 피하려면 이미지 데이터를 가능한 한 가볍게 해야 합니다. 사용할 이미지는 압축 도구를 사용하여 가볍게 만듭시다.

이미지 압축 도구

- I Love Image   https://www.iloveimg.com/ko/compress-image
- Optimizilla   https://imagecompressor.com/ko/
- kraken.io   https://kraken.io/web-interface

# 05    LP 코딩하기

## @ 정성을 다한 코딩이 CVR을 올림

완성된 디자인을 웹 페이지로 보여주려면 코딩 작업이 필요합니다. ※ 단, LP 작성 도구를 사용한다면 코딩을 안 해도 됩니다. 코딩에는 HTML, CSS, JavaScript 등을 사용합니다. 코딩에 따라 LP의 표시 속도가 달라지기도 하므로 대충 한 코딩은 CVR에 안 좋은 영향을 줄 수 있습니다.

짧고 보기 좋은 코드를 작성하면 쓸데없는 코드는 사라지고 가벼워집니다. 표시 속도가 빨라지면 CVR이 오를 뿐 아니라 LP 업데이트에 드는 시간도 줄어듭니다. 쓸데없는 코드가 없는 보기 좋은 코드가 되도록 정성스레 코딩 작업을 진행합시다.

또한, 디자이너와 코더는 담당자를 따로 두는 것이 좋습니다. 왜냐하면, 디자인과 코딩 작업을 한 사람이 담당하게 되면 무의식적으로 코딩 작업을 편하게 하고자 디자인을 대충할 염려가 있기 때문입니다. 홍보력이 높은 LP를 만들려면 타협하지 않는 디자인과 코딩이 반드시 필요합니다.

## @ 업데이트를 전제로 한 코딩

LP를 배포하는 것으로 모든 것이 끝나는 것이 아닙니다. 마케팅 활동에서 중요한 역할을 담당하는 이상 CVR을 높이고 CV 수를 늘리고자 계속적인 업데이트가 필요합니다.

광고 카피나 이미지를 바꾸고 본문 텍스트를 변경하는 등, 조금이라도 반응이 좋은 방향으로 업데이트를 계속 진행합니다. 업데이트 작업을 하려 할 때 어디에 무엇이 있는지 어떤 설정인지를 모르면 이를 확인하는 데 쓸데없는 시간을 낭비하게 됩니다.

그러므로 HTML의 콘텐츠 섹션마다 주석(설명문)을 남기기만 하더라도 훨씬 알기 쉬워지며, 팀 단위로 LP 업데이트 작업을 진행한다면 최초 코드를 작성한 사람이 아니더라도 작업이 가능하므로 작업 효율이 오릅니다.

덧붙여 업데이트 작업을 염두에 두고 파트(논리 전개 요소)마다 구간을 나누어 코딩하면 작업이 편해집니다. 운영 중 수정이나 매월 정기 업데이트 작업이 구간별로 나누어 진행되기 때문입니다.

LP 완성에 목표를 둘 것이 아니라 CV를 늘리기 위한 업데이트 활동을 전제로 코딩하도록 합시다.

● 업데이트를 전제로 한 코딩

분석 작업을 통해 CVR을 올리도록 계속 LP를 업데이트해야 합니다. 수정 작업이 원활히 진행되도록 최초 제작 단계부터 이후 코딩 작업이 쉬워지도록 하는 환경을 준비합시다.

# 코드 압축

코드 압축이란 소스 코드 안의 주석이나 줄 바꿈 등을 없애고 파일 자체를 작게 만드는 작업입니다.

정보량이 많은 LP는 파일 크기가 늘어나기 쉽습니다. 또한, 텍스트 파일에 업데이트 작업을 염두에 둔 줄 바꿈이나 들여쓰기가 많아질수록 용량은 늘어납니다. LP를 공개할 때는 필요없는 주석이나 줄 바꿈 등은 가능한 한 없애 파일 용량을 줄이도록 합시다.

구체적으로는 다음과 같이 CSS의 주석이나 줄 바꿈, 공백 등을 제거합니다.

● CSS 용량을 줄이기 전

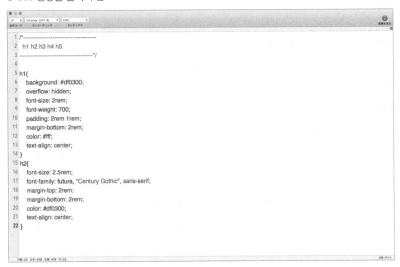

▌ CSS에 설명용 주석을 포함한 상태로, 줄이기 전 데이터입니다.

● CSS 용량을 줄인 후

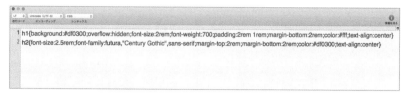

CSS의 주석이나 공백을 제거한 모습입니다.


● 용량을 줄인 후 한 줄로 만든 모습

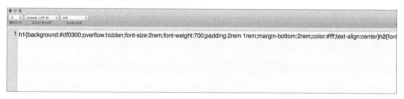

CSS의 주석이나 공백과 함께 줄 바꿈까지 없애 한 줄로 만든 상태입니다.


이런 작업을 통해 19바이트였던 파일이 15바이트로 가벼워졌습니다. 겨우 4바이트이지만 LP 전체 코딩양을 고려하면 무시할 수 없는 양입니다. 압축할 파일이 많을수록 그 차이는 더 벌어집니다. 그러므로 코드 압축을 통해 가벼운 코드를 만듭시다.

가벼워진 결과는 6장 Section 04에서 소개한 Page Speed Insights를 이용해 검증할 수 있습니다. Page Speed Insights에 LP의 URL을 입력하기만 하면 속도에 관한 평가를 100점 만점 중 몇 점인가로 알려줍니다. 이를 참고하여 점수가 90~100이 되도록 노력합시다.

점수가 안 좋을 때는 다양한 개선 힌트를 알려주므로 디자이너, 코더와 결과를 공유하여 LP 표시 속도 개선에 활용하세요.

● 구글의 개선 힌트를 참고

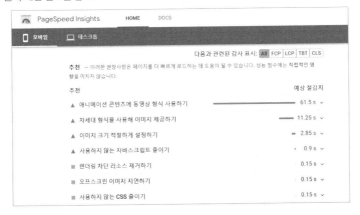

Page Speed Insights에 원하는 URL을 입력하면 점수를 알려줄 뿐만 아니라 가볍게 만드는 데 도움이 되는 힌트도 얻을 수 있습니다. 아울러 이를 적용했을 때 얼마나 빨라지는가도 함께 알려주므로 도움이 됩니다.

참고로 구글은 모바일 친화적 콘텐츠를 추천하므로 모바일에서 빠르고 보기 쉬울수록 더 쉽게 검색됩니다.

> **"모바일 검색 결과를 향상시키고자 고민하는 웹마스터라면 모바일**
> **친화적인 콘텐츠가 도움이 됩니다.**
>
> (Having mobile-friendly content is still helpful for those looking at ways to perform
> better in mobile search results.)"
>
> 인용: 구글 검색 센터 블로그
> https://developers.google.com/search/blog/2018/03/rolling-out-mobile-first-indexing

LP는 이미지가 많아 SEO에는 어울리지 않는다고들 하지만, 이러한 작은 노력이 거듭 되면 상위 표시로까지 이어질 수 있습니다. CVR을 올리는 여러 방법과 함께 적용해봅시다.

그러나 모든 파일을 일일이 수정하는 것은 너무나 힘든 작업입니다. 이럴 때는 브라우저에서 바로 이용할 수 있는 압축 도구를 이용하여 시간을 줄이도록 합시다. 자동으로 불필요한 주석이나 줄 바꿈을 없앨 수 있으므로 간단하게 LP를 가볍게 만들 수 있습니다.

대표적인 압축 도구로는 다음과 같은 것이 있습니다.

Online JavaScript/CSS/HTML Compressor

https://refresh-sf.com/

HTML, CSS, JavaScript 모두를 지원하며 Input 난에 압축하려는 코드를 넣고 해당하는 언어 버튼을 클릭하기만 하면 간단하게 코드를 압축할 수 있습니다. 원래 파일 크기와 압축 후의 파일 크기도 비교할 수 있으므로 편리합니다.

● Online JavaScript/CSS/HTML Compressor

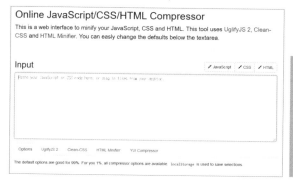

JabaScript, CSS, HTML에 포함된 쓸데 없는 공백이나 줄 바꿈을 없애주므로 파일 크기가 평균 30~40% 정도 줄어듭니다. 이 웹 서비스는 IE에서는 정상 작동하지 않으므로 구글 크롬이나 파이어폭스를 이용해야 합니다.

단, 압축하면 보기 어렵고 이후 수정 작업이 번거로워지는 등의 단점이 있습니다. 게다가 도구를 사용한 압축 작업은 필요한 공백도 모두 없애버리므로 CSS가 동작하지 않을 수도 있어 신중한 작업이 필요합니다.

# 7장

# LP 유형별 웹 광고 활용 방법

★ ★ ★

# 01　광고 전 알아야 할 고객획득비용 개념

## @ 고객획득비용(CPA)이란?

　　사용자가 LP에 접속하도록 하려면 웹 광고가 필요합니다. 왜냐하면, 이미지 등을 많이 사용하게 되는 LP는 SEO(검색 엔진 최적화)에는 맞지 않으므로 검색을 통해 유입되는 사람은 많지 않으리라 예상하기 때문입니다.

　　광고라고 하면 비용이 많이 든다는 이미지가 있지만, 전혀 그렇지 않습니다. 원할 때 원하는 비용만큼(예를 들어 월 10만 원) 직접 관리하며 광고를 진행할 수 있습니다.

　　또한, 종래의 대중매체 광고와는 달리 노출 방법의 자유도가 높고, 자세한 타깃 설정(속성, 지역, 취미, 기호 등)이 가능하므로 적은 광고비로 큰 효과를 얻을 수 있는 장점이 있습니다.

　　특히 웹 광고와 LP를 조합하면 그 효과는 더욱 뛰어납니다. 광고를 통해 보여주고 싶은 LP로 빠르게 유도할 수 있으므로 매출을 올리는 데는 최적의 방법입니다. 잠시 후 자세히 설명하겠지만, 한번 LP에 접속한 후 이탈하더라도 광고를 계속 노출할 수 있는 기능도 있으므로 판매 기회는 계속됩니다.

　　웹 광고는 지금까지 소개한 세 가지 유형별 LP 각각에 최적인 것이 있으므로, 이번 장에서는 어떤 광고를 어떤 식으로 활용할 것인가를 알아보겠습니다.

웹 광고를 시작하기 전에 반드시 정해두어야 하는 것이 있습니다. 바로 고객획득비용(CPA: Cost Per Action/Cost Per Acquisition) 설정입니다.

CPA란 1건(1명)의 매출을 올리는 데 필요한 비용으로, 웹 광고의 비용 대 효과를 알아보는 데 중요한 지표입니다.

CPA는 다음과 같은 공식으로 계산합니다.

$$광고비 \div CV 수 = CPA$$

예를 들 100만 원의 광고비를 사용하여 10건의 계약을 맺었다면 1건당 CPA는 10만 원이 됩니다. 즉, CPA가 높을수록 이익이 줄어들어 적자가 되며 낮을수록 이익이 늘어 흑자가 됩니다.

CPA는 광고 운용에서 흔히 사용하는 지표로, 일반적으로 영업사원이 계약을 수주하는 데 얼마만큼의 영업 비용이 드는가와 같은 개념입니다. 그러나 이런 관점으로 자사의 활동을 이해하는 회사는 뜻밖에 아직 많지 않은 상태입니다.

이전 당사에서 BtoB용 LP를 만들었던 경험을 예로 들어보겠습니다. 웹을 통한 문의 접수 비용과 실제 영업사원이 견적 의뢰를 받는 비용을 비교해보니 웹을 통한 CPA가 영업사원의 1/20로, 웹을 통한 획득 비용이 영업사원이 쓴 영업 비용보다 낮다는 것을 알았습니다.

이후 이 기업은 웹 광고 예산을 늘려 회사 전체의 영업 비용을 줄이는 데 성공했습니다. ※ 영업을 담당했던 사원은 고객 지원과 사후관리에 투입되어 고객만족도를 올리는 업무를 담당하게 되었습니다.

이처럼 웹 광고와 LP를 활용하면 영업 비용을 줄여 효율적으로 매출을 올리는 효과를 얻을 수 있습니다. 이를 제대로 활용하려면 먼저 자사의 상품이나 서비스의 CPA를 정확히 계산하여 웹 광고가 제대로 기능 하는지를 측정하는 지표로 활용합시다.

● 저절로 고객이 모이는 구조 만들기

세 가지 유형의 LP와 웹 광고를 잘 활용하면 빠르게 매출을 올릴 수 있음

웹 광고를 잘 활용하면 PDL 모델 각각의 잠재 고객을 의도한 대로 모을 수 있습니다. LP 내용이 올바르기만 하면 저절로 매출이 오르는 구조가 만들어집니다.

## @ CPA를 설정한 후 전체 광고 예산 책정

"LP에 어느 정도 광고 예산을 배정해야 하나요?"

너무나도 자주 듣는 질문 중 하나입니다. 일반적으로 광고비는 예상 연간 매출의 ○%라는 식으로 계산하는데, 규모에 따라 달라지므로 필자는 이를 추천하지 않습니다. 이보다는 앞서 설명한 CPA를 활용하면 정확하고 계획적인 광고 예산을 책정할 수 있습니다. 광고에 큰 비용을 쓸 수 없는 개인사업자나 중소기업일수록 정확하게 책정해야 합니다.

광고 예산을 책정하려면 먼저 목표로 하는 CPA를 설정합니다.

어떤 상품의 판매가격이 20만 원이고 원가가 10만 원이라고 합시다. 이때 매출총이익은 20만 원 - 10만 원 = 10만 원이 됩니다.

CPA는 고객획득비용이므로 매출총이익을 넘으면 적자가 됩니다. 따라서 CPA의 상한은 10만 원이 됩니다.

$$목표\ CPA\ =\ 상한\ CPA(매출총이익)\ -\ 원하는\ 이익$$

이 공식을 사용하면 이 상품에서 원하는 이익을 7만 원으로 설정했을 때 목표 CPA는 3만 원이 됩니다.

$$목표\ CPA\ =\ 10만\ 원\ -\ 7만\ 원\ =\ 3만\ 원$$

다음으로, 광고 예산을 계산해봅시다. 연간으로 계산하기보다는 목표로 하는 한 달 신규 계약 건수로 예산을 정합니다.

예를 들어 LP를 통해 한 달에 10건의 계약을 목표로 한다면

$$3만\ 원 \times 10건\ =\ 30만\ 원$$

30만 원이 한 달 광고 예산이 되므로 30만 원을 투자하여 7만 원×10건 = 70만 원의 이익을 올리겠다는 계획을 세울 수 있습니다.

이처럼 하나의 상품이나 서비스에 대해 목표 CPA를 설정하고 목표 획득 건수를 곱하여 이상적인 광고비를 계산합니다. 예상 매출의 ○%를 광고 예산으로 정하는 방법보다 세밀한 계산이므로 이 방법으로 광

고 예산을 책정하면 웹 광고가 제대로 진행되는지의 지표가 되므로 꼭 참고하기 바랍니다.

아울러 웹 광고는 일반적인 대중매체(TV, 잡지, 라디오 등) 광고와 달리 언제든지 광고비 설정을 변경할 수 있습니다. 그러므로 한 번 정하면 바꿀 수 없다는 규칙도 없고 자유로이 조정할 수 있으므로 안심하기 바랍니다.

● 웹 광고 예산 계산 방법

- 상품 특성과 이익률을 고려하여 광고 예산을 계산합니다.
- 검색 키워드의 예상 클릭 단가로 계산하는 방법도 있지만, 수가 너무 커 현실적이지 않으므로 여기서는 생략했습니다.

한 달 또는 1년 동안 몇 건의 계약을 수주할지를 계획하고 이를 기준으로 전체 예산을 정합니다. 이처럼 계산을 통해 현실적인 예산부터 조금씩 시작하는 것이 좋습니다.

## ⓐ 재구매율을 고려한 유연한 광고 활용

CPA를 염두에 둔 웹 광고 활용은 무척 중요합니다. CPA가 내려가면 이익이 늘어나므로 어떻게 하면 줄일 수 있는지에 신경 쓰게 됩니다. 그러나 CPA를 내리는 데만 주의를 기울여서는 안 됩니다.

왜냐하면, CPA를 줄이고 싶은 마음에 전체 광고 비용을 줄이면 지금까지 광고를 통해 유입된 접속이 줄어들어 기회 손실이 생기므로, CV가 발생하지 않는 상황에까지 이르기 때문입니다.

인터넷 비즈니스는 어디까지나 CV 수를 늘려 매출을 올리는 것이 목표입니다. 너무 CPA를 줄이는 것만 고집하면 왜 웹 광고를 이용하는지 그 이유를 알 수 없게 됩니다. 이처럼 본말전도 상황이 되지 않도록 어느 정도 허용 범위를 두고 CPA를 설정하는 것이 비즈니스를 확장하는 데 도움이 됩니다.

그러므로 LTV(Life Time Value: 고객 생애 가치)를 고려하여 CPA 설정에 여유를 두도록 합시다(LTV란 고객이 생애를 통해 그 기업에 가져올 이익을 말합니다. 재구매가 잦을수록 이익이 늘어납니다).

앞의 예를 이용하여 LTV를 설명해보겠습니다.

객단가가 20만 원이고 신규 고객의 재구매 확률이 50%라고 하면 LTV는 다음과 같은 공식으로 구할 수 있습니다.

$$20만 원 \times 1.5(재구매율) = 30만 원$$

※ 매월 구매하는 상품이며 계속 구매하는 기간이 1년이라면 앞선 금액에 12를 곱합니다.

LTV가 30만 원일 때 매출총이익은 30만 원×0.5=15만 원, 남긴 이익도 7만 원×1.5=10만 5천 원이 됩니다.

전 항의 계산 방법으로 목표 CPA를 계산하면 다음과 같습니다.

$$15만 원 - 10만 5천 원 = 4만 5천 원$$

신규 고객을 획득하는 데 사용할 수 있는 상한 비용이 각각 3만 원과 4만 5천 원이라면 그 운용의 폭은 크게 달라집니다. 1 클릭 단가를 높게 설정하거나 전체 광고 예산을 늘릴 수 있으므로 새로운 마케팅이나 개선 활동이 가능해져 선순환을 만들 수 있습니다. 단품 통신 판매(미용, 건강식품, 보조식품 등)처럼 재구매가 잦은 상품이라면 꼭 이러한 설정을 활용해보기 바랍니다.

# 02 세 가지 유형별 최적의 광고 방법

## @ P 모델이라면 키워드 검색 광고

P 모델에는 키워드 검색 광고가 좋습니다. 왜냐하면, 문제를 해결하고자 하는(빠른 원상복귀를 원하는) 사람은 인터넷을 사용하여 능동적으로 검색하므로, 검색 키워드에 따라 광고를 표시하는 키워드 검색 광고가 가장 효과적이기 때문입니다.

예를 들어 '컴퓨터 출장 수리 서울'로 검색한 사람은 서울 시내에서 컴퓨터 출장 수리가 가능한 사람이나 업체를 찾는 중이라고 생각할 수 있습니다.

이 사용자에게 '30분 이내에 컴퓨터 출장 수리 무료상담'과 같은 텍스트 광고 문구를 검색 결과로 보여주어 LP 접속을 유도할 수 있는 것이 키워드 검색 광고의 최대 장점입니다.

● 키워드 검색 광고

키워드 검색 광고는 구글이나 네이버 검색창에 입력한 키워드에 따라 텍스트 광고 문구를 보여주는
방법입니다. 쇼핑 검색에서는 키워드에 따라 상품 사진을 보여주기도 합니다.

문제에 직면한 그들에게는 속도감이 중요해서 한시라도 빨리 해결
하고자 하므로 클릭 확률이 높고 반응이 좋아 CVR(목표 달성률)도 높아
집니다.

검색할 만한 키워드를 조사해서 이 키워드에 딱 맞는 광고를 보여
줍니다. 빠른 CV를 노리는 키워드 검색 광고는 P 모델과 잘 맞아 지금
도 널리 사용됩니다.

또한, 광고비는 클릭했을 때만 발생하므로 광고 표시 자체는 무료
입니다. 아울러 입찰 방식이므로 클릭 단가는 광고가 표시되는 키워드
에 따라 달라집니다. 인기 키워드(경쟁이 심함)는 클릭 단가가 올라가므
로 얼마나 효율적인 키워드를 찾는가가 운용의 포인트입니다.

## D 모델에는 키워드 검색 광고, 디스플레이 광고, SNS 광고

D 모델에서는 키워드 검색 광고와 디스플레이 광고, SNS 광고 세 가지로 CV 향상을 노릴 수 있습니다.

욕구를 만족하고자 하는 사람은 원하는 상품이나 브랜드 이름을 입력해 검색 엔진을 통해 관련 정보를 찾습니다. 더 자세한 정보를 원한다면 형식번호나 제품번호 등의 고유 이름을 입력해서 찾기도 합니다. 이처럼 적극적으로 원하는 상품을 찾는 사용자라면 키워드 검색 광고로 짧은 시간 내에 CV 향상을 노릴 수 있습니다.

그 밖에도 상품 사진을 보여주며 CV 향상을 노리는 쇼핑 검색 광고라는 수단도 있습니다. 상품 이름이나 제품번호를 입력한 사용자에게 상품 사진을 보여주며 구매를 촉구하는 이 광고는 클릭률도 높고 키워드 검색 광고와 비교해 클릭 단가도 낮은 경향이 있으므로 성능이 높은 추천 광고 방식입니다.

● 네이버 쇼핑 검색 광고

네이버 쇼핑 검색 광고는 텍스트가 아닌 이미지로 직접 광고할 수 있습니다. 사용자의 욕구를 자극할 수 있는 효과적인 광고입니다.

한편, 디스플레이 광고란 블로그나 뉴스, 유튜브 등의 콘텐츠를 이용하는 사용자에 대해 텍스트, 배너, 이미지 등으로 다양한 광고를 보여주는 방법입니다. 키워드 검색 광고와 비교하여 광고 표시 횟수가 훨씬 많으며 클릭 단가도 낮습니다.

● 디스플레이 광고

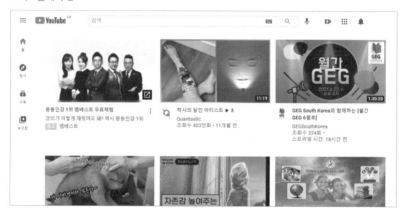

구글과 제휴한 200만 개 이상의 웹 사이트가 있으며 유튜브도 그중 하나입니다. 인터넷 사용자의 90% 이상을 대상으로 홍보할 수 있다고 합니다.

SNS 광고도 디스플레이 광고와 비슷하며 페이스북, 트위터, 인스타그램 등, 각 SNS의 뉴스 피드, 타임 라인 안에서 배너나 동영상을 이용해 광고할 수 있습니다.

● SNS 광고

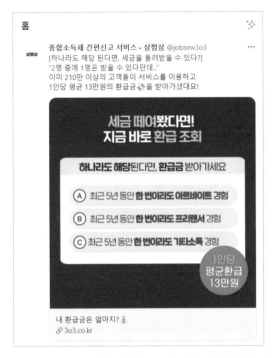

SNS는 인터넷 사용자 다수가 이용하는 서비스입니다. 뉴스 피드, 타임 라인에 직접 광고를 노출할 수 있습니다.

서비스별 국내 사용자 수는 엄청납니다(트위터: 260만, 페이스북: 880만, 인스타그램: 910만). 게다가 커뮤니케이션이나 정보 공유 도구의 하나로, 이용하는 시간이 길므로 광고를 통해 욕구를 충족하고자 하는 사람에게 호소할 기회는 그만큼 늘어납니다.

## @ L 모델에는 디스플레이 광고와 SNS 광고

L 모델에는 디스플레이 광고와 SNS 광고가 효과적입니다. 애당초 상품이나 서비스의 필요성을 느끼지 못하는 사용자는 적극적으로 정보

를 찾지 않으므로 당연히 키워드 검색 광고는 거의 효과가 없습니다.

한편, 그들이 평소 보거나 이용하는 인터넷 콘텐츠나 SNS 뉴스 피드에 '인지부조화'를 이용한 광고를 시행하여 접속하도록 한다면, D 모델과 마찬가지로 경쟁 회사가 아직 생각지 못한 분야에서 CV 수를 늘릴 수 있습니다.

# 03 키워드 검색 광고

## @ 중요한 것은 검색 키워드 선택 방법

키워드 검색 광고 운용에서 가장 중요한 내용은 '어떤 검색 키워드를 광고로 표시할 것인가?'라는 한문장으로 정리할 수 있습니다.

미국에서 발행하는 매체인 "Search Engine Land"에 따르면 2016년 전 세계의 검색 횟수는 2조 회라 합니다. 이 천문학적인 숫자에는 당연히 영어로 검색한 횟수도 포함되지만, 국내에서도 매일 새로운 검색 키워드가 등장하고 있습니다.

이런 환경에서 어떤 검색 키워드를 광고 대상으로 할 것인가가 무척 고민스럽습니다. CV로 이어지지 않는 키워드에 광고를 노출하면 당연히 효과도 없고 CPA만 오르게 됩니다.

그렇다면 어떤 기준에서 어떤 방식으로 검색 키워드를 선택해야 가장 효과적일까요?

구글은 검색 사용자, 특히 스마트폰 검색의 폭발적 증가 결과 크게 네 가지로 사람의 검색 행동을 나눌 수 있다고 발표했습니다(https://www.thinkwithgoogle.com/marketing-resources/micro-moments/4-new-moments-every-marketer-should-know/).

- Want-to-know moments (알고 싶다) ⋯ 예: '경감 세율이란', '피부 트러블 원인' → Know 키워드

- Want-to-go moments (가고 싶다) … 예: '근처 미용실', '남산타워 가는 길' → Go 키워드
- Want-to-do moments (하고 싶다) … 예: '집에서 하는 근력 운동', '스마트폰 수리' → Do 키워드
- Want-to-buy moments (사고 싶다) … 예: '커피메이커 인터넷 주문', '제주도 해산물 주문' → Buy 키워드

이 네 가지 중 문제를 해결하고자 하는 사용자라면 Know 또는 Do 키워드를 사용하여 고민의 원인이나 문제 해결 방법을 찾는다고 합니다.

그러므로 키워드 검색 광고를 운용할 때는 이 두 가지 유형(Know, Do)을 조사합니다. 이때 조사의 포인트는 혼자서는 할 수 없고 누군가에게 도움을 원한다는 의도로 사용하는 키워드를 고르는 데 있습니다.

예를 들어 스마트폰이 고장 나 사용할 수 없는 두 사람의 사용자가 있다고 합시다. 각각 '스마트폰 셀프 수리'와 '스마트폰 수리 견적'이라 검색하여 정보를 찾는다 할 때 어느 쪽이 스마트폰 수리 서비스 회사의 CV를 올려줄 타깃이 될까요?

당연히 '스마트폰 수리 견적' 쪽이 CV를 올리기 쉬운 키워드가 될 것입니다. 왜냐하면, 키워드에서 '혼자서는 할 수 없어서 도움을 요청하고 싶다.'라는 의도를 느낄 수 있기 때문입니다.

한편, '스마트폰 셀프 수리'는 혼자 힘으로 스마트폰을 수리해보고자 하는 의도가 있으므로 이러한 키워드로 검색한 사람은 광고를 클릭하더라도 수리를 의뢰할 가능성은 작을 것입니다.

SEO와는 달리 1 클릭마다 과금이 이루어지는 키워드 검색 광고에

서는 가능한 한 효율적으로 CV를 올려야 합니다. '스마트폰 셀프 수리'와 같이 의뢰할 의도가 없어 보이는 검색 키워드나 사용자의 감정을 추측하기 어려운 검색 키워드에는 가능한 한 광고를 노출하지 않도록 하는 것이 중요합니다. 이러한 검색 키워드는 다음과 같은 다양한 도구를 이용해 조사할 수 있으므로 참고하기 바랍니다.

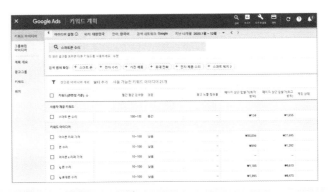

🔗 구글 광고 키워드 계획(※ 일부 유료)
https://ads.google.com/intl/ko_kr/home/tools/keyword-planner/

▎ 구글 광고 계정을 만들면 무료로도 이용할 수 있습니다. 유료일 때는 키워드 검색 횟수를 확인할 수 있습니다.

🔗 네이버 데이터랩  https://datalab.naver.com/

▎ 네이버에서 검색어 관련 데이터를 제공하는 도구입니다. 네이버의 검색어 트렌드 및 쇼핑 분야별 검색어 현황 등을 알 수 있습니다. 검색 키워드를 기간별, 연령별, 성별, 플랫폼별로 상세하게 조회할 수 있습니다.

🔗 네이버 광고 키워드 도구   https://searchad.naver.com/

네이버 아이디로 네이버 광고에 가입하면 광고를 진행하지 않더라도 키워드 도구를 이용하여 검색 키워드를 살펴볼 수 있습니다. 연관 키워드와 함께 네이버에서 월간 검색 수와 광고 클릭 수 등의 데이터를 제공합니다.

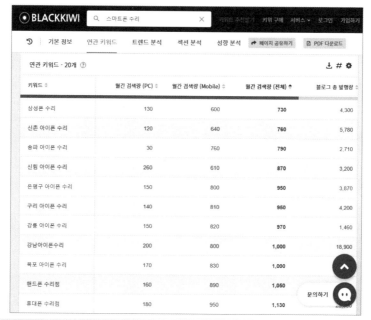

🔗 블랙키위   https://blackkiwi.net/

네이버 블로그를 운영한다면 특히 도움이 되는 도구입니다. 월간 검색량, 콘텐츠 발행량, 연관 키워드를 비롯해 다양한 데이터를 제공합니다.

🔗 ubersuggest  https://neilpatel.com/ubersuggest/

검색 횟수뿐 아니라 관련 키워드나 경쟁 회사의 유입 수(추정) 등, SEO와 관련된 중요한 정보를 무료로 얻을 수 있습니다.


## ⓐ 효과적인 키워드 매칭 설정

키워드 검색 광고는 구글 광고와 네이버 광고 등에서 사용할 수 있습니다. 광고를 표시할 때 필요한 것은 설정할 검색 키워드와 이에 대응하는 광고문입니다.

검색 키워드를 설정할 때 주의해야 할 점은 키워드 매칭입니다. 키워드 매칭이란 구글이나 네이버로 검색했을 때 어느 정도로 키워드가 일치해야 광고를 표시할 것인가를 정하는 작업을 말합니다.

예를 들어, 같은 키워드를 설정하더라도 키워드 매칭 설정에 따라 광고 표시가 달라질 수 있습니다. 광고를 표시하고 싶은데 잘 안 되거나 반대로 쓸데없는 광고가 표시되는 등 키워드 매칭 설정은 CV에 큰 영향을 줍니다.

## <키워드 매칭 종류>

### 완전 일치 ··· 등록한 키워드와 검색 어구가 완전히 일치할 때만 광고를 표시

● 완전 일치

| 검색 키워드 | [스마트폰 수리] |
|---|---|
| 매칭되는 광고 어구의 예 | 스마트폰 수리 |
| 매칭되지 않는 광고 어구의 예 | 수리 스마트폰<br>스마트폰 수리 비용 |

완전 일치로 설정하면 지정한 키워드 이외에는 거의 표시되지 않으므로 쓸데없는 광고비를 줄일 수 있다는 장점이 있습니다. 단, 매일매일 늘어나는 키워드에 따라 이를 계속 지정하는 것은 현실적으로 불가능하므로 CV가 발생하는 것에 한정하는 것이 포인트입니다.

### 어구 일치 ··· 등록한 키워드와 같은 어순인 검색 어구(프레이즈)를 포함할 때만 광고를 표시

● 어구 일치

| 검색 키워드 | "스마트폰 수리" |
|---|---|
| 매칭되는 광고 어구의 예 | 스마트폰 수리 비용<br>서울 스마트폰 수리 |
| 매칭되지 않는 광고 어구의 예 | 수리 스마트폰<br>스마트폰 저가 수리 |

어구 일치로 설정하면 지정한 어구를 중심으로 확장하여 표시합니다. 3단어, 4단어 등 키워드를 추가하며 검색하는 사용자도 많으므로 어구 일치는 범용성이 높고 운용하기 쉬운 설정 방법입니다.

### 한정 부분 일치 ··· 어순과 상관없이 등록한 키워드가 검색 어구에 포함된다면 광고 표시

● 한정 부분 일치

| 검색 키워드 | +스마트폰 +수리 |
|---|---|
| 매칭되는 광고 어구의 예 | 스마트폰 수리<br>수리 스마트폰<br>스마트폰 저가 수리 |
| 매칭되지 않는 광고 어구의 예 | 스마트폰 복구<br>스마트폰 재생 |

한정 부분 일치는 키워드를 2단어 이상 설정할 때 각각의 질의어를 확장하기 어렵게 하여 쓸데없는 광고 표시를 방지하는 방법입니다. 어구 일치와 함께 추천하는 방법입니다.

**부분 일치** … 등록한 키워드와 <u>관련성</u>이 높다고 판단한 검색 어구에 대해 광고를 표시

● 부분 일치

| 검색 키워드 | 스마트폰 수리 |
|---|---|
| 매칭되는<br>광고 어구의 예 | 스마트폰 수리<br>스마트폰 수리비용<br>컴퓨터 수리 |
| 매칭되지 않는<br>광고 어구의 예 | ※ 관련 있다고 판단한<br>검색 어구는<br>그때그때 다릅니다. |

이름은 부분 일치이지만, 키워드 매칭 중 키워드를 가장 확장하여 광고를 표시합니다. 생각하지 못한 키워드로도 CV를 올릴 수 있다는 장점도 있지만, 세세하게 관리하지(제외 키워드 설정) 않으면 쓸데없는 클릭이 발생하기 쉬운 설정이므로 주의가 필요합니다.

완전 일치만으로 등록하면 매일매일 늘어나는 검색 키워드에 대응하지 못해 기회 손실이 생길 수 있고, 부분 일치만으로는 상관없는 키워드라도 광고를 표시하는 등 키워드 매칭에는 각각의 장단점이 있습니다.

이러한 네 가지 키워드 매칭을 정리하면 다음과 같습니다.

● 키워드 매칭 개념

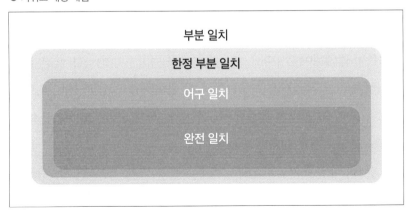

▌ 부분 일치가 가장 많이 광고를 표시할 수 있는 설정이며 완전 일치로 이동할수록 광고 표시가 적어집니다.

처음에는 어구 일치나 한정 부분 일치를 사용해보면서 광고 운용에 익숙해지도록 합시다. 짧은 시간에 많은 접속을 유도하려면 키워드 매칭을 부분 일치로 설정하고 관리 화면에서 광고를 표시하고 싶지 않은 키워드를 제외 키워드로 설정하는 것이 가장 흔한 방법입니다.

## @ 클릭률을 올리는 광고문 작성 방법

키워드 검색 광고에서는 사용자가 클릭할 확률, 즉 클릭률을 올리는 것이 중요합니다.

그 이유로는 다음 두 가지를 들 수 있습니다.

① 접속자 모으기
② 클릭 단가 내리기

① '접속자 모으기'는 LP로 유도하여 CV를 올리고자 함입니다. 잠재 고객에게 구매 행동을 강력하게 촉구하는 것이 목표입니다.

②의 '클릭 단가 내리기'의 이유를 이해하려면 먼저 '광고 순위'라는 규칙부터 설명해야 합니다.

웹 광고는 기본적으로 입찰에 따라 광고비가 정해집니다. 다른 회사보다 1원이라도 많게 입찰한 광고주 쪽의 게재 순위가 올라가므로 클릭 확률이 높아지는 시스템입니다.

단, 이 방법은 자금이 많은 기업이 계속 상위에 있게 된다는 단점이 있으므로 구글 광고에서는 광고 순위(네이버 광고는 노출 순서)라는 성적 평가법을 채용합니다.

$$(입찰 단가) \times (품질 점수) = (광고 순위)$$

이러한 계산식을 이용하면 광고 순위를 산출할 수 있습니다. 예를 들어, 같은 키워드에 대해 A사와 B사가 광고를 시행한다고 합시다. 두 회사의 상황이 다음과 같을 때 B사 쪽이 광고 순위가 높게 평가되므로 입찰 가격이 A사보다 낮더라도 게재 순위는 올라갑니다.

● 광고 순위 계산

|  | 입찰 가격 | 품질 점수 | 광고 순위 |
|---|---|---|---|
| A사 | 1,200원 | 3 | 3600 |
| B사 | 900원 | 5 | 4500 |

A사가 입찰 단가는 높지만, 품질 점수가 높은 B사가 광고 게재 순위는 더 높습니다. 이 원리에 따라 자금이 적은 광고주라도 광고 순위를 높여 접속자를 모을 수 있습니다.

여기서 중요한 점은 입찰 단가보다는 품질 점수(품질 지수)를 올려야 한다는 것입니다. 품질 점수를 올리는 데 필요한 요소는 여러 가지이지만, 대표적으로는 다음과 같은 것이 있습니다.

① 광고의 추정 클릭률

표시된 광고문 ÷ 광고가 표시된 횟수(임프레션, 광고 노출)

② 광고 내용과 검색 어구의 연관성

광고문과 사용자가 입력한 검색 키워드와의 연관성이 높은가, 낮은가?

③ LP의 편리성

광고 내용·검색 키워드와 페이지의 연관성, 상품이나 서비스 등의
정보에 투명성이 있는가, 필요한 정보를 찾기 쉬운 구성인가?

이 중에서 광고를 운용하면서 날마다 개선할 수 있는 것은 ①의 클
릭률입니다. 클릭률을 올리려면 다음 네 가지를 의식하며 만들어야 합
니다.

① 광고문 안에 사용자가 입력한 검색 키워드를 포함

② 타사와의 차별화가 있어야 함

③ 사용자의 이익을 만족하게 하는지 광고문을 보고 바로 알 수 있
　　도록 함

④ 일부러 강한 호객 문구의 광고문을 만듦

특히 마지막 일부러 강한 호객 문구의 광고문을 만든다는 것이 중
요한데, 검색 결과가 표시될 때 사용자의 이익도 함께 표현한다면 군이
광고문에 키워드가 포함되지 않더라도 많은 사람이 클릭하게 됩니다.

필자의 경험에서 보자면 '최후의 최후에 선택해주세요. Mac 수리
전문점'이라는 광고문은 클릭률(CTR)이 30%를 넘을 때도 있었습니다.
일부러 최후에 선택해달라라는 강한 메시지가 사용자를 자극했던 것으
로 생각합니다.

클릭률이 오르면 품질 점수(품질 지수)가 오르고 타사보다 입찰 단
가가 낮더라도 많은 접속자를 모을 수 있습니다. 그 결과 경쟁 회사보다
낮은 클릭 단가로 광고를 운용할 수 있으므로 다양한 광고문을 시도해
보기 바랍니다.

## @ 리스팅 광고 활용

종래의 키워드 검색 광고에서는 1 키워드=1 광고 그룹과 같은 운용이 효과를 발휘했습니다. 키워드별로 광고문을 준비하고 매칭 유형으로 입찰 가격을 조정하는 것이죠. 이러한 운용 기술로 매출을 크게 올리기도 했습니다.

그러나 구글 광고로 대표되는 리스팅 광고 자동화의 정밀도가 발전하면서 예전처럼 일일이 손을 댈 필요가 없어졌습니다(리스팅 광고란 검색 연동형 광고로서, 검색 서비스 이용자가 키워드를 입력하면 해당 키워드와 관련된 광고를 검색 결과 페이지에 나열하여 표시하는 것).

키워드를 대량으로 설정하고 하나씩 광고문을 작성하거나 일일이 키워드 매칭을 바꾸면서 설정하는 등의 작업은 필요 없습니다.

광고 그룹에 여러 개의 키워드를 모아 어구 일치나 한정 부분 일치로 가능한 한 많은 광고를 표시하고 AI에 이를 학습시키면 성능이 높아질 수도 있습니다(수동일 때보다 반드시 성능이 좋다고는 단언할 수 없습니다).

처음 리스팅 광고에 도전한다면 작게 시작하고 조금씩 확대하는 방식으로 운용하도록 합시다.

# 04 디스플레이 광고 운용

## @ 다수를 대상으로 하는 디스플레이 광고

디스플레이 광고는 구글이나 네이버가 제휴한 뉴스 사이트, 콘텐츠, 앱, 유튜브 등에 접속한 사람을 대상으로 텍스트나 배너, 동영상 등으로 광고를 노출하는 방법입니다.

> 구글은 유튜브, 플레이 스토어, 지메일을 포함한 구글 서비스 외에도 다음, 카카오TV 등의 국내 유명 포털과 KBS, SBS, MBC 등에 광고 노출. 네이버는 네이버 메인, 네이버 서브, 밴드, 스마트 채널 등에 광고 노출

디스플레이 광고에 적절한 LP 유형은 D 모델과 L 모델 두 가지입니다.

이 두 유형의 대상은 능동적으로 정보를 검색하지 않습니다. 인터넷에 접속 중인 시간 대부분을 좋아하는 동영상, 연예인 정보나 이웃을 맺은 블로그, 날씨 정보, 스포츠 뉴스 등 자신이 흥미를 느끼는 콘텐츠로 소비합니다.

대상이 될 사용자가 이용하는 사이트를 예상하여 디스플레이 광고를 통해 상품이나 서비스가 노출되도록 하는 것이 광고 운용의 포인트입니다.

대상을 한정하여 광고를 노출하는 키워드 검색 광고와는 달리 불특정 다수를 대상으로 공략하는 것이 디스플레이 광고의 특징입니다.

## @ CVR을 올리기 위한 타기팅 전략

디스플레이 광고로 CV를 올리는 데 가장 중요한 것은 '타기팅(Tar-geting)'입니다. 수많은 콘텐츠, 앱, 유튜브 등에 표시되는 디스플레이 광고는 키워드 검색 광고와 비교하면 엄청난 광고 노출 횟수를 자랑합니다(수백만~수천만).

노출 횟수가 많은 만큼 운용 기술로는 어디에서 광고를 보여줄 것인가라는 타기팅 정밀도가 필요합니다. 자신의 상품이나 서비스를 구매, 이용할 확률이 높은 사용자를 타기팅할 수 있다면 경쟁을 피하면서도 CV를 얻을 수 있습니다.

디스플레이 광고에서 타기팅할 때는 대상의 데모그래픽(속성)을 조사하여 자세하게 설정하도록 합시다. 대표적인 데모그래픽은 다음과 같습니다.


- 나이
- 성별
- 주거, 생활 지역
- 취미, 기호


이 밖에도 행동, 생활 습관을 예상하고 시간대나 요일별로 세밀하게 타기팅할 수도 있습니다.

예를 들어 '부산 거주 30대 여성이 유튜브를 즐기는 23시에서 24시 사이에 광고를 노출한다.'라는 타기팅 설정도 가능하며, CV를 얻을 가능성이 큰 대상이 이용하는 서비스를 지정하여 디스플레이 광고를 노출할 수도 있습니다.

- 모델의 블로그를 보는 여성에게 다이어트 상품 동영상 광고를 노출
- 경제 뉴스를 보는 사람에게 고급 브랜드 시계의 배너 광고를 노출
- 프로야구 중계를 보는 사람에게 무알콜 맥주 배너 광고를 노출
- 주식 투자 블로그를 보는 사람에게 발모제 배너 광고를 노출

중요한 것은 해당 콘텐츠를 보는 사람이 '어떤 사람'인가를 상상하는 것입니다. 키워드 검색 광고일 때는 광고 키워드를 힌트로 그 의도를 찾는 것이 포인트였지만, 디스플레이 광고는 보는 사람의 속성을 얼마나 정확히 상상할 수 있는가가 공략의 열쇠가 됩니다.

## @ 디스플레이 광고 제작 방법

디스플레이 광고는 텍스트, 이미지(배너), 동영상 등을 사용하여 노출할 수 있습니다.

D 모델 디스플레이 광고라면 원하는 상품, 서비스가 타깃의 머릿속에서 확실히 정해졌으므로 이미지나 동영상을 활용해 만들도록 합시다. 텍스트 광고는 문자 정보만 보여줄 수 있으므로 사용자의 욕구를 자극하기 어렵습니다. 그러므로 D 모델의 디스플레이 광고에서는 순간적으로 상품을 인식할 수 있도록 하는 시각적 광고를 사용합시다.

L 모델 디스플레이 광고라면 타깃의 머릿속에 얼마만큼의 물음표를 떠올리게 하는가가 포인트이므로 텍스트 광고를 적극적으로 사용하도록 합시다. 이미지나 동영상 등의 시각적 광고가 아닌 문장만으로도 인지부조화를 일으킬 수 있습니다.

디스플레이 광고의 문장으로 인지부조화 상태를 만들고 L 모델 LP 안에서 이에 대한 답을 제시합니다. 이 흐름을 만들 수만 있다면 잠재적인 고객을 발견할 수 있게 됩니다.

참고로 디스플레이 광고에서는 텍스트 광고가 더 많이 표시된다는 점을 기억해둡시다. 이미지나 동영상은 게재할 공간이 한정되지만, 텍스트 광고라면 유연한 노출이 가능하므로 다양한 곳에 표시할 수 있습니다.

● 이미지, 동영상 광고

이미지나 동영상으로 만든 광고는 사용자의 시선을 한순간에 뺏는 효과가 있습니다. 특히 자신이 원하는 상품일수록 그 영향은 더 크므로 클릭이 늘게 됩니다.

# 05    SNS 광고 운용

## @ SNS 사용자의 증가

SNS(소셜 네트워크 서비스)의 사용자 수는 전 세계 35억 명까지 늘었으며 국내 SNS 이용자 수는 약 4,300만을 넘는 등 일상 커뮤니케이션의 필수로 자리 잡았습니다.

특히 밴드, 인스타그램, 카카오스토리, 페이스북 등의 사용자가 전체 사용자의 상당수를 차지합니다.

**SNS별 이용자** (2020년 6월 기준)

| | |
|---|---|
| 밴드 | 1,690만 |
| 인스타그램 | 1,150만 |
| 카카오스토리 | 990만 |
| 페이스북 | 980만 |

● SNS별 이용자 수

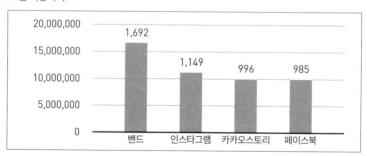

대표적인 SNS 이용자 수입니다. 복수 계정을 가진 사람이 대부분으로, 주로 사용하는 SNS를 통해 세대별, 성별에 따른 특징을 엿볼 수 있습니다. (출처: 2020 소셜 미디어 현황 및 전망, DMC 미디어)

대부분의 인터넷 사용자가 SNS 계정을 갖고 있으며 친구나 가족과의 커뮤니케이션, 개인적인 정보 제공 플랫폼으로 활용합니다.

디스플레이 광고와는 달리 SNS 광고는 각 플랫폼 안에서 노출되는 광고입니다. 각각의 SNS 이용자 특징이나 속성을 충분히 이해한 다음 광고를 집행하는 것이 CV를 얻는 포인트입니다.

## 📍 페이스북 광고 활용 방법

페이스북(Facebook)을 주로 이용하는 사용자는 10대~30대 남녀로, 이 세대에 어필할 수 있는 상품이나 서비스라면 좋은 광고 대상이 됩니다.

페이스북 광고의 가장 큰 특징은 타기팅의 정밀도가 아주 높다는 것입니다. 익명으로 등록하는 다른 SNS와는 달리 실명제 SNS에서는 아주 개인적인 내용을 올리므로 개인 정보가 모이기 쉽고, 그 행동이나 기호로부터 귀중한 데이터를 얻을 수 있으므로 광고주의 의도대로 타기팅이 가능합니다.

예를 들어 반려동물 관련 상품을 판매하는 인터넷 쇼핑몰이 페이스북에 광고를 실을 때 개나 고양이와 관련된 페이스북 페이지의 '좋아요'를 누른 사람, 과거 동물 관련 글에 반응('좋아요'나 댓글)을 보인 사람을 타기팅하여 페이스북 광고를 노출할 수 있습니다(상세 타깃).

또는 페이스북 광고가 발행하는 페이스북 픽셀을 이용하면 과거 자사 사이트에 방문했던 사용자나 구매한 이력이 있는 사용자를 타기팅하여 페이스북 광고를 노출할 수도 있습니다(맞춤 타깃).

이미 고객 이메일 주소를 갖고 있다면 이들 데이터를 페이스북 광고에 등록하여 이 고객뿐 아니라 해당 고객과 비슷한 행동 데이터, 취미, 기호를 가진 사용자에게 광고를 노출할 수도 있으므로 정밀도가 매우 높은 타기팅으로 CV를 얻을 수 있습니다.

단, 같은 사람에게 몇 번씩 광고를 노출(빈도가 잦은 상태)하게 되면 광고 단가가 오르는 경향이 있으므로 그때그때 타기팅 관리나 광고를 변경하여 조정하도록 합시다.

페이스북 광고는 평소 올린 내용 그대로를 광고로 사용할 수도 있지만, 이보다는 페이스북 광고 관리자라는 광고 전용 관리 화면을 이용하는 것이 좋습니다.

그리고 앞서 말한 상세 타기팅 설정은 광고 관리자에서만 설정할 수 있으므로 이를 이용하지 않으면 모처럼의 광고 타기팅 정밀도가 떨어지므로 주의하기 바랍니다.

● 페이스북 광고 타기팅 설정 화면

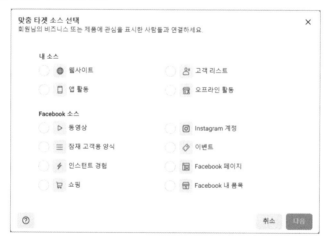

페이스북 광고의 타기팅 방법은 다양합니다. 사람에게 초점을 둔 타기팅 정밀도는 나날이 진화하고 있으므로 직접 상세 설정을 하기보다는 페이스북 광고가 보유한 빅데이터를 활용하는 것이 더 나을 수 있습니다.

## @ 인스타그램 광고 활용 방법

인스타그램(Instagram) 광고는 페이스북 광고의 관리 화면, 광고 관리자에서 설정할 수 있습니다. 따라서 페이스북 광고와 마찬가지로 타기팅이 매우 정밀합니다.

페이스북 광고처럼 다음과 같은 타기팅이 가능합니다.

- 성별
- 나이
- 지역
- 사용자층 … 학력이나 가족, 고용이나 생활 방식 등 페이스북에
  등록된 개인 정보를 바탕으로 선택할 수 있음
- 흥미·관심 … 흥미나 관심, '좋아요', 활동 등에 관련된 정보를 이
  용해 대상 사용자를 지정할 수 있음
- 행동 … 목적이나 구매 행동, 전자 기기 이용 상황 등을 이용하
  여 타기팅할 수 있음
- 인연 … 앱이나 페이지, 이벤트 등으로 이어진 사람에 한하여
  대상을 정할 수 있음

인스타그램 광고는 20~30대 남녀가 주된 대상이나 필자의 광고 운용 경험을 보건대 40대 남녀로부터도 CV를 얻을 수 있었으며 충분히 효과가 있었습니다.

왜냐하면, 페이스북과 인스타그램, 두 가지 SNS에 동시에 글을 올리는 사람이 많고 페이스북을 주로 사용하던 사람이 인스타그램으로 이동하는 흐름이어서 결과적으로 40대를 대상으로도 광고를 집행할 수 있

기 때문입니다.

실제로 활성 사용자 수에서 페이스북을 넘어선 인스타그램은 다양한 세대가 사용하며 광고 효과가 높은 매체로 성장 중입니다.

인스타그램 광고를 공략하려면 크리에이티브(사진이나 동영상, 스토리)의 품질로 관심이 가기 쉽지만, 꼭 그렇지만은 않습니다. 중요한 것은 인스타그램을 누가 이용하는가를 정확히 파악하는 것입니다.

또한, 인스타그램은 BtoB(기업 간 거래)에는 적당하지 않다고들 하나, 기업 담당자가 인스타그램을 활용할 수도 있습니다. 타깃이 인스타그램을 보는 모습을 상상하면서 타기팅을 진행하면 CPA를 낮게 유지하면서도 CV를 얻을 수 있습니다.

● 인스타그램 광고 유형

뛰어난 시각적 디자인으로 어필할 수 있는 인스타그램 광고는 D 모델 LP와 잘 어울립니다. 스토리 광고, 동영상 광고, 캐러셀 광고 등 다양하며 호소력이 있는 광고 템플릿을 이용할 수 있습니다.

## @ 트위터 광고 활용 방법

트위터(Twitter) 광고는 트위터 타임라인 등에 표시되는 광고로, '팔로워 증가'나 '특정 트윗의 도달률 상승', '외부 사이트로의 유도', '정보 확산' 등의 목적으로 이용합니다. 랜딩페이지에서 활용할 때는 '외부 사이트로의 유도'가 적절합니다.

트위터 광고는 젊은 층을 대상으로 한다는 이미지가 있을지 모르겠으나 실제로는 국내 서비스 개시로부터 10년 이상이 지났기 때문에 당시 계정을 만들었던 사용자가 지금은 30대~40대입니다. 그러므로 이들 계층을 대상으로도 충분히 효과를 발휘할 수 있습니다.

다른 광고와는 달리 사용자의 행동을 기준으로 하는 인게이지먼트 과금이라는 성과 보수형 과금 방식을 채용합니다.

예를 들어 A라는 사람에게 트위터 광고를 노출했을 때 '회신', '리트윗', '좋아요', 등의 행동이 일어났을 때 처음으로 과금이 발생하며 A에게 광고를 노출했다는 것만으로는 과금이 발생하지 않습니다. 다른 광고(클릭 과금)와 비슷하다고 생각하면 알기 쉽습니다.

참고로 A가 리트윗한 광고에 대해 다른 사람이 회신하거나 리트윗하더라도 광고비는 발생하지 않습니다.

이처럼 점점 확산하더라도 광고비는 발생하지 않으므로 다른 SNS와는 달리 광고 성능이 무척 높아 CPA를 낮출 수가 있습니다(최초 A의 리트윗은 첫 인게이지먼트로 보고 과금하므로 주의).

이처럼 트위터 광고 공략 포인트는 다른 곳과는 사뭇 다른 타기팅 방법에 달렸습니다.

트위터 광고에서 설정할 수 있는 타기팅은 다음과 같습니다.

① 지역
② 언어
③ 성별

④ 나이

⑤ 단말기

⑥ 맞춤형 오디언스

⑦ 키워드

⑧ 팔로워 유사 사용자

⑨ 관심사

⑩ 영화 및 TV 프로그램

⑪ 이벤트

⑫ 대화 주제


⑧의 팔로워 유사 사용자에서는 예를 들어 인기 모델의 트위터 계정 팔로워가 주로 20대 여성이라면 그 계정의 팔로워와 비슷한 사람을 타기팅하게 됩니다. 같은 취미, 기호를 가진 팔로워를 타기팅할 수 있으므로 효과가 무척 좋습니다.

또한, ⑦의 키워드를 설정하면 지금 트위터에서 화제가 된 주제나 단어 등을 사용하는 사람에 대하여 광고를 노출할 수 있으므로 유행성이나 즉시성이 높은 상품이나 서비스를 홍보할 수 있습니다.

마찬가지로 ⑩의 영화 및 TV 프로그램 타기팅에서는 해당 콘텐츠를 보던 사람이 트윗한 내용이 연관성이 높다면 광고를 노출합니다. 맛집 프로그램이나 정보 프로그램을 시청했던 계정에 대해 상품이 TV에 소개된 다음, 방송 후 적절한 시점에 해당 상품 광고를 노출하는 놀라운 방법입니다.

이처럼 트위터 광고는 속성 타기팅뿐만 아니라 지금 화제가 되는 것, 트윗한 것에 대해서도 재빠르게 홍보할 수 있다는 장점이 있으므로 유행에 뒤처지지 않는 광고 방법입니다.

● 트위터 광고의 타기팅 설정

트위터 광고는 다른 SNS 광고와는 달리 독특하게 타기팅을 설정할 수 있습니다. 행동이나 트윗 내용에
초점을 맞춘 타기팅을 이용하여 효과적으로 CV를 얻을 수 있도록 광고를 운용합시다.

## @ 라인 광고 활용 방법

일본 최대의 활성 사용자(8,400만 명)를 자랑하는 라인(LINE)은 이
제는 일본인의 인프라가 되었다고 해도 과언이 아닙니다.

라인은 불특정다수를 상대로 하는 SNS라기보다는 아는 사람, 가족
등과의 의사소통을 위한 도구로, 10대~60대 이상의 남녀노소가 사용하
는 라인에는 엄청난 비즈니스 기회가 있습니다.

라인 광고는 다음과 같은 곳에 광고를 노출할 수 있습니다.

· 라인 뉴스

- 라인 타임라인
- 라인 블로그
- 라인 만화
- 라인 포인트
- Smart Channel (라인 채팅 목록 가장 위에 노출)

이처럼 라인과 제휴한 서비스에 광고를 노출하므로 자사의 상품이나 서비스를 폭넓게 알릴 수 있습니다.

라인 광고의 최대 장점은 뭐라 해도 사용자 수입니다. 노출 수가 많음＝비즈니스 기회 확대로 이어지므로 지금까지 광고를 노출하지 못했던 사람에게도 빠르게 상품이나 서비스를 홍보할 수 있습니다.

단, 다른 SNS 광고처럼 세세하게 타기팅을 나눌 수(분류, 지정)는 없습니다. 나이·성별·지역·흥미와 관심 정도만 가능하며 행동 데이터에 기반을 둔 설정은 할 수 없어 큰 분류상의 타기팅만 가능하다는 점이 단점입니다.

그러나 이를 보완할 정도로 활성 사용자 수가 많으므로 운용에 따라서는 매출을 크게 늘릴 수도 있습니다.

라인 광고에서 주의해야 할 점은 다음 두 가지입니다.

① 크리에이티브(광고 내용)를 부지런히 바꿀 것

타임라인 안에 삽입되는 광고(인피드 광고)이므로 눈에 띄기는 쉬우나 같은 광고가 여러 번 반복되면 '또 이 광고야?'라며 쉽게 질려버린다는 단점이 있습니다.

지겨움을 주지 않으려면 짧은 주기로 크리에이티브를 바꾸도록 합시다. 변경 주기는 대략 2주 정도가 좋습니다.

② 광고 느낌이 강하면 싫어함

라인 자체가 원래 다른 사람과 의사소통이나 자신이 원하는 정보를 찾는 것이 목적이므로 한눈에 광고라고 알 수 있을 정도로 광고 느낌이 강하면 사용자에게 부정적인 인상을 주기 쉽습니다.

눈에 띄지 않고 자연스럽게 호소하는 방법을 사용하거나 엔터테인먼트 느낌을 연출하여 사용자의 거부감을 줄이도록 합니다.

다른 SNS와 비교하면 광고를 할 수 있는 업태가 한정되므로 광고 심사가 엄격하여 통과까지 시간이 걸릴 수 있다는 단점도 있지만, 이후에도 눈여겨봐야 할 광고 서비스입니다.

● 라인 광고가 노출되는 곳

Smart Channel    LINE NEWS    지 갑

라인 광고 중에서도 채팅 목록 맨 윗부분에 노출되는 Smart Channel에는 채팅 목록과 같은 형식의 광고를 클릭했을 때 상품이나 서비스의 랜딩페이지로 이동하는 특징이 있으므로 자연스런 흐름으로 사용자의 접속을 유도할 수 있습니다. D 모델이나 인지부조화를 이용하는 L 모델에 최적화된 광고 노출 방식입니다.

**여러분도 웹 마케팅의 프로가 될 수 있습니다.**

잊으려야 잊을 수 없는 2016년 12월 16일, 당시 39살이었던 필자는 치사율이 높다고 하는 '급성대동맥해리'라는 병으로 생명을 잃을 뻔했습니다. 고객과의 미팅 중 쓰러진 필자는 극심한 고통을 참을 수 없어 바닥에 쓰러져 계속 신음했습니다. 뜻밖의 상황에 직원도 고객도 처음에는 무슨 일인지 몰랐을 것입니다. 증상이 나타나고 나서 바로 수술하지 않으면 거의 생명을 잃게 된다는 병이었습니다. 그때는 우연히 주위에 사람이 있었기에 바로 구급차를 부를 수 있었지만, 운전 중이나 사람이 없는 곳에서 증상이 나타났다고 생각하면 지금도 아찔합니다.

7시간이 넘는 대수술 끝에 기적적으로 생명을 건졌습니다. 그때까지 일이 바쁘다는 핑계로 건강관리에 소홀했던 점, 이것이 결과적으로 많은 분에게 폐를 끼치고 걱정을 끼치게 된 점을 통렬하게 반성하고 생활 태도를 바꾸고자 노력했습니다.

그러나 그로부터 1년이 지난 어느 날, 이번에는 2018년 11월에 뇌경색이 일어나 겨우 생명은 건졌으나 안타깝게도 이 때문에 실어증에 걸리게 되었습니다.

목까지 올라온 말이 입 밖으로 나오지 않았습니다. 사람과 의사소통을 할 수 없었습니다.

**지금까지 당연하다고 여겼던 것이 불가능해졌습니다.**

강연이나 연수 와 같이 여러 사람 앞에서 말하는 것이 일이기도 했기에 상실감은 이루 말할 수 없었고 마음의 상처도 깊었습니다.

'가진 지식을 더 많이 전했더라면 좋았을 것을…'

마케팅에 고민 중인 분에게 필자의 지식, 경험 등 다양한 내용을 더 많이 전했더라면 좋았을 것이라고 많이 후회했습니다.

그러나 이와 동시에 지금까지 의식하지 못했던 자신의 생명, 당연하다고 의심하지 않았던 모든 것이 언제 어느 순간에 사라질지도 모른다는 사실을 절실히 느끼고 지금부터 일하는 방식, 삶의 방식을 바꾸고자 진지하게 고민하기 시작했습니다.

'삶의 끝은 반드시 찾아온다. 그때까지 내가 할 수 있는 것은 무얼까?'

매일매일 자문자답을 반복한 결과 내린 결론. 바로 사업에 도움이 되고자 자신이 가진 노하우, 스킬을 가능한 한 많은 사람에게 전달하는 것이었습니다.

병에 걸리기 전처럼 마케팅에 고민하는 고객 대신 일을 도맡아 처리하는 것도 하나의 방법이겠지만, 이는 필자나 회사가 계속 된다는 것이 전제인 가치 제공 방법이었습니다.

그렇지만, 이번처럼 자신에게 무슨 일이 일어난다면 고객에게는 무엇이 남을까? 라는 생각이 들었습니다.

애당초 고객이 필요한 것은 '직접 개선 활동을 할 수 있는 능력을 익히는 것'입니다. 언제까지나 고객을 대신하여 일하는 것이 아니라 고객 스스로 어려움을 해결하도록 하는 것이야말로 세상에 남게 된 참뜻이라 생각했습니다.

"10년간 웹 개선에 종사한 경험을 아낌없이 모두에게 알리자. 나와 같은 지식과 경험을 가진 사람이 기업 내에 있다면 이는 기업에 큰 자산이 될 터이다. 그러면 무언가 문제가 생겼을 때도 냉정하게 대처하며 앞으로 나갈 든든한 힘이 되리라."

그날 생명을 잃었더라면 이렇게 여러분에게 후기를 남길 수 있었을까요?

혹시 너무 호들갑 떠는 건 아니냐고 생각하시는 분도 있을 겁니다. 그러나 전 매일매일을 필사적으로 살고 있습니다. 웹을 통해 매출을 올리는 데 도움을 주는 일은 무척 즐거우며, 고맙다는 말을 들을 때마다 삶의 원동력, 그리고 삶의 보람을 느낍니다. 앞으로도 노력을 아끼지 않을 것입니다. 그러나 제 손이 닿는 범위는 한정됩니다. 그렇다면 하루라도 빨리 많은 분에게 자신의 노하우를 전하고 이를 통해 매출을 올렸으면 합니다. 이야말로 신세 진 많은 분, 그리고 이 책을 읽고 계신 여러분에게 나름의 고마움을 전하는 방법이 아닌가 합니다. 다양한 웹 마케팅 방법 중 가장 빠르게 매출을 올릴 수 있는 것이 '팔리는 랜딩페이지를 만드는 것'이라 생각합니다. 접속이 많지 않더라도 구매 확률이 오른다면 그만큼 매출은 오릅니다.

중요한 것은 접속을 늘리는 것이 아니라 CVR을 높이고 CV 수를 늘리는 것입니다. 이를 위해 필요한 것(자신의 매력을 최대한 효율적으로 전달하는 방법)이 바로 PDL 모델입니다. 꼭 이러한 PDL 모델을 활용해보고 매출 증가에 도움이 되었다는 말을 트위터나 페이스북을 통해 들을 수 있다면 더할 나위 없는 기쁨이겠습니다. 마지막으로 이 책을 출판하는 데 많은 도움과 함께 멋진 내용이 되도록 조언을 아끼지 않으신 케이즈파트너즈의 야마다 미노루(山田稔) 님에게 고마움을 전합니다. 이번이 함께하는 세 번째 출판 작업입니다만, 항상 독자를 생각하고 알기 쉬운 매력적인 책을 만들고자 타협 없이 노력하는 프로다운 모습에 존경을 표할 뿐입니다. 또한, 주식회사 PROPO의 키노시타(木下), 사사키(佐々木) 두 분에게도 샘플 LP 제작 등 여러 가지 도움을 받았습니다. 이 자리를 빌려 고마움을 전하고자 합니다. 그리고 생명의 위기를 두 번씩이나 넘기며 병마와 싸운 저를 옆에서 지켜준 나오코(直子), 코타로(鼓太郎), 후지마루(藤丸), 항상 고마워. 앞으로도 잘 부탁해.

주식회사 PROPO 대표이사

나카오 유타카(中尾 豊)